International Logistics

# 국제 물류론

정이상 • 추선애 공저

홍릉과학출판사

현행 WTO와 FTA 체제의 확대로 산업은 국제화 및 세계화의 추세로 나아가고 있다. 아울러 정보통신 및 교통의 비약적인 발전은 이를 더욱 가속화하고 있다.

물류는 '재화의 물리적인 흐름'으로서, 과거 단순히 고객이 주문한 상품을 전달하는 수·배송의 개념을 넘어서 이제는 해외의 원·부재료의 조달로부터 생산, 판매, 회수와 더불어 최근에는 고객에게 배송된 재화의 회수에 이르기 까지 그 범위가 점차로 확대되어지고 있다.

물류활동은 고대로부터 인류와 함께 그 역사를 같이 해오고 있다. 자급자족의 시대로부터 산업혁명이후의 대량생산에 이르기 까지 그 중요성을 인식하지 못한 채 우리와 함께 하고 있다. 최근 국제무역환경의 변화가 소량·다품종·다변화로 가고 있어 기업들은 이러한 다양하고 변화무쌍한 고객의 욕구를 만족시키기 위한 중요요소로서 물류의 중요성을 다시금 인식하게 되었다. 고객이 원하는 제품을 적재적소에 적기에 적량을 적정한 가격으로 배송을 해야만 하는 것이 물류공급 측면과 수요측면에서의 당면 과제라고 할 수 있다. 이 당면한 문제를 해결하기 위하여 기업은 더 낮은 가격에 더 높은 서비스를 제공해야 하는 핵심 경쟁력을 모색해야 하며 이는 효율적이고 체계적인 물류시스템과 네트워크 구축의 필요성을 들 수 있다. 이러한 필요성 아래 물류에 대한 인식의 증대와 더불어 시스템적 측면 뿐만 아니라 이를 효율적으로 수행할 수 있는 전문물류인력이 또한 절실히 필요하다.

국제물류론은 물류에 대한 기본 이해 아래, 최근 전 세계적으로 화두가 되고 있는 물류보안과 환경물류 및 국가간 재화의 이동에 관련되는 무역계약, 보험, 결재와 더불어 운송시스템 측면을 다루고 있다. 이를 통하여 물류에 대한 기본적인 이론과 실무적 감각을 더 높일 수 있을 것이다.

본 교재는 이 같은 내용을 바탕으로 크게 다음과 같이 나누어져 있다.

첫째, 국제물류에 대한 이해를 돕기 위한 물류에 대한 기초개념

둘째, 최근의 세계 교역 환경변화에 따른 보안물류와 환경물류 및 글로벌소싱과 물류전문기업

둘째, 국제무역의 흐름의 이해를 돕기 위한 무역계약과 수출·입 절차

셋째, 물류의 기능 부분 중 가장 많은 범위를 차지하는 국제운송시스템의 3요소인, 노드(항만과 터미널 등), 링크(바다, 하늘 도로 등), 모드(각 운송수단 별) 부분

넷째, 물류활동의 원활화를 위해 필수 불가결한 정보활동 등으로 구성되어 있다.

2012년 8월
저자들 씀

# part 1

# 국제물류의 이해

Chapter 01

# 국제물류의 기초

## 1.1 국제물류의 개요

### 1.1.1 국제물류의 의의

#### (1) 물류의 개념

물류란 물적유통의 약자로서, 물자의 흐름(flow of materials)에 대한 관리의 중요성이 처음으로 인식되었던 미국에서 본격적으로 사용되면서 유래되었다.

1920년대에 물류란 용어가 처음으로 사용되었지만, 제2차 세계대전 중 물자의 적시·적재·적소조달을 위한 군사적 목적에서 이용되었던 Logistics가 기업경영에 채택됨으로써 본격적으로 물류의 내용이 확대되었다. "Physical distribution"과 "Logistics"는 원래 구분되어 발전되었으나 물류의 내용이 확대되면서 현재 우리나라에서는 물류라는 동일한 의미로 혼용되어 사용하고 있다.

물류는 기업의 재화나 정보를 공급자로부터 수요자에게 이르게 하는 실물적 흐름으로써, 시간 및 장소적인 효용을 창조하는 경제활동이다. "물류(물유)란 재화가 공급자로부터 조달·생산되어 수요자에게 전달되거나 소비자로부터 회수되어 폐기될 때까지 이루어지는 운송·보관·하역(荷役) 등과 이에 부가되어 가치를 창출하는 가공·조립·분류·수리·포장·상표부착·판매·정보통신 등을 말한다"라고 물류정책기본법 제2조 1호에 규정하고 있다. 이러한 규정에 따르면 물류란 재화의 이동에 있어 부가되는 운송, 보관, 포장, 하역, 유통가공, 정보활동의 총체적인 기능과 함께 이러한 기능을 보완할 수 있는 운송기초시설, 통신기초시설 등 국가기간산업과 관련된 부분이 통합된 의미이다. 또한 개정물류기본법 제2

조 2호에서는 물류사업에 대하여 다음과 같이 정의하고 있다. "물류사업"이란 화주(貨主)의 수요에 따라 유상(有償)으로 물류활동을 영위하는 것을 업(業)으로 하는 것으로 다음 각 목의 사업을 말한다.

- 자동차 · 철도차량 · 선박 · 항공기 또는 파이프라인 등의 운송수단을 통하여 화물을 운송하는 화물운송업
- 물류터미널이나 창고 등의 물류시설을 운영하는 물류시설운영업
- 화물운송의 주선(周旋), 물류장비의 임대, 물류정보의 처리 또는 물류 컨설팅 등의 업무를 하는 물류서비스업

이러한 개념에 따라 물류사업은 상기의 물류에 관련된 실질적인 운송업과 물류시설운영업 및 물류서비스업으로 크게 분류됨을 알 수 있다.

한편 이러한 물류의 흐름을 관장하는 물류관리는 물류시스템과 구분없이 사용되어지고 있다. 즉 물류관리는 물품의 흐름에 관련되는 운송 · 보관 · 하역 · 포장과 이에 필요한 정보통신 등의 물류활동을 유기적으로 결합하여 하나의 시스템으로 관리하는 것을 말하고, 물류시스템은 물품의 흐름과 이에 따른 정보의 흐름을 가능하게 하는 시설, 장비, 인력 및 운영정책의 집합체를 말한다.

### (2) 물류와 유통

물류와 유통의 관계에 있어서는 경제활동을 생산활동, 유통활동, 소비활동으로 구분하는 경우 물류활동은 유통활동분야에 속한다. 즉, 유통활동은 생산자와 소비자를 연결하는 경제활동으로서 공간극복과 시간극복을 포함하며, 일반적으로 상행위에 있어 사람의 이동은 포함되지 않는다.

일반적으로 유통활동은 물적유통활동(물류)와 상적유통활동(상류)로 구분할 수 있다. 상류는 소유의 효용을 창조하는 활동인 반면, 물류는 유 · 무형의 재화가 공급자로부터 수요자에게 전달되는 과정의 실물적인 흐름을 나타내는 것으로 시간적 · 공간적 효용을 창조하는 활동으로 정의할 수 있다. 구체적으로 장소의 효용(place utility)을 창조하는 운송활동, 시간의 효용(time utility)을 창출하는 보관활동, 공간효용(spatial utility)을 창출하는 포장활동, 취급의 효용을 창조하는 포장과 하역, 그리고 정보의 효용을 창조하는 정보활동 등으로 구분된다.[1)]

---

1) 하영석, 개정2판 국제물류, 도서출판 두남, 2010, p. 17.

이와 같이 양 기능은 상호보완적이지만 경제적 의미는 다르다. 상거래는 매매거래에 의하여 물품이 화폐를 매개로 교환됨으로써 최종적으로 물품의 가치가 실현되는 과정인 반면, 물류는 추가적 생산과정으로서, 시간적·공간적 이전이라는 비물질적인 무형의 서비스 및 효용을 산출하는 과정이다.

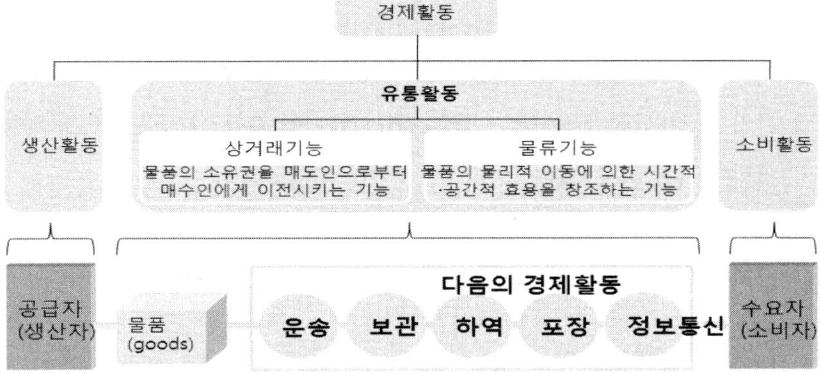


자료 : 국제운송물류론, 전순환, 한올, 2011, p. 3.

▌그림 1-1 물류와 유통

### (3) 국제물류의 개념

국제물류(international physical distribution)는 생산과 소비가 2개국 이상에 걸쳐 이루어지는 경우 그 생산과 소비의 시간적·공간적 차이를 극복하기 위한 유형, 무형의 재화에 대한 물리적인 국제활동 이라 할 수 있다.

이러한 국제물류는 국내물류보다 확대된 영역으로 원료조달, 생산가공, 제조판매활동 등이 생산지와 소비지가 동일국내가 아닌 국경을 초월하여 이루어지고 재화의 이동과 관련하여 수출입 수속 및 통관절차, 다양한 운송수단의 이용 등으로 인하여 국내물류보다 물류관리가 훨씬 복잡하며, 운송영역이 넓고 대량화물을 운송해야 하기 때문에 환경적 제약을 많이 받게 된다.

국제물류의 개념에 대해서 미국의 물류관리 협의회(NCLM : national council of logistics, management)에서는 완성된 제품을 생산원료에서 시작하여 소비자에게 가장 효율적으로 이전시키기 위하여 직·간접으로 관련 되는 제 활동으로 정의 하고 있다. 미국 마케팅협회(AMA : American Marketing Association)는 물류란 생산의 단계에서 소비 또는 이용의 단계에 이르기까지의 재화의 이동 및 취급을 관리하는 일로 정의하고 있다.

국제물류의 합리화를 위해서는 물류의 기본기능인 운송, 재고(보관), 포장, 하역, 정보 등을 적절히 통합하여 각 기능들의 상호작용이 효율적으로 이루어질 수 있는 최적 물류시스템의 구축이 필요하다. 국제물류는 물자의 시간적, 공간적인 효용의 창조가 중요하므로 각 기능들 중에서 특히 운송 부문이 차지하는 비중이 크다. 따라서 각종 운송 수단의 효율적인 연결과 항만, 공항, 내륙 터미널에서 시간과 비용을 줄일 수 있도록 운송 효율의 제고가 도모되어야 한다. 이러한 점에서 항구에서 항구까지(port to port)의 해상운송과 항공운송의 합리화에서 나아가 문전에서 문전(door to door)까지의 복합 일괄운송이 국제물류의 주도적 역할을 수행하고 있다.

## 1.2 국제물류의 기능과 활동영역

### 1.2.1 국제물류의 기능

물류는 앞서 정의에서 나타난 바와 같이 생산자와 소비자사이에서 장소적・시간적・수량적・품질적・가격적 및 인적거리의 조정 등의 제 기능을 수행하면서 물품의 이동에 관계하는 운송, 보관, 포장, 하역, 정보통신 등의 제반활동의 집합을 가리킨다.

여기서 물류의 제 활동은 재화의 상거래 활동으로부터 소비자에게 인도될 때까지의 물리적인 시간과 공간적 이동에 관한 모든 활동을 말하며 운송기초시설활동 및 유통 가공활동을 포함한 운송, 하역, 포장 및 이에 대한 정보유통활동으로 구분된다.[2)]

#### (1) 운송(Transportation)

운송이란 사람 또는 물품의 이동에 있어 한 곳에서 다른 어떤 곳으로의 공간적 이동으로 이를 통한 시간적 및 장소적 효용을 창출 할 수 있는 기능을 가지고 있으며, 총 물류비에서 차지하는 비중이 50%이상 이다.

운송의 기본기능은 인적·물적 자원의 장소적 이동으로 제 자원을 상호 연결시켜 자원의 효율성을 높이는 것이다. 운송은 형태효용만이 있는 원재료와 생산품에 이동을 통해 장소효용과 시간효용을 부가한다. 이러한 운송의 장소 및 시간효

2) 일반적으로 국제물류에 있어서는 이러한 물류의 제 기능 중에서 유통가공기능은 포함하고 있지 않다.

용 창조기능에 그 의의가 있다.[3)]

국제운송의 주요 수단으로서는 해상운송, 육상운송(도로운송과 철도운송), 항공운송 및 이들 운송수단을 둘 이상 이용한 국제복합운송을 들 수 있으며 이중 해상운송은 전 세계 국제운송의 99%이상을 차지하고 있다.

### (2) 보관(Storage)

보관이란 재화를 물리적으로 저장하고 관리하여 고객의 주문에 따라 피킹(picking), 분류(shorting), 검품 및 출고, 배송하는 일련의 작업을 수행하는 핵심적인 물류활동이다. 예전에는 보관의 기능으로 재화의 저장이 주를 이루었으나 최근에는 물류비용 및 재고삭감요구와 JIT(Jist-in-time)와 같은 기능을 활용한 흐름(flow)의 기능 중심으로 변화되고 있다.[4)]

보관은 설비기기, 재고관리, 시스템 등으로 나누어 살펴볼 수 있다. 설비기기는 보관에 관련된 하드웨어를 말하고, 재고관리는 관리기법으로 소프트웨어에 해당하며, 시스템은 설비기기와 재고관리를 유기적으로 연결하는 것을 말한다.

보관의 기능을 살펴보면 다음과 같다.

01 고객서비스의 최전선으로서의 기능이며 재고를 통하여 언제나 고객에 대응할 수 있도록 하는 기능

02 수송과 배송과의 사이에서 윤활유로서의 기능

03 생산과 판매의 조정기능

04 단순한 저장기능 뿐만 아니라 집산, 분류, 구분, 조합, 검사에 관한 기능을 가지고 있다. 유통기능의 중요성이 증가하고 있는 최근에는 04의 기능이 비중이 점점 커지고 있다.[5)]

### (3) 포장(Packing)

포장이란 화물의 운송, 보관 및 하역 시에 화물의 가치나 상태를 안전하게 보호하고 취급이 편리하도록 하기 위하여 용기 등으로 외부를 싸는 것을 말하는 것

---

3) 임석민, 화물운송론, 국제운송론, 삼영사, 2011, p. 20.

4) 이러한 대표적인 예가 cross-docking(창고나 물류시설에 입고되는 상품을 보관하는 것이 아니라 즉시 소매점포에 배송할 준비를 하는 물류시스템)들 수 있다.

5) 박귀환·김웅진 공저, 최신 보관하역론, 도서출판 두남, 2011, p. 18.

으로 포장의 종류로는 단위포장, 내부포장, 외부포장 등으로 분류할 수 있다.

포장의 기능은 상품의 보호성, 정량성, 표시성, 상품성, 편리성, 효율성 및 판매촉진의 기능을 들 수 있으며, 국제물류적 측면에서 보면 국제간의 이동에 따른 화물의 식별용이 및 하역작업의 편리성과 효율성 등을 들 수 있다.[6)]

국제물류에 있어서 팔레트와 컨테이너는 단위화를 위한 대표적인 포장단위이다.

### (4) 하역(Cargo Working, Stevedore)

하역이란 생산과 소비의 전 과정에 이르는 운송과 보관에 수반되는 적하 또는 양하 작업 등 모든 화물의 취급에 부대되는 활동을 말한다. 즉, 물건을 싣고, 내리고, 운반하고, 싸 넣고, 꺼내고, 나누고, 상품 구색을 갖추는 등의 작업 및 이에 부수적인 작업을 말한다.[7)]

하역방식은 화물취급에 필요한 각종 운송기구의 표준화와 자동화가 요구되어지며 작업주체에 따라 인력하역, 기계하역, 자동하역으로 구분할 수 있으며, 장소에 따라서는 사내하역, 항만하역, 항공하역 등으로 나눌 수 있다.

**▌표 1-1** 하역의 형태분류

| | | |
|---|---|---|
| 시설(장소)에 따른 분류 | 자가용시설 하역 | 공장, 자가용창고, 배송센터 등의 화물의 출하시설이나 장소에서의 하역 |
| | 사업용물류시설 하역 | 복합(트럭)터미널, 항만, 공항, 역, 보세창고, 터미널, 항만하역 |
| 운송수단에 따른 분류 | | 트럭하역, 화차하역, 선박하역, 항공기하역 |
| 화물형태에 따른 분류 | 개별하역 | 상자, 대 등 포장형태별 명칭의 하역, 집합포장 등의 상태를 나타내는 하역 |
| | 유니트로드 | 파렛트, 컨테이너 등 유닛화하기 위해 사용되는 명칭 또는 집합포장 등의 상태를 나타내는 하역 |
| | 비포장화물하역 | 분립체, 액체 등 물품을 운송수단, 화물탑재설비 또는 저장설비에 직접 적재, 입출고하는 화물 |
| 하역기기에 따른 분류 | | 운반기하역, 기중기하역, 지게차하역 |

자료 : 전게서, 박귀환·김웅진 공저, p. 246.

### (5) 물류정보(Logistics Information)

물류정보란 물류를 전산화 및 시스템화하여 과학적인 관리를 가능하게 하고 원료조달에서 완제품의 최종수요자에게 인도되기까지 운송, 보관, 포장, 하역 등

---

6) 일반적으로 마케팅측면에서는 판매촉진의 기능이 중시되고 국제물류에 있어서는 화물의 안전성, 식별용이, 하역작업의 용이성 등이 중시되고 있다.

7) 박귀환··김웅진 공저, 최근 보관하역론, 도서출판 두남, 2011, p.242

각 물류기능을 상호 연결하여 전체적으로 효율적인 수행이 가능하도록 하는 물류 활동이다. 이러한 물류정보는 그 자체가 물류기능을 발휘하는 것이 아니라, 제반 물류기능를 효율적으로 작용하도록 연결시켜주는 핵심적인 역할을 수행한다.

이러한 물류정보의 목적은 최우선적으로 고객만족 및 총 물류비의 절감과 물류 흐름의 제반활동 개선에 있다.

### 1.2.2 국제물류의 활동영역

최근 국제물류의 활동영역은 해외로부터 원부자재의 조달에서부터 조달된 원부자재를 생산자의 공장에 도착시켜 생산에 투입한 후 완성된 생산품을 중간상 및 소비자에게 전달하기까지의 전 과정을 포함하고 있다. 즉, 단순한 수·배송[8]의 개념뿐만 아니라 해외로부터의 원자재 등의 조달에 따른 조달물류에서부터 최종소비자에게 이르기까지의 판매물류를 아우르고 있다. 또한 최근에는 판매된 재화를 소비자로부터 생산자 또는 중간상에게로 흐르는 역물류의 범위까지도 포함되고 있다.

최근의 국제물류의 영역을 보면 다음과 같다.

01 조달물류

원부자재가 조달시장으로부터 공급자(제조업자)의 자재창고에 조달될 때까지의 물류를 말한다.

02 생산물류

원부자재가 제조기업의 생산공정에 투입되어 완제품으로 생산되어 포장되기까지의 물류를 말한다.

03 사내물류

원부자재가 제조기업의 생산공정에 투입되어 완제품으로 생산(생산물류) 물류(배송)센터나 다른 공장까지 입출고하거나 보관하는 물류를 말한다.

04 판매물류

공장이나 물류센터로부터 출하하여 고객에게 인도하기까지의 물류를 말한다.

05 역물류

판매물류 영역에 해당하는 반품물류, 회수물류 및 폐기물류 등 포워더 물류에 대하여 역채널을 구축하고 있기 때문에 총칭하여 역물류[9]라고 한다.

---

8) 수송이란 일반적으로 생산자로부터 중간유통상 등에게 대량으로 운송하는 것을 말하고, 배송이란 생산자 또는 중간유통상이 소비자에게 직접적으로 운송하는 것을 말한다.

㉠ 반품물류

제품을 구입한 소비자가 교환· 환불 또는 수리를 위하여 구입한 제품을 판매자에게 되돌려 보내기까지의 물류

㉡ 회수물류

소비자로부터 공급자에게로 제품 또는 회수과정을 담당하는 회수물류로 일반적으로 국제물류에서는 컨테이너, 파레트 등의 회수를 들 수 있다.

㉢ 폐기물류

공급자가 회수하지 않은 물품을 수거하여 처리하는 물류로 가전제품 등의 회수를 들 수 있다.

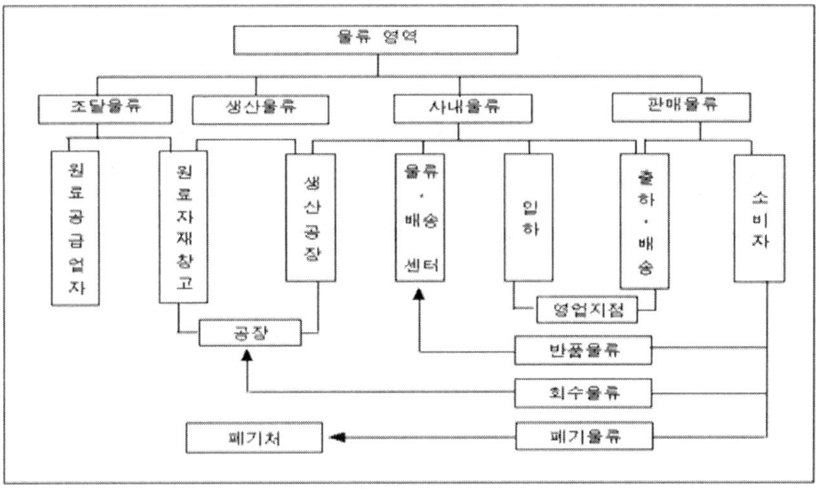


▌그림 1-2 물류 영역

### 1.2.3 국제물류와 국내물류의 차이점

국제물류는 나라와 나라사이의 국제 간의 거래로 그 범위가 국내물류에 비해 확대된다. 또한 국내물류와는 달리 상품의 이동에 관련된 수출입 및 통관 절차, 수출·입 경로 및 방법, 운송방법 및 절차 등이 다양하다.

따라서 국제물류는 국내물류에 비해 다음과 같은 차이점이 있다.

특성상의 차이는 [표 1-2]와 같다.

9) 일반적으로 물류는 생산자로부터 최종소비자에로 전달이 되는 포워더물류인 반면 최종소비자로부터 생산자 또는 중간유통상에게로 흐르는 역채널을 형성하기 때문에 역물류라고 한다.

**▌표 1-2　국내물류와 국제물류의 특성상 차이**

| 특성 | 내용 |
|---|---|
| 서류의 복잡성 | 국내와는 다른 원거리 거래의 특성에서 오는 신용장, 선하증권 및 상업송장, 포장명세서 등의 서류에 따른 전문적인 지식과 기술필요 |
| 중개인(intermediary)의 존재 | 국내 거래와는 달리 국내 화주를 대신하여 서류 취급, 운송인 선정, 보관, 통관 등의 주요업무를 수행하는 중개인이 존재 |
| 주문절차의 복잡성 | 국내와는 다른 문화, 정치, 경제적 차이로 인한 생산과 주문절차의 복잡 및 규모에 따른 어려움이 존재 |
| 통관절차 | 거래하는 각국의 무역관련 법규에 따른 재화의 국제적 이동과 관련하여 수출입 통관절차에 따른 어려움 존재 |

자료 : 김종칠, 개정판 무역실무, 대진, 2011, p. 14.

국제물류의 기능은 앞서 살펴본 바와 같이 운송, 보관, 포장, 하역, 정보활동의 5가지 기능에 의하여 이루어지며 국제물류는 국내물류와 기능별로는 [표 1-3]과 같은 차이점이 있다.

**▌표 1-3　국내물류와 국제물류의 기능상 차이**

| 기능 | 국내물류 | 국제물류 |
|---|---|---|
| 운송 | 물류거점을 이용한 배송활동에 중점을 둠 공로운송(자동차, 철도, 내륙수로) 이용 | 항만이나 공항을 이용한 해상·항공운송, 최적 운송을 위해 육해공을 아우르는 복합일관운송 |
| 보관 | 유통센터 및 배송센터, 생산자의 창고 중심의 보관 | 항만, 공항, ICD 및 복합화물터미널 등지의 보관기능이 우선 |
| 하역 | 유통센터 및 배송센터로부터 지게차와 같은 기기를 이용하여 상·하차 작업수행 | 항만, 공항, 터미널 등에서의 각종 하역차량 및 지게차, 겐트리크레인 등과 같은 하역장비 이용 |
| 포장 | 포장의 경제성, 편리성, 간이성에 중점 | 컨테이너 및 팔레트 등을 이용한 단위화 및 복합운송과의 효율성에 중점 |
| 정보 | 국내유통에 중점을 두고 수주·재고·생산 지시·출하정보시스템 등의 물류관리정보시스템에 의하여 흐름이 통제 | 국가적인 차원에서 세관, 항만 등의 무역자동화와 연계한 수출입통관시스템의 이용 및 선사, 항만, 포워더 등에 의한 국제간 화물 추적시스템 |

# part 2

# 글로벌화와 국제물류의 환경변화

Chapter 02

# 글로벌화와 국제물류환경의 변화

## 2.1 경제활동의 세계화

### 2.1.1 국제통상 환경의 변화

세계지역의 블록화, WTO의 출범, FTA 등 국제무역환경이 급속히 변화되고 있다. 이와 더불어 아시아 지역의 급속한 산업화에 따라 국제무역도 미국, EU, 아시아를 축으로 한 3개 경제권을 중심으로 이루어지고 있다. 이러한 현상은 지역간 무역(inter-trade)뿐만 아니라, 지역내 무역(intra-trade)의 중요성을 증가시키고 있다.

국제무역패턴을 변화시키는 주요 요인으로 국제통상환경의 변화를 들 수 있지만, 실질적인 변화요인은 제조기업들의 경영전략의 변화에서 찾을 수 있다. 즉, 국제경제의 주체로서 국제기구와 다국적기업의 의사결정력이 더욱 확대·강화되는 한편 주권국가의 의사결정권은 축소되고 있다. 따라서 국제기업들은 실제무역을 발생시키는 주체로써 이들의 국제화 단계에 따른 경영전략 변화와 이에 따른 사업형태의 변화가 무역패턴의 변화에 지대한 영향을 미치고 있다. 이러한 관점에서 국제기업의 경영전략 변화에 따라 국제무역패턴이 어떻게 전개될 것인가를 분석해 볼 필요가 있다.

#### (1) GATT체제에서 WTO체제로의 전환

관세인하와 비관세장벽의 제거를 통하여 세계무역의 신장에 크게 기여하여 왔던 GATT체제에서 WTO체제로의 정착은 재화뿐만 아니라 투자, 서비스 등 국제통상 각 분야에서 관세 및 비관세장벽의 축소 또는 폐지, 공정경쟁 및 세계교역의 자유화에 대한 실질적인 기반구축의 노력으로 세계경제는 무역과 투자가 자유로운 무한 경제의 시대에 돌입하게 되었다.

**▎표 2-1 자유무역 규범의 진화와 주요 특징**

| 구분 | GATT (1948 ~ 1994) | WTO (1995 ~ 2000) | FTA (2000 ~ ) |
|---|---|---|---|
| 주요목적 | 다자간 관세인하로 국제무역 확대 | 다자간 관세 및 비관세 장벽 제거 | WTO체제를 바탕으로 뜻 맞는 나라끼리 주기적으로 대폭 관세 및 비관세 장벽 제거 |
| 법인 여부 | 법인격 있는 기구조직 없이 협정체제로 운영 | 스위스(제네바)에 본부를 둔 법인격 있는 국제기구 | 협정 당사국 관련부처 간에 협의하에 운영 |
| 주요 대상 | 주로 공산품 | 공산품, 농산물, 서비스, 지재권 정부조달, 환경, 노동, 규범 등으로 적용 확대 | 공산품, 농산물, 서비스, 지재권 등 기본으로 하고, 환경, 노동 등 논란 분야 회피 |
| 기본 원칙 | 최혜국대우의 원칙<br>+<br>내국민대우의 원칙 | - 좌 동 - | 최혜국대우 원칙의 예외 허용<br>+<br>상호이익 균형 / 민간성 존중 |
| 무역 구제 | 긴급수량제한 (Safeguard) 허용 | Safeguard 허용<br>+<br>반덤핑관세, 상계관세 부과 | - 좌 동 -<br>+<br>세관당국에 의한 원산지 검증 |

자료 : 관세청(www.customs.go.kr)

### (2) FTA의 확대

자유화를 구가하던 WTO가 다자간이라는 의견일치의 한계로 자국과 가까운 지역으로의 자국중심의 지역단위의 경제체제통합이 가속화되고 있다.

다음은 2009년 8월 현재 우리나라의 글로벌 FTA 네트워크 현황이다.

자료 : 관세청, FTA포털

**▎그림 2-1 한국의 글로벌 FTA 네트워크**

**표 2-2 2011년도 우리나라의 권역별 대외 수출·입**

단위:천불(USD1,000)

| 대륙 | 수출건수 | 수출금액 | 수입건수 | 수입금액 | 무역수지 |
|---|---|---|---|---|---|
| 아시아 | 3,832,712 | 314,205,782 | 4,530,315 | 234,403,892 | 79,801,889 |
| 유럽 | 865,713 | 75,117,382 | 1,296,369 | 65,244,954 | 9,872,427 |
| 북미 | 792,045 | 61,133,031 | 4,228,256 | 51,176,590 | 9,956,441 |
| 중남미 | 308,568 | 40,129,770 | 98,710 | 20,187,910 | 19,941,860 |
| 중동 | 299,164 | 34,006,529 | 37,258 | 119,190,818 | −85,184,289 |
| 아프리카 | 76,881 | 14,351,248 | 14,183 | 5,612,400 | 8,738,848 |
| 오세아니아 | 128,656 | 9,957,815 | 401,266 | 28,418,533 | −18,460,718 |
| 대양주 | 1,946 | 7,103,517 | 182 | 66,529 | 7,036,988 |
| 총계 | 6,305,685 | 556,005,074 | 10,606,539 | 524,301,626 | 31,703,446 |

자료 : 관세청(www.customs.go.kr)

## 2.1.2 국제물류의 패턴변화

국경없는 무한경쟁의 글로벌화는 그간의 국제물류의 패턴에도 변화의 바람을 불러일으키고 있다. 이러한 국제물류의 환경변화로서는

01 기업활동의 글로벌화

WTO체제와 FTA체결의 가속화에 따른 분업의 세계화에 의한 무한경쟁시대의 돌입으로 국제경쟁력을 제고하기 위한 여러 가지 방안 중의 하나로 국제물류관리의 중요성이 증대되고 있다.

02 정보통신기술 발전에 따른 물류전략의 고도화

가속화된 정보통신기술의 발달에 따라 기존 물류의 기능인 운송, 보관, 하역, 포장 정보활동 등에 기업이 경영에 이용하던 JIT, SCM, QR 등과 같은 통합적 전산관리체제의 구축에 따른 국제물류체계가 고도화되고 있다.

03 국제운송서비스의 환경변화

통신기술과 운항기술의 비약적인 발전에 따른 선박과 항공기의 대형화로 이들의 연결 노드인 항만과 공항의 대형화 및 거점화와 더불어 대형화를 경쟁력 확보를 위하여 물류업체간 전략적 제휴 및 인수합병이 확산되고 있다.

04 전통적 물류기능을 확장한 종합적 서비스 역량을 보유한 물류전문업체의 역할증대

⑮ 최근의 환경에 대한 인식의 변화로 녹색물류, 미국의 9.11 테러 이후의 공급체인보안 등 화주의 새로운 요구사항에 보다 적극적으로 대응하기 위한 새로운 물류서비스의 제공여부 등을 들 수 있다.

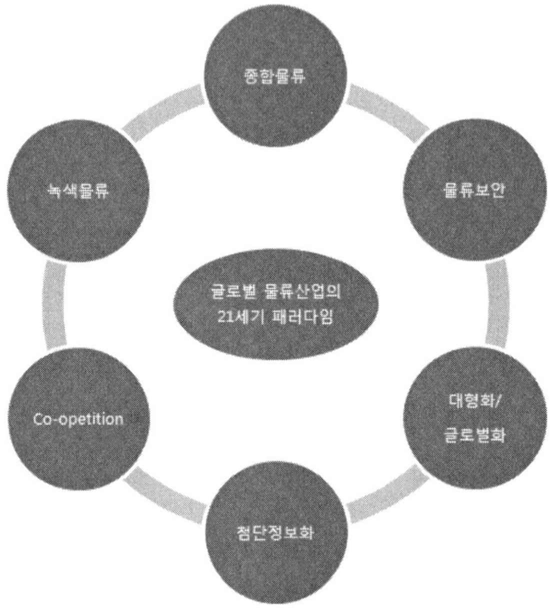


자료 : 국가물류기본계획{2011-2020(안)}, 2010. 10. 20, 한국교통연구원

▎그림 2-2 국제물류 패턴변화에 따른 물류시장의 변화요인

## 2.2 환경물류와 물류보안제도

### 2.2.1 환경물류

#### (1) 환경물류의 개념

환경물류는 폐쇄회로형 공급사슬(closed-loop SCM)에서 환경오염 부하가 적은 물류시스템을 수행하는 것이다. 녹색물류의 사전적 정의는 $CO_2$의 배출량을 억제하고, 유통과정의 포장 재료를 줄이는 등 환경오염 부하가 적은 물류시스템을 이용하여 화물을 운송하는 것을 말한다.

녹색물류는 전방물류(Forward Logistics)와 회수물류(Reverse Logistics)가 통합된 폐쇄회로형으로 공급사슬상의 지속가능성, 경제성, 친환경성을 추구하는 물류를 말하고 있다. 즉, 녹색물류란 다양한 물류활동 주체들이 그들의 효용

(utility)을 극대화하기 위하여 물류활동의 시간, 공간, 환경적 저항요소를 극복하는 활동이며, 이를 위한 계획, 통제, 관리행위를 포함하는 것을 말한다.

### (2) 환경친화적 물류의 촉진

국토해양부는 물류활동이 환경친화적으로 추진될 수 있도록 관련 시책을 강구하여야 한다. 또한 국토해양부는 물류기업 또는 화주기업이 환경친화적 물류활동을 위하여 다음 각 호의 활동을 하는 경우에는 행정적·재정적 지원을 할 수 있다.

01 환경친화적인 운송수단 또는 포장재료의 사용
02 기존 물류시설·장비의 환경친화적인 물류시설·장비로의 변경
03 그 밖에 대통령령으로 정하는 환경친화적 물류활동

### (3) 녹색물류의 추진 목적

#### 1) 기본목적

녹색물류의 기본목적은 제품의 물리적, 화학적, 생물학적 가치보호와 물류활동 효용을 창출하는 목적을 가진다. 또한 물류환경규제를 피하고 친환경적인 이미지를 확보함으로써 글로벌 물류시장을 선점할 수 있는 기회가 제공된다.

#### 2) 물류목적

녹색물류의 물류목적은 시스템 효율 증진을 목적으로 한다.

01 파레트, 컨테이너, 차량적재함의 적재율 제고
02 물류센터의 운영효율 향상
03 정보화와 공동화 유도
04 부가가치 창출 유도

#### 3) 서비스 목적

녹색물류의 서비스 목적은 소비자 유인, 사회적 책임, 서비스 수준향상의 3가지를 가진다.

01 소비자 유인 : 녹색물류활동의 기업 신뢰성 제고를 통한 소비자 유인
02 서비스 수준 : IT, BT, NT 접목을 통한 서비스 부가가치 창조

03 사회적 책임 : 환경보호(포장 쓰레기 절감, 중금속 요명방지 등 기타)

**(4) 녹색물류의 역할과 기능**

녹색물류의 역할은 온실가스 절감을 추구하고 제품의 생산・유통・판매・폐기 등 물류활동전반에 있어서 환경부하를 최소화하고 물류의 효율성을 향상시키는 것이다. 녹색물류의 성숙도가 높아질수록 물류비 절감, 물류 서비스 만족, 매출액 증대 중 기업적 가치가 향상될 수 있으며, 폐기물 및 오염원의 감소 등 공적 가치에 기여하는 기능이 향상될 것이다.[10)]

국가물류기본계획의 전략별추진계획의 국내물류산업의 자생기반 및 경쟁력 확보를 위하여 녹색물류 쪽으로는 변화하는 국내외 환경에 대응한 다양한 비즈니스 모델 및 서비스 개발로 새로운 물류수요 창출 및 녹색물류 회수물류, 물류보안이 물류산업의 부가가치 창출에 기여할 수 있도록 관련제도 및 규제 등을 개선하는 점 등이 포함되어 있다.[11)]

## 2.2.2 물류보안제도

미국발 9.11 항공기 테러사건 이후 세계 각국과 국제기구에서 선박과 항만 등 물류부분의 보안을 강화하면서 물류보안(Supply Chain Security)이 새로운 국제규범으로 등장하고 있으며, 눈에 보이지 않는 무역장벽으로 작용할 우려도 있는 것으로 나타났다. 9.11 항공기 테러의 직접적인 피해국인 미국뿐만 아니라 다른 나라에서도 물류보안과 관련된 여러 가지 제도와 조치들을 도입하여 시행하고 있다.

미국의 경우 18개 정부관련 기능을 통합한 국토안보부(DHS)[12)]를 2003년에 정식으로 출범시켜 보안조직의 일원화를 꾀한 것을 비롯하여 해안보안법을 개정하면서 컨테이너보안협정(SCI)과 대테러 민관보안협력 프로그램(C-TPAT), 초대형 항만 방사능 탐지재도(Mego Port Initiative) 등을 도입하여 물류부문의 보안을 강화하고 있다.

미국뿐만 아니라 국제해사기구(IMO)와 국제노동기구(ILO), 경제협력개발기구

---

10) 하영석, 개정2판 국제물류, 도서출판 두남, 2010, p. 64.

11) 서상범, 포럼 글로벌물류비전, 국가물류기본계획(2011~2020안), 한국교통연구원, 2010, 20.

12) 국토안보부(Department of Homelamd Secuirty) 는 부시 대통령이 의회의 의결을 거쳐 행정부로 이송된 국토안보부 설립에 관한 법률에 최종 승인하였고, 연안경비대와 관세청의 기능 통합함.

(OECD), 세계관세기구(WCO)등 정부 및 국제민간기구도 미국과 유사한 제도를 도입하여 전 세계적으로 동일한 기구에 따라 물류 보안을 확대하고 있다. 이 같은 국제기구를 통해 미국을 중심으로 도입된 보안기준이 글로벌 제도로 확대되어 정착되고 있다.

### (1) 물류보안제도 동향

#### 1) 컨테이너 화물 검색제도

컨테이너 화물의 검색제도는 미국에 의해 주도적으로 추진되고 있으며, 그 내용을 시기적으로 보면 컨테이너 보안협정(CSI), 24 Hour Rule, 컨테이너 100%검색시범사업(SFI), 10+2규칙, 컨테이너화물 100%검색 등이 있다.

**표 2-3** SAFE Framework 구조

| 시기 | 내용 | 관련법령 |
|---|---|---|
| 2002.01 | CSI(Container Security Initiative) | SAFE Port Act(2006.10)[13] |
| 2003.02 | 24 Hour Rule | SAFE Port Act(2006.10) |
| 2007.03 | SFI(Secure Freight Initiative) | SAFE Port Act(2006.10) |
| 2009.01 | 10+2규칙 | SAFE Port Act(2006.10) |
| 2012.07 | 100% scanning | 9.11 위원회 권고이행법(2007.08) |

자료 : 국제물류보안 동향과 인증제도 비교, Logistics news, 박찬석, 2010.

#### 2) 선박 및 항만보안제도

선박과 항만의 보안제도는 2002년에 만들어진 미국의 해운보안법(MSA2002)과 국제해사기구(IMO)[14]의 국제선박 및 항만시설 보안에 관한 규칙(ISPS Code)[15]등 2가지로 분류할 수 있다. 전자가 미국의 개별

---

13) Security and Accountability for Every Port Act는 2006년 10월에 제정되었으며 기존의 물류보안제도를 더욱 강화하는 것으로 해석됨.

14) 국제해사기구는 2002년 12월에 "1974년 국제인명안전협약(이하 'SOLAS협약'이라 함)" 개정을 위한 외교회의를 개최하였음. 이 회의에서는 SOLAS협약을 개정, 제Ⅴ장에 AIS(선박자동식별장치) DML 조기 탑재를 의무화하고, SOLAS협약 제XⅠ-1장 및 제XⅠ-2장의 해상안전 및 보안특별조치를 신설하였음. 이중 제 XⅠ-2장을 특별히 선박 및 항만시설의 보안에 관한 규칙이라고 지칭함.

15) ISPS Code는 Part A와 Part B로 구분되어 있으며, Part A는 이행이 강제되는 사항을, Part B는 임의 규정으로 구성되어 있음

적인 법률인데 비해 후자는 2004년 7월 1일부터 국제적으로 시행되고 있는 국제규범이라는 점에서 차이가 있다. 하지만 IMO는 ISPS Code를 제정할 당시 미국의 해운보안법을 모태로 활용한 바, 2가지 규범은 일부 조항을 제외하고는 거의 유사한 것이 특징이다.

### 3) 물류보안 인증제도

물류보안인증제도는 미국이 반테러 민・관 협력제도(C-TPAT, Customs-Trade Partnership Against Terrorism)를 2002년 4월부터 시행한 이후 세계세관기구(WCO)와 국제표준기구(ISO)등 유사한 제도를 마련하였으며, 유럽연합(EU)도 WCO의 제도를 수용한 기업물류보안 인증제도(AEO; Authorized Economic Operator)를 2008년부터 본격적으로 시행하고 있다.

AEO는 9.11테러 이후 강화된 미국의 무역안전조치에 대해 세계관세기구를 비롯한 국제사회에서 무역원활화를 위해 마련한 AEO 개념을 통해 수용하면서 무역안전과 원활화를 조화시키기 위해 마련된 개념이다.

AEO는 Authorized Economic Operator의 약자로서 우리말로 번역하면 '종합인증 우수업체'로 수출입업체, 선사/항공사, 운송주선업자, 창고업자, 관세사 등 물류의 흐름과 관련된 기업들 중 각국 세관당국에 의해 성실성을 공인 받은 업체를 의미한다.

이 밖에도 싱가포르는 2007년 5월 25일 민간기업을 대상으로 하는 물류보안 인증제도(STP ; Secure Trade Partnership Programme)를 마련하여 시행하고 있다.

물류보안 인증제도는 물류 전 구간의 보안을 확보하기 위해 일정한 요건을 충족한 사업자(기업)에 대해 보안활동을 충실하게 이행하고 있다는 자격을 부여하는 것을 핵심으로 하며, 인증 받은 기업에 대해서는 화물을 수출입하는 과정에서 검사횟수를 줄여 주거나 통관검사자체를 생략하는 등의 혜택을 부여하여 민간기업의 참여를 권장하고 있다.

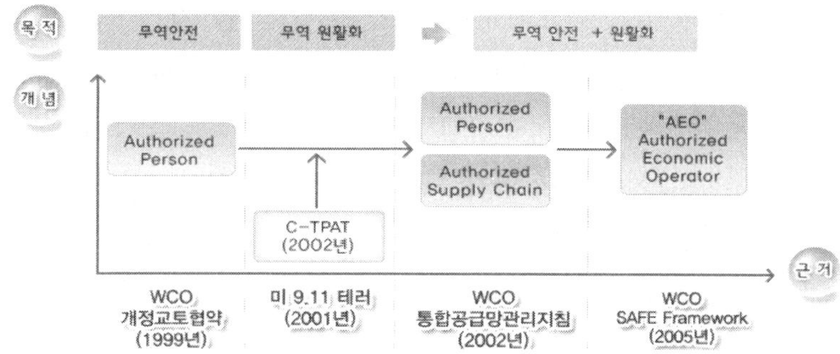


자료 : 관세청, AEO포털

▌그림 2-3 AEO제도 탄생 개념도

### (2) 세계 주요국가의 물류보안 인증제도 비교

현재 AEO 제도를 도입한 국가는 미국, 일본, 중국, EU(27개국) 등 주요 교역 국가를 포함한 총 45개국이며 캐나다, 싱가포르, 뉴질랜드, 요르단, 아르헨티나, 말레이시아, 인도네시아, 노르웨이, 스위스, 모로코, 마케도니아, 이집트, 몽골, 케냐등도 AEO 제도를 시행하고 있다.

최근 터키가 유럽 AEO와 동일한 AEO 제도를 도입하는 한편, 페루, 칠레, 멕시코, 필리핀, 태국, 홍콩, 호주, 인도, 이스라엘, 세르비아, 캄보디아, 부탄, 미얀마, 산마리노, 안도라 등이 AEO 프로그램 도입을 준비하고 있다.

AEO 제도의 근간이 되는 WCO SAFE Framework에 대해 이행의향서를 제출한 157개 국가들이 속속 AEO 제도를 도입하고 있다.

#### 1) 미국 C-TPAT

C-TPAT(Customs-Trade Partnership Against Terrorism, 대테러 민관 협력 프로그램)은 2002년에 테러 등 위해물품의 국내유입을 차단키 위해 법적근거없이 민관협력의 자발적 프로그램으로 출발하였다. 2006년 10월 SAFE PORT ACT 제정으로 비로소 법적기반을 마련하였고, 수출 프로세스 부문과 원활화 분야는 프로그램 운영 대상에서 제외하고 수입 프로세스와 안전 분야만을 강조하고 있는 것이 특징이다.

신청가능업체는 수출업체를 제외한 10개 공급망 당사자이며, 안전관리수준에 따라 T1, T2, T3 3단계로 구분하여 공인한 후 검사비율 축소 차등 등 각각 차별화된 혜택을 부여하고 있다. 수입업체를 제외한 관세사 등 연관된 공인 공급망 당사자에 대한 혜택은 해당화물에 대한 위험점수를 낮추어 수입업체의 혜택으로 전이된다. 2009년 5월 현재 공인된 수입업체는 4,280개로 전체 수입액의 50% 이상을 차지하고 있으며, 수입업체를 포함한 전체 공인업체는 9,272개이다.

C-TPAT에는 수입업자, 국내운송업자, 선사, 항공사, 통관업자, 창고업자, 해외제조업자 등이 모두 참여할 수 있고, 각 조직은 다음 사항을 준수할 것을 약정하는 약정서에 서명하고 신청하여야 한다.

- 세관과 무역업계가 공동 개발한 C-TPAT 안전지침(절차, 시설 및 인원안전, 교육과 훈련, 접근통제, 적하목록절차, 운송수단의 안정에 관한 사항등)을 이용하여 공급사슬의 안전에 관한 종합적인 진단 실시
- 공급사슬 보안진단에 관한 질문서에 대한 답변서를 작성하여 제출
- C-TPAT 보안지침에 따른 안전조치 개선계획의 마련 및 이행
- 공급사슬 내 타 업체에 C-TPAT 안전지침의 전파 및 이들 기업체와의 관계에 보다 개선된 보안조치를 설정

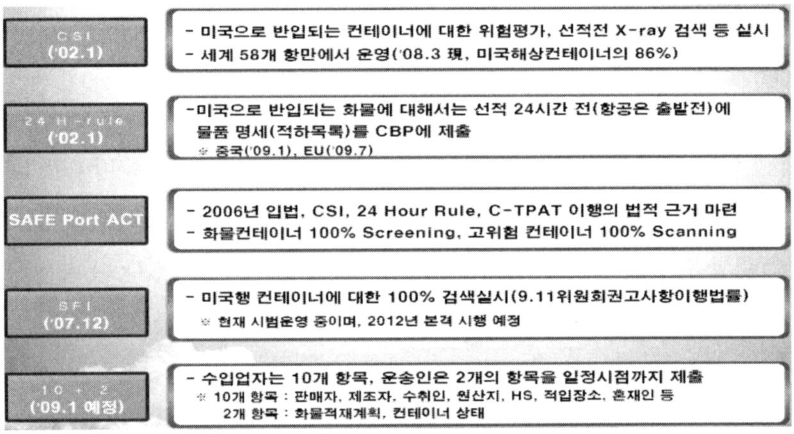


자료 : 관세청, AEO포털

▌그림 2-4 미국의 물류보안제도

### 2) EU의 AEO 제도

WCO SAFE Framework 기본을 잘 수용한 EU AEO(Authorized Economic Operator)는 신뢰성과 안전성을 강조하고 있으며 공인등급은 없으나 원활화와 안전을 선택할 수 있다. EU AEO는 미국과 달리 수출부문에 대해서도 신청할 수 있다. 정식 시행은 2008년 1월에 했으나

2009년 1월에 비로소 EU 전체 국가로 확대하였다. 공인대상 업체는 제조, 수출, 포워딩, 창고, 관세사, 운송, 수입자로 구분하고 있다. 안전 분야에 대한 주요 혜택으로는 안전 목적의 위험 분석 시 낮은 위험 점수 부여, 운송수단 사전출발 또는 도착 시 전송데이터 항목 감소, 통제(검사)시 우선 검사 및 희망 검사장소 협의, 통제대상 선별 시 사전 통지, 국제공급망상 테러공격이 발생할 경우 무역재개의 최우선권 보장, 선적 프로세스상 세관 간섭 최소화, 세관 단속 결과에 대한 호혜적 고려 등이 있다. 2009년 5월 현재 공인업체 수는 총 1,044개이며, 안전은 17%, 원활화는 3%, 안전 및 원활화는 80%로 구성되어 있다. 신청으로 인한 심사대상 업체수가 2,800개로 AEO 신청업체가 최근 급격히 증가하고 있으며, AEO의 가이드라인은 Part 1, Part 2, Part 3로 구성되어 있다.

- ▸ Part 1은 관세청과 기업에게 AEO의 심사와 채택, 국제공급사슬과 보안 개념, AEO 지원서 제출지역, 감사 등에 관한 사항을 설명
- ▸ Part 2는 관세청과 기업에게 AEO인증의 평가기준에 대한 설명과 각 평가기준에서 주의 깊게 검토해야 할 사항을 언급
- ▸ Part 3는 공급사슬에서의 활동주체 즉 제조기업, 수출업자, 포워더, 창고운영사, 운송사, 관세사, 수입업자 등이 AEO 인증 시 고려해야 할 평가항목을 설명

### 3) 싱가포르의 STP

싱가포르 세관은 2007년 5월 25일 글로벌 공급사슬에서의 보안을 확보하면서 원활한 상거래를 위해 STP(Secure Trade Partnership)라는 자발적인 보안인증 프로그램을 마련하여 기업의 참여를 권장하고 있다.

- ▸ STP 프로그램에서는 STP와 STP-Plus라는 2가지 형태의 인증이 있는데 기업이 처한 기업환경에 적합하게 선택하여 인증을 받을 수 있도록 하고 있으며, STP-Plus는 STP보다 한 층 더 높은 보안기준을 갖춘 기업에게 부여되는 인증이다.

### 4) 뉴질랜드의 SES

2007년 6월 미국과 최초로 AEO MRA(상호인증협정)을 체결한 뉴질랜드는 2004년부터 SES(Secure Exports Scheme, 안전 수출 프로그램)를

수출 프로세스 특히, 수출자 위주로 시행해 왔다. 원활화 분야는 운영대상에서 제외하고 있다. AEO 공인업체에 대하여는 수출신고기간 제한을 없앴으며, Green Lane 지위를 활용할 수 있는 반면, 비공인업체는 선적 48시간 전까지 수출신고를 의무화 하고 있다. 2008년 11월 현재 108개 수출업체가 공인을 받았으며, 전체 수출물량의 60%를 차지하는 등 교역량에 있어 AEO의 비중이 높다.

#### 5) 일본의 AEO[16)]

일본은 법규준수체계를 갖춘 기업에게 특례를 인정하던 제도를 개선하여 AEO 제도로 시행하였고 수입업자와 수출업자를 비롯하여 보관업자, 관세사, 운송인 등 기타 당사자로 확대하고 있다. 일본 AEO는 EU AEO와 같이 수입 및 수출부문과 원활화와 안전분야를 포함하고 있다.

01 운송인에게는 보세구역 화물 도착 전 신고·허가, 수입과 수출·입자는 심사·검사율 경감과 납세신고 전 화물 인수 및 사후납부 허용

02 보관업자에겐 장치장 허가수수료 면제 등 공인 당사자별로 혜택이 달리 부여되고 있다.

#### 6) 중국의 AEO

중국은 1991년 3월부터 기업분류관리 제도를 실시하여 기업의 경영관리 상황, 수출입신고 현황, 세관법령 등의 성실준수 여부에 따라 A, B, C, D류의 4등급으로 분류하여 차등 및 동태적으로 관리해 왔으며, 이 외에 2001년부터 관할 구역 내에서 가장 우수한 기업과 가장 불성실한 기업을 분류·관리하는 홍색 및 흑색기업명단제도를 도입하여 2004년부터 당해 기업의 명단을 외부에 공개해 왔다.

중국은 세계관세기구(WCO)가 채택한 무역안전 및 원활화 표준상의 AEO(Authorized Economic Operator)제도를 도입하기 위해 2008년 4월 1일부터 종전에 실시하던 4등급 기업분류 제도와 홍·흑색제도를 폐지하고 5등급 기업분류제도를 시행하였다. 5등급 기업분류관리제도는 종전의 4등급 기업분류관리 제도상의 A, B, C, D류 기업외에 세계관세기구가

16) 2009년 3월 현재 수입자 72, 수출자 206, 보세운송업자 55, 통관업자(관세사) 8로 총 341개 업체가 공인을 받았으며, 공인된 수출업체는 수출규모의 55%를 차지하고 있다.

채택한 국제표준상 AEO를 최우수기업으로 선정하여 AA류 기업으로 분류되도록 제도화 하였다. 공인대상은 수출・입 화물 송・수하인(수출자, 수입자), 통관신고기업(관세사)으로 나눠지며 2009년8월 기준 AEO업체(AA서류)는 1,217개이다.

**▌표 2-4 국제기구 및 주요국의 물류보안 인증제도**

| 구분 | 제도 | 시행시기 |
|---|---|---|
| 국제관세기구 | WCO Framework | 2005.06 |
| ISO | Security Management System for Supply Chain | 2007(PAS:2005) |
| 미국 | C-TPAT(Customs-Trade Partmership Against Terrorism) | 2002.04 |
| EU | AEO(Authorized Economic Operator) | 2008.01 |
| 싱가포르 | STP(Secure Trade Partnership) | 2008.10 |
| 뉴질랜드 | SES(Secure Exports Scheme, 안전 수출 프로그램) | 2004. |
| 일본 | AEO(Authorized Economic Operator) | 2007.10 |
| 중국 | AEO(Authorized Economic Operator) | 2008.4 |
| 한국 | AEO(Authorized Economic Operator) | 1991.3 |

자료 : 국제 물류보안 동향과 인증제도 비교, Logistics news, 박찬석, 2010, 9 및 저자수정

### 7) 우리나라의 AEO 제도

한국 관세청은 2008년 관세법 제255조의 2, 시행령 259조의 2 및 제259조의 3에서 '수출입안전관리우수업체(AEO)' 제도의 시행을 위한 법적 근거를 마련하였다. 많은 시행착오를 겪으면서 한국에 맞는 제도를 발전을 시킨 결과 2009년 4월 15일 세부적인 AEO 제도 운영을 위한 관세청 고시[17)]가 시행된 이후 2012년 1월 개정 고시 되었다.

#### 01 시범사업 업체 선정

2008년 10월, 본 사업의 진행에 앞서 AEO시범사업 참여 기업을 모집을 했는데, 기대보다 많은 60여개 업체가 신청, 그중 각 산업에서 대표적인 기업이라고 할 수 있는 삼성전자, 삼성로지텍(보세운송), 대한항공, 고려해운, 새신한관세사법인 등 11개 업체를 선정하였다.

17) 우리나라 고시에서는 "종합인증우수업체(AEO)"라는 명칭을 사용하고 있다.

Ⓞ2 시범사업 종료 및 AEO 기업 인증 부여

시범사업임에도 불구하고 11개의 참여업체 중 2개 업체가 탈락하고 9개 업체만 최종 AEO 인증을 받게 되었다.

AEO는 화주, 관세사, 운송인, 창고업자, 선박, 항공사, 하역업자와 같은 물류주체들 중 세계관세기구(WCO)의 수출입 공급망(Supply Chain) 안전관리 기준 또는 이와 동등한 기준을 준수하여 자국 세관으로부터 공인 받은 업체를 의미한다. 특히, AEO는 자국내에서 뿐만 아니라, 상호인정협약(MRA)을 맺은 해외 국가에서도 동등한 자격을 유지할 수 있다는 특징을 가지고 있다.

AEO인증을 받을 수 있는 대상은 [그림 2-5]와 같다.

자료 : (사)한국AEO진흥협회

▌그림 2-5 AEO 인증대상

Ⓞ3 AEO인증 제도의 필요성

㉠ 무역거래의 조건

최근 국제사회의 물류보안에 대한 관심이 높아짐에 따라, 무역거래의 조건이 갈수록 복잡해지고 있음에 따라 기존 거래조건 이행요구 이외에 AEO 기준을 거래요건으로 규정하는 업체들이 증가하고 있다. 그러므로 AEO 기준을 충족하지 못하는 업체의 경우 거래대상이나 무역활동의 범위가 좁아질 수 있거나 예상치 못한 불이익을 당할 수 있다.

㉡ 수출경쟁력 제고

수출기업 같은 경우 신속한 통관이 가장 큰 관심사인 통관문제는 민간기업이 통제하기 힘든 부분이고, 현지법규나 제도에 대한 이해부족은 물론, 국가별 관세행정이나, 물류인프라 환경도 차이가 있어 민간기업

혼자 스스로 해결하기에는 한계가 있다. 하지만 AEO가 이러한 문제를 해결할 수 있다. 즉 AEO는 관세청이 신뢰하고 국제사회가 인정하기 때문에 AEO를 통해서 무역장벽을 해소하고 수출경쟁력을 제고할 수 있다.

㉢ 다양한 기업 혜택

AEO 업체는 국가로부터 AEO 기준 등을 공인 받은 신뢰 있는 업체이기 때문에 수출·입시 보다 신속하고 간편한 무역 절차를 보장 받을 수 있으며, AEO 시행국과 상호인정협정이 체결될 경우 AEO 업체들은 협정체결국가에서도 검사비율 감소 및 신속 통관편의 등의 각종 혜택을 부여 받게 되어 결과적으로 국제 무역거래에 소요되는 리드타임과 각종 비용을 절감할 수 있게 된다.

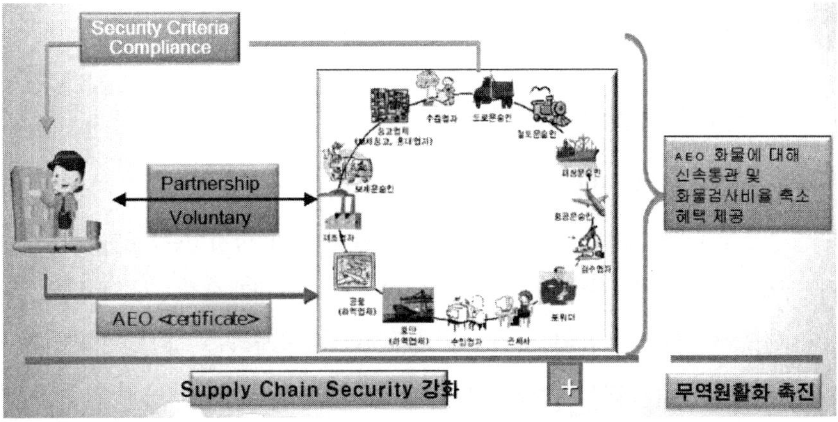


자료 : 관세청, AEO포털

▌그림 2-6 AEO의 개념

Chapter 03

# 글로벌 소싱과 물류전문기업

## 3.1 글로벌 소싱

### 3.1.1 글로벌 소싱의 대두

#### (1) 글로벌 소싱의 개념

WTO 체제로의 전환으로 전 세계는 하나의 국경없는 무한경쟁 체제가 되었다. 이러한 글로벌 시대에 글로벌기업은 개방된 세계시장에서 상품을 판매하기 위해 다양하면서도 통합된 사업 및 물류전략을 구사하는 것이 특징이다. 이들 기업은 규제완화를 최대한 이용하기 위해 고도화되고 정교한 운영방법을 개발하고 글로벌 네트워크는 외부조달을 통해 강력한 경쟁력을 확보하려 한다. 이는 경쟁력은 비용, 속도, 전문기술의 이용, 설비, 시장, 새로운 사업에서 이미 해당분야의 핵심능력을 보유한 기업과 제휴함으로써 얻어질 수 있기 때문이다.[18]

글로벌 소싱(global sourcing)[19]이란 '전 세계를 대상으로 원재료 및 부품을 구매하기 위한 일련의 활동'이라 정의된다. 글로벌 소싱의 상호보완적인 자원이 각기 다른 기업에 존재하는 경우 경제적으로 타당성, 예를 들어 원가절감 또는 품질향상을 기할 수 있다면 얼마든지 통합될 수 있다는 근거에서 비롯된 것이다.

그러나 다국적 기업들이 글로벌 소싱 전략을 선택하기 위해서는 다양한 변수들을 고려해야 하는데 글로벌 소싱이 갖는 많은 이점에도 불구하고 그에 상응하는

---

18) 이충배 · 김종칠 · 김성원 공저, 국제물류론, 박영사, 2009, p. 98.

19) 글로벌 소싱은 글로벌화의 영향에 따라 전 세계에 자 기업을 두는 글로벌 기업들이 증가함으로 인하여 원산지 개념을 벗어나 전 세계를 대상으로 하는 구매활동을 말한다.

반대급부로서의 위험이 상존하고 있다. 글로벌 소싱을 하는 경우, 공급체인이 길어지고 재고수준이 높아지며 아울러 환율변동 등으로 인한 환위험의 영향을 받을 수 있다. 글로벌 소싱의 가장 중요한 이유로는 핵심역량에 초점을 맞추는 것이지만 이 경우 사업 노하우(Know-How)의 축적을 어렵게 하는 경향이 있다.

### (2) 글로벌 소싱의 과제

글로벌 소싱에 다른 반대급부로서 상존하고 있는 위험을 최소화하기 위해서는 다음의 과제들에 대한 문제를 해결해야 한다.

- 거래업자 발굴과 평가
- 리드타임, 인도기간의 불확실성
- 환율변동
- 대금지급
- 관세, 세금 및 기타 비용
- 서류작업
- 커뮤니케이션 및 문화

## 3.2 물류전문기업의 개요

물류전문기업이란 상・물 분리의 원칙에 따라 제조 및 생산 기업의 물류업무를 전문적으로 수행하는 기업을 말한다. 기업의 물류활동을 수행하는 주체가 누구인가에 따라 제1자물류, 제2자물류, 제3자물류, 제4자물류 등으로 나눌 수 있다. 우리나라의 경우 제2자 및 제3자 물류의 구별이 뚜렷하지 않으며 제4자물류는 아직 크게 활성화되지 않고 있는 실정이다.

3자물류와 4자물류는 물류서비스의 아웃소싱으로 3자물류가 어느 특정기업의 물류업무를 부분적으로 서비스하는 것이라면, 4자물류는 공급체인상의 여러 기업의 물류를 통합하여 서비스를 하는 것이다.

### 3.2.1 제1자물류(First Party Logistics : 1 PL)

제1자물류는 종래의 제조・생산기업이 자사의 수배송 등 물류활동과 상류활동을 분리하지 않고 제조・생산・수배송 등을 함께 수행하는 기업을 말한다. 기업들이 기업내 물류조직을 두고 자체적으로 물류업무를 수행하는 것을 말하는 것으로 자사물류 또는 자가물류라 한다.

현재 해태, 롯데 등과 같은 제과기업이나 아모레퍼시픽과 같은 화장품 기업들은 1자 물류형태의 물류를 수행하고 있다. 제과업체들은 자사상품의 방매방식으로 직접판매방식을 선택하고 있으므로 기본적으로 자가물류 형태와 협력업체 위탁의 수·배송시템을 혼용하고 있다. 화장품업체들의 경우는 다품종 소량다빈도 생산유통구조를 가지고 있으므로 물류전체의 아웃소싱은 리크스가 크고 특히 철저한 가시성(visiility)을 요하는 화장품 속성상 물류의 모든 기능을 아웃소싱 하는 것은 바람직하지 않다고 판단하기 때문이다.[20)]

제1자물류의 해당기업의 장점으로는 영업비밀유지와 물류관리에 대하여 직접적인 영향력을 행사할 수 있다는 점이다. 반면, 단점으로는 물류시설 확충, 물류자동화, 정보화, 물류전문인력 충원 등 자가물류 시설의 확보와 같은 고정투자비 부담의 가중 및 물류부문에 대한 과도한 투자비는 적정한 물량을 확보하지 못할 경우 투자비 회수의 곤란, 경기변동과 수요계절성에 의한 물량의 불안정, 기업구조 조정에 따른 물류경로의 변화 등에 효율적으로 대처하지 못함으로써 물류부문의 비효율을 초래할 수 있다는 것이다. 이러한 단점 때문에 우리나라의 경우는 IMF 이후 제2자물류 및 제3자물류로의 전환이 활발해졌다.

### 3.2.2 제2자물류(Second Party Logistics : 2PL)

제2자물류는 기업이 사내의 물류조직을 별도의 물류자회사로 독립시켜 물류업무를 전문적으로 취급하도록 하는 것을 말한다.

제2자물류의 장점은 상·물을 분리시킴으로 인하여 대량수송 및 수·배송 시간의 단축과 재고의 집약을 통하여 재고의 최소화를 달성함으로써 고객 서비스의 향상 및 총 물류비를 절감할 수 있기 때문이다.

모기업이 자사의 물류합리화 전략에 따라 물류관련업무의 일부 또는 전부를 수행·처리하기 위하여 출자를 통하여 물류자회사를 설립하고, 이렇게 설립된 자회사는 모회사의 물류관리에 적합한 물류시스템을 구축하고 모회사의 조달·판매·수출 등과 관련된 물류업무를 우선적으로 수행하게 된다.

우리나라의 물류기업 중에서는 삼성로지텍(삼성전자), 범한판토스(LG전자), 글로비스(현대자동차) 등이 대표적인 제2자물류 기업에 가까운 형태이다.

---

20) 송채헌·박종은, 국제물류운송론, 탑북스, 2011, p. 29.

### 3.2.3 제3자물류(Third Party Logistics : 3PL)

제3자물류는 기업이 사내 또는 자회사를 통해 직접 수행하던 물류활동을 외부의 전문물류업체에게 위탁하여 수행하게 하는 것을 말한다. 즉, 제3자물류는 화주기업이 경쟁우위의 확보, 고객서비스 향상, 물류비 절감 등 물류활동의 전문성과 효율성을 향상시키기 위하여 공급사슬관리(supply chain management)상의 물류기능의 전부 또는 일부를 자사 또는 자사 자물류회사가 아닌 전문물류업체에게 위탁(outsourcing)하는 것을 말한다.[21)]

제3자물류가 성공하기 위해서는 화주와 물류서비스 제공업체 간의 관계가 기존의 거래기반 관계인 갑과 을의 관계에서 벗어나 파트너쉽 관계로 전환되어야 한다.

3자물류의 장점은 운송비용, 자재관리 및 보관비용의 절감, 재고수준의 감소, 응답시간의 단축, 유통채널에 대한 통제의 향상 등이다. 2004년 미국의 500대 제조기업의 물류실태를 조사한 결과, 80%가 3자물류를 이용하고 있고 이 가운데 65% 이상은 5년 이상 3자물류를 이용하며, 물류비의 40%를 3자업체에게 지불하고, 75% 이상은 3자물류 이용범위를 확대할 계획인 것으로 조사되었다.

3자물류의 문제점으로는 물류에 대한 통제력 약화, 비용절감의 미미, 시간 및 노력의 불감소, 고객불만의 증대 등이 제기 되었다. 1자물류에 문제가 있어 3자물류를 이용하지만 만족스러운 경우가 드물다. 그 외에 실제비용의 측정곤란, 사내물류인력의 실업, 정보의 유출, 고객불만에 대한 신속대처 곤란, 정보시스템의 통합 그리고 사내에 전문지식을 축적할 수 없는 것 등이다.[22)]

### 3.2.4 제4자물류(Forth Party Logistics : 4 PL)

제4자물류[23)]는 제3자물류업체가 제공하는 서비스에 추가하여 SCM(공급사슬

---

21) 제3자라는 용어는 1988년 미국의 물류관리협회(Council of Logistics Management : CLM)가 화주를 대상으로 실시한 물류서비스 조사에서 제3자제공자(the third parth provider)라는 용어를 처음으로 사용한 것에서부터 시작되었다. 우리나라에서는 (주)삼영이 3자 물류의 전문업체로서 효시라고 할 수 있다.

22) 전게서, 임석민, pp. 92~96.

23) 제4자물류는 앤더슨 컨설팅사에서 처음으로 특허등록하여 사용한 용어로서, 물류업체가 화주기업에게 포괄적인 공급사슬 솔루션을 제공하기 위하여 자산의 부족한 점을 보완할 수 있는 타사의 경영자원, 능력 및 기술과 연계하여 보다 완전한 공급사슬 솔루션을 제공하는 공급사슬통합자로 정의되고 있으며, LLP(Lead Logistics Provider), General Contractor 등으로도 사용되고 있다.

관리), 프로세스 재설계 등 물류컨설팅과 같은 IT 서비스를 결합한 시스템으로 하나의 계약으로 one-stop 서비스 형태의 최상의 통합물류서비스를 제공하는 물류기업을 의미한다.

제4자물류는 제3자물류보다 우수한 능력을 지향하고, 공급사슬의 입안, 정보기술능력, 납품관리, 운송의 조정・수배 등을 포함하는 다기능관리책임을 부담하여 물류의 말단에서 말단까지(end-to-end)의 솔루션을 제공하고, 화주기업의 비용절감, 현금흐름(cash flow)의 향상을 실현하는 업무를 말한다.

4자업체가 되려면 많은 투자와 전문인력을 필요로 하기 때문에 보통의 3자업체가 4자업체로 전환하기가 쉽지 않다. 따라서 UPS, DHL-Danzas, Kunhne & Nagel등 세계적인 특송업체와 다국적 포워더 및 Accenture, IBM, ICG 등의 세계적인 컨설팅회사가 4자물류를 지향하고 있다.[24)]

**표 3-1 일반아웃소싱, 제3자물류, 제4자물류의 차이점**

| 구분 | 계약운송/분배 | 제3자물류 | 제4자물류 |
|---|---|---|---|
| 서비스 | 단일기능 | 복수기능(개별적) | 복수기능(통합적), 복잡한 문제 처리기능 |
| 관계 | 일시적계약 | 장기적인 합의 | 전략적 파트너십, 메가사이즈 계약 |
| 범위 | 지역적 | 복수 지역적 | 글로벌, Door to Door |
| 경쟁우위 | 단편적 | 통합적, 협의적 | 작은 부분으로 분리된 대형 협력 및 니치제공 |
| 역량 | 대량의 자산, 프로세스의 실행 | 자산기반에서 정보기반으로 이동 | 정보/지식에 초점, 통합된 정보기술 솔루션 |
| 효과 | 비용절감 | 비용절감, 지리적 확장, 부가적인 개선가능성 | 최적화된 비용 및 서비스 |

자료 : 송채헌・박종은 공저, 국제물류운송론, 탑북스, 2011. p. 57.

24) UPS는 악기제조업체의 품질검사를 위해 음악가를 공용하고, IBM과 엑센투어가 10년의 장기계약을 체결하고 고객기업의 기존인력을 받아들여 서비스하는 모습은 4자물류의 서비스 패턴을 대변하는 구체적인 사례이다. 전게서, 임석민, p. 110.

# part 3

# 국제물류와 국제무역

Chapter 04

# 무역계약과 수출·입 절차

## 4.1 무역계약의 체결

### 4.1.1 무역계약의 의의와 성격

#### (1) 무역계약의 의의

무역이란 국가와 국가 간의 상거래 즉, 국제간의 물품의 이동에 따른 물품의 경제적 거래가 이루어지는 것으로 일반적으로 수출과 수입을 말한다.

WTO 출범과 더불어 무역의 범위는 과거의 유형재인 상품(goods)의 매매뿐만 아니라 서비스(service) 등의 무형거래 까지를 포함한다.[25] 무역을 하는 궁극적인 목적은 우리가 만드는 것보다 남이 만들면 더 싸게 만들 수 있는 물건을 많이 수입해서 우리의 생활수준을 향상시키는데 그 일차적인 목적이 있으며, 이런 목적을 달성하기 위해서 외국물건을 구입하는 과정에 그들의 화폐가 필요하게 되는 것이다.[26]

이러한 국제간의 상거래는 일반적으로 일방의 오퍼에 대하여 그 상대방의 무조건적인 승낙에 의하여 무역이 성립된다. 그러나 원거리계약의 특성상 일반적으로 만일에 발생할 수 있는 분쟁을 미연에 방지하기 위하여 무역계약서를 적상하는 것이 좋다.

무역계약(trade contract)은 국적을 달리하는 당사자들 사이에 매도인(seller)이 매수인(buyer)에게 물품의 소유권(property in goods)을 양도하여

---

25) 우리나라 대외무역법에서도 무역의 범위를 물품, 대통령령이 정하는 용역 및 대통령령이 정하는 전자적형태의 무체물을 말한다.(대외무역법 제2조 정의)

26) 박대위 저, 무역실무, 법문사, 1998, p.4.

물품을 인도할 것을 약속하고, 매수인은 이를 수령하여 물품의 대금을 지급할 것을 약속함으로써 성립하는 국제간의 매매계약을 말한다.

무역계약은 법적으로 일정한 채권관계의 발생을 목적으로 서로 상이한 국적을 보유한 복수당사자 간의 서로 대립되는 의사표시가 합치(合致)되어 성립되는 법률행위로 국내 상거래와는 달리 독특한 무역용어, 무역거래조건, 국제상관습 등에 대한 전문지식을 필요로 한다. 무역계약은 국제물품매매계약을 주계약으로 하고 운송, 보험, 외국환거래 계약 등의 거래이행을 위한 종속계약이 수반된다.

무역계약을 그림으로 표시하면 [그림 4-1]과 같다.

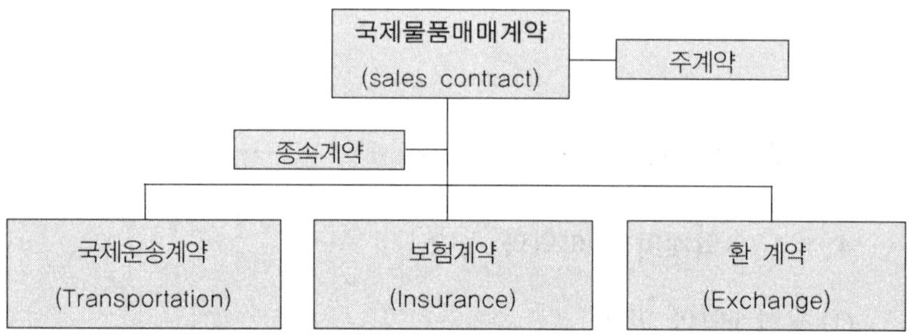


▌그림 4-1 무역의 개념

### (2) 무역계약의 법적성격

무역은 수출상인 매도인이 약정된 물품의 소유권과 점유권을 수입상인 매수인에게 이전하고 매수인은 이에 대하여 대금의 지급을 약속하는 계약으로 다음과 같이 합의·쌍무·유상·불요식 계약의 특성을 갖는다.

#### 1) 합의계약(consensual contract)

매매당사자의 합의에 의하여 계약이 성립되기 때문에 계약당사자의 어느 한편의 청약(offer)에 대해 상대방의 승낙(acceptance)으로 계약이 성립된다. 합의계약의 반대 개념은 요물계약으로 합의이외에 물품인도 등 급부이행을 성립요건으로 하는 계약을 말한다.

#### 2) 쌍무계약(bilateral contract)

당사자 간에 계약이 성립됨에 따라 계약당사자 모두가 채무를 부담하는 계약으로 매도인은 물품인도의무, 매수인은 대금지급의무를 각각 부담하게 된다. 이의 반대되는 개념으로 양 당사자 중 일방만이 의무를 부담하는 조건의 계약을 편무계약이라고 한다.

**3) 유상계약(remunerative contract)**

매도인의 물품인도에 대해 매수인이 대금을 지급하는 상호보상, 즉 물품의 급부와 대금의 반대급부가 이루어지는 것을 말한다. 물품매매계약에서는 우선 쌍방의 채무를 발생하게 하고 급부도 서로 대가를 이루어 그 대가의 보상으로서 금전지급을 원칙으로 한다. 쌍무계약과 유상계약을 유상·쌍무계약으로 표기하여 그 내용을 나타내는 것도 무방하겠다.[27]

**4) 불요식계약(informal Contract)**

무역계약은 계약자유의 원칙에 따라 계약의 형식이나 내용이 자유로운 특징을 가지고 있다. 즉 특정한 요식을 필수조건으로 하는 것은 아니며 구두 또는 서류 등 어느 것으로도 의사표시를 전달함으로써 계약이 성립된다. 한편 물품의 점유이전, 소유이전이나 부동산거래의 문서작성 및 교부 등 계약성립에 일정한 요건을 요구하는 계약을 요식계약이라고 한다.

### 4.1.2 무역계약의 성립절차

#### (1) 무역계약 성립의 의의

무역계약은 계약당사자의 어느 한편이 다른 당사자에 대하여 청약이라는 계약체결 의사표시에 대하여 그 당사자가 이 청약에 응하는 승낙을 함으로써 성립된다. 그러나 실무상 합의된 의사표시나 물품매도확약서(offer sheet)만으로는 완전한 계약으로 보기 어렵기 때문에 구체적인 거래조건을 명기한 서면 계약서를 작성하여 보관함으로써 후일의 분쟁에 대비하게 된다.

무역계약에 대한 내용은 무역실무론에서 다루고 있으므로 여기서는 그 절차만 다음과 같이 간략히 살펴보기로 한다.

무역계약은 해외시장조사 ➡ 거래처 선정 ➡ 신용조사 ➡ 거래제의 ➡ 조회 ➡ 청약(offer) ➡ 승낙(acceptance) ➡ 계약서의 작성 등의 절차를 거쳐 성립된다.

---

27) 김희길, 제 2판 국제무역관계법, 삼영사, 2009, p.49

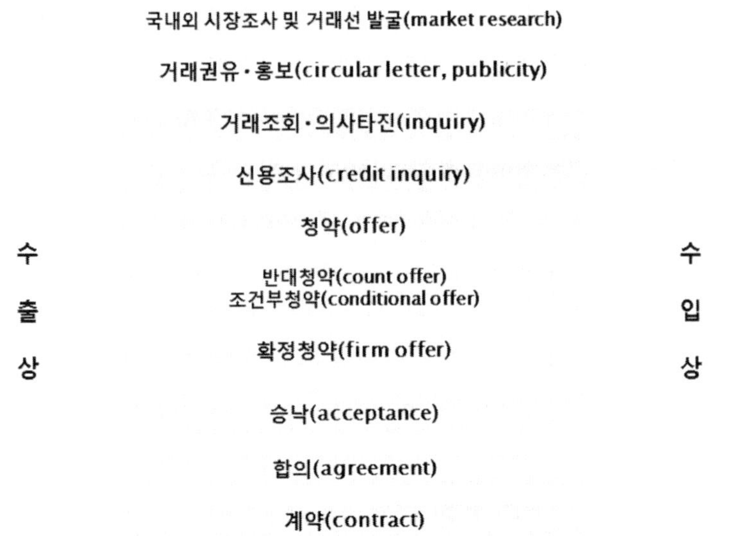


▌그림 4-2 무역계약의 절차

### 4.1.3 무역계약의 기본조건

무역계약은 매도인인 수출상이 약정한 물품에 대한 인도를 이행함으로써 소유권과 점유권을 수입상에게 이전하고, 수입상은 이에 대해 대금지급을 서면으로 약속하는 것이다. 따라서 무역계약은 계약상품의 명세와 더불어 다음과 같은 거래조건에 대하여 협정을 할 필요가 있다.

▌표 4-1 무역계약의 기본조건

|  |  |
|---|---|
| 무역계약의 6대 기본조건 | ① 품질조건(quality terms)<br>② 수량조건(quantity terms)<br>③ 가격조건(price)<br>④ 선적조건(shipment terms)<br>⑤ 보험조건(insurance terms)<br>⑥ 결재조건(payment terms) |
| 포장·분쟁 및 기타 조건 | ⑦ 포장조건(packing terms)<br>⑧ 분쟁 및 중재에 관한 조건(claim and arbitration)<br>⑨ 기타조건(others terms and condition) |

#### (1) 품질조건

품질조건(quality terms)은 거래의 목적물을 특정하는데 관련된 거래조건으로서 품목을 구체적으로 표시하는 것을 말한다.

무역거래에서 상품의 품질문제는 거래당사자 간 중요 관심사항으로 품질불량(inferior quality), 규격상이(different type), 품질상이(different quality) 등으로 인하여 분쟁이 발생되는 경우가 많으므로 품질조건을 명확히 규정하여야 한다.[28)]

품질조건에서 명백히 해야 할 사항은 대체로 약정품의 품질결정방법 및 품질결정의 시기, 품질의 증명방법 등이다. 또한 추후에 발생할 수 있는 클레임 제기기한, 품질불량에 대한 입증방법과 불량품의 처리방법 등이 유의해야 할 사항이다.

### 1) 품질의 결정방법

무역거래에 있어서 품질결정의 방법으로서 사용되는 것으로는 실질매매 또는 점검매매(sales by inspection), 견본매매(sale by sample), 규격매매(sales by type or grade), 표준품매매(sales by standard), 상표매매(sales by brand), 명세서 매매(sale by specification) 등을 들 수 있다. 이는 각자 매매하고자 하는 상품의 특성에 맞추어 매매계약서에 사전에 명시를 해야 한다.

다음의 [표 4-2]는 표준품 매매 시의 품질표시 방법이다.

**표 4-2 표준품 매매의 품질표시방법**

| 표시방법 | 사용품목 | 내용 |
|---|---|---|
| 평균중등품질조건 (F.A.Q ) | 곡물, 면화, 차, 과일 등 | 해당연도 해당지역에서 생산되는 동종상품의 평균적이며 중등의 품질을 선정하여 표준품으로 결정 |
| 판매적격품질조건 (G.M.Q ) | 목재, 냉동어류 등 | 댕해 물품 인도시의 품질이 현지시장에서 판매에 적합할 것을 보증하는 품질조건상 판매가 가능한 것임을 매도자가 보증하는 조건 |
| 보통품질조건 (U.S.Q ) | 원면, 생사, 인삼 등 | 공인검사기관이나 공인표준기준에 의하여 보통품질을 표준품의 품질로 결정 |

자료 : 전게서, 추창엽, p. 354.

28) 추창엽 저, 개정판 무역학개론, 형설출판사, 2006, p.353.

### 2) 품질의 결정시기 및 증명 방법

국제간의 매매거래에 있어서 물품운송은 통상 장거리 해상운송에 의하여 이루어지기 때문에 운송 중 상품의 성질에 따라 물품의 품질변화가 발생할 가능성이 매우 높다. 따라서 상품의 품질 결정시기를 화물의 선적시점으로 할 것인지 또는 양륙시점으로 할 것인가를 결정하는 것은 중요하다. 이러한 품질의 결정시기는 수량의 결정시기와 같이 사용된다.

품질의 결정방법에 있어 품질의 증명시기와 직결되는 것이 품질증명방법이다. 이는 선적품질조건 또는 양륙품질조건에 따라 품질증명방법 및 입증책임이 달리 나타난다. 즉, 선적품질조건에서는 이러한 입증책임이 매도인에게 있으므로 매도인은 공인검사기관으로부터 검사증명서(certificate of inspection) 또는 품질증명서(certificate of quality)를 발급받아 매수인에게 제공하여야 하며 양륙품직조건일 때는 매수인이 감정인의 검정보고서에 의해 입증사실을 증명하고 배상을 청구하게 된다.

**표 4-3 품질 및 수량의 결정시기**

| 구분 | 개념 | 관련조건 | 특수조건 | |
|---|---|---|---|---|
| | | | 종류 | 개념 |
| 선적품질조건 (shipped quality term) | 선적시 물품의 품질로서 품질을 결정하는 조건 | FCA, CFR, CIF, CPT, CIP, 표준품 매매의 FAQ 조건 | Tale Quale(T.Q) 조건 | 매도인이 약정한 물품의 품질을 선적시까지 책임지는 조건 |
| | | | sea damaged(S.D) 조건 | 매도인이 해상운송 중 발생한 손상에 대하여 책임지는 조건 |
| 양륙품질조건 (landed quality term) | 양륙시 물품의 품질로서 품질을 결정하는 조건 | DAT, DAP, DDP, 표준품 매매의 GMQ 조건 | Rye 조건 | 매도인이 약정한 물품의 품질을 도착지까지 책임지는 조건 |
| 평균품질조건 (average quality terms) | 양륙항의 품질을 최종 기준으로 하는 조건 | S.Q.T, LQT의 평균을 최종기준으로 하는 조건 | | |

자료 : 전게서·추창엽, p. 355, 저자 수정

## (2) 수량조건

무역거래에서 수량은 국가에 따라 관습이 상이하기 때문에 품질조건 다음으로 분쟁이 발생하기 쉬운 조건이다. 그 원인은 수량부족, 중량부족, 중량계산방법의 상이 등을 들 수 있다.

#### 1) 수량단위

수량단위는 상품의 종류와 상관습에 따라 거의 일정한 것이 많으나, 국가에 따라 거래 단위와 기준이 다른 경우가 있으므로 사전에 명확하게 해 두어야 한다.

#### 2) 수량의 과부족용인조건(M/L : More or Less clause)

장기간 운송도중 감량이 예상되는 다량의 무포장화물(bulk cargo)을 거래하는 경우 화물의 성질상 정확히 계약된 수량을 인도하는 것이 불가능한 경우가 있다. 이런 경우 어느 정도의 과부족에 대하여 클레임을 제기하지 않는다는 조건을 협약하게 되는데 이 조건을 과부족용인조건(More or Less Clause : M/L clause : plus or minus clause)이라고 한다.

과부족용인조건이 없는 경우 과부족용인범위가 문제가 되며, 과부족용인조건을 설정할 때에는 허용 가능한 범위를 명확하게 명기해 두어야 한다.

신용장에 명시한 신용장금액, 수량 또는 단가와 관련한 "about", "approximately" 또는 "circa"와 같은 이와 같은 표현은 10% 과부족을 허용한다. 특히 신용장에서 특정화물의 수량이 과부족 되어서는 안된다고 규정하지 아니한 한 5%의 과부족을 허용한다. 즉 벌크화물(bulk cargo)의 경우 수량의 5% 과부족을 허용한다. 그러나 일반화물(general goods)의 일정한 개수의 포장단위(예 cases, boxes, drums) 또는 개별품목(예 pieces)의 조건으로 수량을 규정하고 있는 경우에는 적용되지 않는다.

### (3) 가격조건

가격(price)이란 시장에서의 물품의 교환가치(exchange value)를 화폐가치로 표시한 것으로 물품의 수출·입 대금을 결제하는 데에는 반드시 통화가 필요하며, 통화를 어느 나라의 화폐로 결정하느냐 하는 것은 환위험(exchange risk)을 회피하는 데 중요한 요인이 된다. 가격조건을 약정할 때에는 매매가격의 산출근거, 매매가격의 원가요소, 매매가격의 표시통화 등을 고려하여야 한다.[29)]

가격조건 등에 대한 해석은 ICC가 제정한 INCOTERMS에 의하여 산출되고 있다.

---

29) 정현우 저, 개정판 국제상무론, 도서출판 두남, 2003. p.44.

**▌표 4-4 주요 수량단위**

<table>
<tr><th>수량단위</th><th colspan="5">종류</th></tr>
<tr><td rowspan="4">중량<br>(weight)</td><td colspan="5">무게 : Kg, Lbs(pound), ton</td></tr>
<tr><td rowspan="3">ton</td><td>· 영국식(Gross ton)</td><td>2240lbs</td><td>1016kg</td><td>long ton : L/T</td></tr>
<tr><td>· 미국식(Net ton)</td><td>2000lbs</td><td>907kg</td><td>short ton : S/T</td></tr>
<tr><td>· 대륙식(Kilo ton)</td><td>2204lbs</td><td>1000kg</td><td>metric ton : M/T</td></tr>
<tr><td rowspan="3">용적<br>(measurement)</td><td colspan="5">부피 : 액체나 목재 등을 측정하는 단위<br>bushel, barrel, liter, cubic meter(CBM), cubic foot(cft)</td></tr>
<tr><td colspan="3">· super foot(S.F)<br>· 480 S/F</td><td colspan="2">=1sguare foot X 1inch<br>=1용적톤(measurement Ton: /T)<br>= 40 Cubic Feet</td></tr>
<tr><td colspan="3">· 1 English gallon(imperial gallon)<br>· 1American gallon(wine gallon)<br>· 1Barrel</td><td colspan="2">=4.546liter<br>=3.7853liter<br>= 148,984liter = 42gallons</td></tr>
<tr><td rowspan="2">개수<br>(piece)</td><td colspan="5">잡화의 기준 : piece, dozen gorss</td></tr>
<tr><td colspan="5">· dozen =12pcs(pieces)<br>· gross (12×12=144개)<br>· small gross (12×10=120개)<br>· great gross (12×12×12=1,728개)</td></tr>
<tr><td rowspan="2">포장<br>(package)</td><td>컨테이너</td><td colspan="4">· TEU(twenty feet equivalent unit) :<br>물동량의 산출을 위한 표준적인 단위로 길이 6m<br>· FEU(forty feet equivalent unit) : TEU의 2배로 길이 12m</td></tr>
<tr><td>pallet</td><td colspan="4">· 주로 국내거래에 사용(110x110, 110x100)</td></tr>
</table>

자료 : 전게서 · 추창엽, p. 356, 저자수정

### 1) 인코텀즈

인코텀즈(Incoterms : International Rules for the Interpretation of Trade Terms, 무역거래조건의 해석에 관한 국제규칙)란 국제물품매매계약시 무역업자들이 겪는 무역장애 요소인 ㉠준거법에 대한 불확실성, ㉡ 불충분한 지식, ㉢ 해석상의 차이점에서 오는 거래상의 분쟁을 사전에 예방하고 국제무역의 확대·발전을 위해 국제무역조건과 관습의 통일을 위하여 1936년 1월 국제상업회의소의 무역거래조건위원회(Trade Terms Committee)가 중심이 되어 제정한 국제 규칙이다.

인코텀즈는 그 후 7차(1953년, 1967년, 1976년, 1980년, 1990년, 2000년,

2010년)에 걸쳐 개정하여 시대적 무역환경에 적응하였으나 2000년대에 접어들면서 ㉠관세자유지대의 확대, ㉡무역거래에서 전자통신문의 사용 증가, ㉢물품이동에 있어서의 안전에 대한 관심의 고조 ㉣운송실무에 있어서의 변화 등으로 그 필요성이 증대되어 "Incoterms® 2010"을 제정하였고 이를 2010년 공포하고 2011년 1월 1일부터 국제적으로 시행하고 있다.

Incoterms는 물품매매계약이 아닌 비용과 책임의 분기점을 나타내는 것으로서 물품의 인도장소와 물품의 위험부담에 대한 매도인과 매수인의 책임의 분기점을 표시함과 동시에 물품의 비용부담에 대한 매도인과 매수인의 책임의 분기점도 표시하고 있어 실무상의 번거로움을 해소하고 있다.

### 2) Incoterms® 2010

Incoterms라는 용어는 "International"(In), "Commercial"(Co) "Terms"(Terms)에서 각각 "In", "co" 및 "Terms"를 발췌·합성한 조어로서 "정형거래조건의 해석에 관한 국제적 통일규칙"이라고 한다. 그러나 개정된 Incoterms는 '국내 및 국제무역거래조건의 사용에 대한 국제상업회의소 규칙(ICC rules for the use of domestics and international trade terms)'으로 그 명칭이 변경되어 국제거래 뿐만 아니라 국내거래에도 사용할 수 있게 되었다.

Incoterms® 2010의 특이사항으로는 다음과 같은 상표등록에 있다.

ICC의 상표 등록에 따라 이제 〈Incoterms®2010〉은 등록상표가 되었으므로 표기방법에 있어 "incoterms"로 하여 "i"를 소문자로 표기하거나 개별 정형거래조건을 지칭하기 위하여 "incoterm"이라는 단수형은 사용하는 것은 옳지 않다.[30)]

자료 : http://www.iccwbo.or/incoterms_trademark

**▍그림 4-3 Incoterms® 2010의 trade mark**

30) 박광서·허해관, 지방 무역업체를 위한 Incoterms® 2010 개정내용 설명회, 한국무역협회, 2011, , p. 3.

개정된 'Incoterms, 2010®'은 'Incoterms, 2000'과 비교하면 컨테이너화의 진전, 지점간(point-to-point) 인도방식의 확대 등과 같은 운송실무에 있어서의 변화를 반영하였다 즉, 국경인도조건(DAF), 착선인도조건(DES), 부두인도조건(DEQ) 및 관세미지급인도조건(DDU)의 4가지 조건을 삭제하고 터미널인도조건(DAT), 목적지인도조건(DAP)의 2가지 조건을 새로 도입하여 특히, D조건이 강화된 11가지 조건이 운송수단의 형태별로 2개의 그룹으로 분류되고 있다.

인코텀즈는 운송계약이 아니고 국제간의 매매계약에 있어서 발생할 수 있는 위험과 비용의 부담에 대한 내용으로 무역계약 당사자들에게 다음의 3가지 중요한 의미를 준다. 그 첫째는 가격조건(price terms)의 기능, 둘째는 인도조건(delivery terms) 또는 거래조건(trade terms)의 기능, 셋째는 계약당사자의 의무규정(obligation terms)이라고 할 수 있다.[31]

**표 4-5 Incoterms® 2010의 조건**

| 구분 | 조건 | 내용 |
|---|---|---|
| 단일 또는 복수의 운송방식에 사용되는 조건 (Rules for Any Mode or Modes of Transport) | EXT | Ex Works(지정장소 공장인도) |
| | FCA | Free Carrier(지정장소 운송인인도) |
| | CPT | Carriage Paid to(지정목적지 운송비지급인도) |
| | CIP | Carriage and Insurance Paid to (지정목적지 운송비·보험료지급인도) |
| | DAT | Delivered at Terminal (목적항 또는 목적장소에서의 지정터미널) |
| | DAP | Delivered at Place(지정목적장소 인도) |
| | DDP | Delivered Duty Paid(지정목적지 관세지급인도) |
| 해상 및 내수로 운송에 사용되는 조건 (Rules for Sea and Inland Waterway Transport) | FAS | Free Alongside Ship(지정선적항 선측인도) |
| | FOB | Free on Board(지정선적항 본선인도) |
| | CFR | Cost and Freight(지정목적항 운임포함인도) |
| | CIF | Cost, Insurance and Freight (지정목적항 운임·보험료 포함인도) |

31) 김종칠, 개정판무역실무, 대진, 2011, p. 133.

[그림 4-4]는 Incoterms® 2010의 항목별 인도시점을 나타낸 것이다.

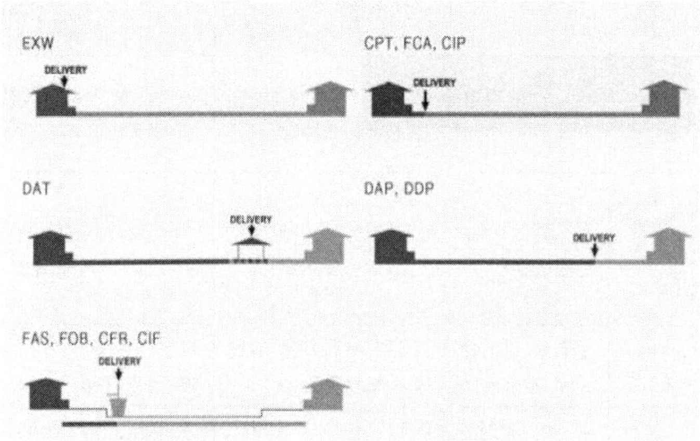


▎그림 4-4 항목별 인도시점

▎표 4-6 Incoterms® 2010에서의 거래조건별 비용부담의 한계

| 구분 | | 제조 원가 | 포장 검사 | 반출 운송 | 수출 허가 | 수출 통관 | 운송비 | 보험료 | 수입 허가 | 수입 통관 | 반입 운송 | 비고 |
|---|---|---|---|---|---|---|---|---|---|---|---|---|
| E조건군 | EXW | ● | ● | ○ | ○ | ○ | ○ | ○ | ○ | ○ | ○ | |
| F조건군 | FCA | ● | ● | ● | ● | ● | ○ | ○ | ○ | ○ | ○ | |
| | FAS | ● | ● | ● | ● | ● | ○ | ○ | ○ | ○ | ○ | |
| | FOB | ● | ● | ● | ● | ● | ○ | ○ | ○ | ○ | ○ | |
| C조건군 | CFR | ● | ● | ● | ● | ● | ◎ | ○ | ○ | ○ | ○ | |
| | CIF | ● | ● | ● | ● | ● | ◎ | ◎ | ○ | ○ | ○ | |
| | CPT | ● | ● | ● | ● | ● | ◎ | ○ | ○ | ○ | ○ | |
| | CIP | ● | ● | ● | ● | ● | ◎ | ◎ | ○ | ○ | ○ | |
| D조건군 | DAT | ● | ● | ● | ● | ● | ● | ○ | ○ | ○ | ○ | |
| | DAP | ● | ● | ● | ● | ● | ● | ○ | ○ | ○ | ○ | |
| | DDP | ● | ● | ● | ● | ● | ● | ○ | ● | ● | ● | |

자주 : •은 매도인 부담, ○은 매수인 부담 그리고 ◎은 매도인이 주운송비와 최소 담보보험료만 담함을 표시함

Incoterms® 2010의 내용을 책임의 이전적 측면 및 비용의 이전적 측면에서 요약을 해보면 [표 4-7]과 같다.

**표 4-7 Incoterms® 2010의 주요내용**

| 구분<br>거래조건 | 위험이전(A) | 비용이전(B) | 비고 |
|---|---|---|---|
| EXW(Ex Works)<br>(공장인도) | 매도인의 작업장 구내에서 매수인의 임의처분할 수 있도록 물품을 인도할 때 | 매도인은 A(위험이전) 까지의 제 비용부담 | 수출입통관·승인 : 매수인의무 |
| FCA(Free Alongside Ship)<br>(선측인도) | 매도인이 매수인이 지정한 운송인에게 수출통관된 물품을 인도하였을 때 | 매도인은 A(위험이전) 까지의 제 비용 부담 | 수출통관 : 매도인<br>수입통관 : 매수인 |
| FAS(Free carrier)<br>(운송인 인도) | 물품이 지정선적항의 부두에 혹은 부선으로 본선의 선측에 인도하였을 때 | 매도인은 A(위험이전) 까지의 제 비용 부담 | 〃 |
| FOB(Free on board)(본선인도) | 물품이 지정선적항에서 본선에 적재하였을 때 | 매도인 은 A(위험이전)까지의 제 비용부담 | 〃 |
| CFR(Cost and Frieght)<br>(운임포함인도) | 〃 | 매도인은 적재시까지의 제비용+목적항까지의 운임+정기선의 경우 양하비 부담 | 〃 |
| CIF(Cost Insurance and Freight)<br>(운임·보험료 지급인도) | 〃 | 매도인은 적재시까지의 제비용+목적항까지의 운임·보험료+정기선의 경우 양하비 부담 | 〃 |
| CPT(Carriage Paid To)<br>(운송비지급인도) | 물품이 약정된 일자 또는 기간내에 지정목적지까지 운송할 운송인의 보관하에 또는 후속운송인이 있을 경우 최초의 운송인에게 물품인도시 | 매도인은 FCA조건+지정된 목적지까지의 물품운송비<br>(복합운송개념에서의 운송비) | 〃 |
| CIP(Carriage and Insurance Paid To)(운송료·보험료 지급인도) | 〃 | 매도인은 CPT조건+지정된 목적지까지의 적화보험료 부담 | 〃 |
| DAT(Delivered At Place)<br>(도착터미널인도) | 지정목적지에서 도착운송수단에 실린채 양하 준비된 상태로 매수인의 처분하에 놓이는 때 | 매도인은 A(위험이전)까지의 제비용 부담 | 〃 |
| DAP(Delivered At Place<br>(도착장소 인도) | 도착운송수단으로부터 양하된 상태로 지정목적항이나 지정목적지의 지정터미널에서 매수인의 처분하에 놓이는 때 | 매도인은 A(위험이전)까지의 제비용 부담 | 〃 |
| DDP(Delivered Duty Paid)<br>(관세지급인도) | 〃 | 매도인은 A(위험이전)까지의 제 비용부담(단, 관세포함) | 수출입통관·승인 : 매도인의무 |

자료 : 전게서, 박광서·허해관, 2011, p. 15.

### (4) 선적조건

선적(shipment)이란 개념은 원래 해상운송에서 물품을 특정한 선박에 인도하는 것을 뜻하였으나 현재에는 복합운송의 도입으로 선박적재 뿐만 아니라 발송, 수탁, 인수 등으로까지 확대되었다.

무역거래에서 선적조건은 계약물품을 어느 시기에 매수인에게 인도하는 것인가를 나타내는 것으로 양사는 의무이행을 위하여 선적시기, 선적장소 및 선적방법에 대한 약정이 필요하다. 인도장소는 Incoterms에 규정된 조건을 고려하여 "FOB Busan, Korea", "CIF New York, U.S.A." 등과 같이 표시할 수 있다. 인도방법은 소유권이전과 대금결제방법의 관계에 따라 서류에 의한 상징적인도(symbolic delivery)와 현물을 인도하는 현실적 인도(actual delivery)가 있다.

#### 1) 선적일의 해석기준

선적일은 약정된 기간 내 선적이행여부를 결정하는 기준이 되는 것으로, 이때 어느 날을 선적완료일로 볼 것인가 하는 선적일의 증명과 해석기준이 문제가 된다. 선적일자의 해석기준은 화환신용장통일규칙에서 운송서류별 발행일자가 기준이 되고 있다. 선적일을 확인할 때에는 선적선화증권 등의 일부인(日附印)을 기준으로 하므로 운송서류를 보고 확인해야 한다.

### (5) 포장조건

포장이라 함은 물품의 유통과정에서 그 물품의 가치와 상태를 보호하기 위하여 적당한 재료, 용기 등으로 물품을 포장하는 방법 및 포장 상태를 말한다.[32)]

포장은 단순히 제품이나 상품의 내용물을 보호하기 위한 작업뿐만 아니라 그 상품의 가치나 상태를 유지하는 것을 포함하고 있다.

국제물류에 있어서 포장은 그 본래의 목적을 달성할 수 있도록 적절한 포장재의 선택과 알맞은 포장단위의 선정을 전제로 국가 간의 이동에 화물의 안전이 고려될 수 있도록 견고히 하여야 하며, 또한 식별이 용이하도록 적절한 화인(貨印)이 있어야 한다. 그리고 포장방법에 대해서는 무역계약서상에 그 내용을 명확히 하여야 한다.

---

32) 한국공업규격

### 1) 화인

화인(貨印 : shipping mark)이란 물품의 취급을 용이하게 하기 위한 표시로서 외포장에 특정한 기호, 번호, 목적지, 취급주의 문구 등을 표시하여 화물취급자로 하여금 다른 물품과 구분하여 매수인의 사용편의 및 운송서류와 물품과의 대조에 편의를 주는 데 있다.

국제무역에 있어 화인의 부정확 및 무인화물의 경우는 그로 인하여 발생하는 모든 책임은 화주에게 있으므로 화인의 내용이나 형태를 계약서에 명기하도록 하여야 한다. 무인화물(N/M : no marks)의 경우 운송서류에 N/M으로 표시되며 이는 불착의 원인이 되므로 주화인, 양륙항표시 및 화물번호는 필수적으로 기재하도록 한다.

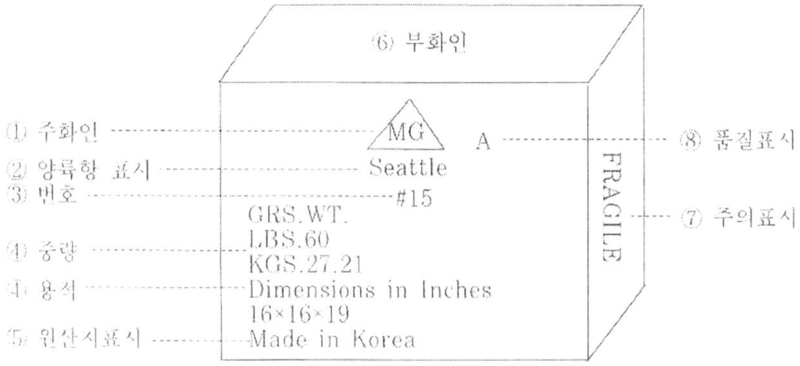


▌그림 4-5 화인

### 2) 목재포장재 규제

수출·입의 거래에서 포장재를 목재로 사용하는 경우에는 소나무재선충이나 유리알락하늘소와 같은 중요한 병해충이 유입되어 피해를 주고 있는 것으로 밝혀지자, 해당 병해충이 분포하는 것으로 알려진 국가산 목재포장재에 대해 검역조치를 요구하게 되었다.

이에 따라 FAO(Food and Agriculture Organization of the United Nations ; 국제연합식량농업기구) 산하의 식물검역관련 국제기구인 IPPC(국제식물보호협약) 사무국에서는 2000년도부터 목재포장재의 검역에 대한 국제기준 제정 작업에 착수하게 되었으며, 2000년 6월 및 2001년 2월, 2차례에 걸친 목재포장재 관련 전문가 회의를 통해 목재포장재의 검역적 규제를 위한 국제기준(안)을 마련하였다.

이로 인하여 수출·입시에 목재포장재를 사용하게 될 경우에는 아래의 훈증표지가 있는 목재팔레트나 W/C(wooden case)를 사용하도록 주의하여야 한다. [그림 4-6]의 훈증표시 또는 훈증증명서가 없는 경우 수입국의 도착항에서 멸각·폐기처분하거나 선적지로 반송하여야 한다.[33)]

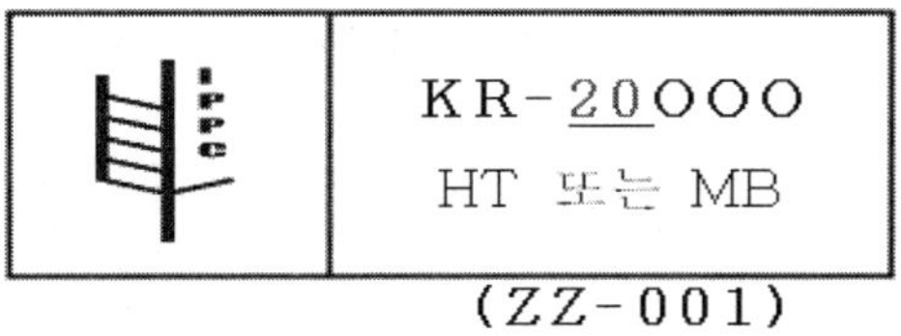


자료: 농림수산검역검사본부(www.qia.go.kr)

▌그림 4-6 수출시 포장재의 훈증표시

**(6) 결제조건**

무역계약은 유상·쌍무계약으로 계약조건에 따라 매도인의 약정품 인도에 대하여 매수인은 수령한 약정품에 대한 반대급부로서 대금을 지급하여야 한다.

무역거래는 격지간의 거래로서 매도인은 선불(cash in advance) 또는 약정물품을 인도와 동시에 대금회수를 바라는 반면, 매수인은 물품을 인수한 후 지불하게 되는 후불(deferred payment)을 바라게 된다. 따라서 이러한 거래당사자의 상반된 이해관계를 균형화할 수 있는 결제방법으로서 화환어음과 신용장부화환어음에 의한 결제방법이 많이 이용되고 있다.

무역거래의 결제조건은 당사자 위치와 거래성격에 따라 결제방법을 선택하여야 한다.

신용장거래는 복잡한 절차 및 비용 부담(42.2%)을 원인으로 지난 10여 년간 신용장(L/C) 거래가 43.2% → 15.6%로 감소한 반면, 전신환(T/T)등 송금 거래 비중은 29.4% → 60.2%로 증가해 수출 결재방식이 크게 변화하였다. 특히

33) 요건을 위반한 목재포장재의 안전한 처리 방법의 예(식물위생조치를 위한 국제기준 ISPM No. 15 개정국제 교역에서의 목재포장재 규제, 2009.)
  1. 허용 된다면 소각
  2. 관련 당국의 승인을 받은 부지에 깊게 매립
  3. 가공
  4. 우려 병해충에 효과적인 것으로 NPPO에서 승인한 기타 방법
  5. 적정할 경우 수출국으로 반송

수출규모가 작은 중소기업을 중심으로 송금거래가 크게 늘고, 주요 수출품목 중에서는 반도체 등 IT제품의 결제방식 변화가 두드러지고 있다.[34]

대금지급에 관한 조항에는 지급방법(mode), 지급시기(times), 장소(place) 및 지급통화(currency of payment)의 4가지가 약정되어야 한다.[35]

**▌표 4-8** 1997~2009년 기업규모별 수출결제형태 비중추이

(단위 : 비중 %)

| | | 1997년(A) | 2009년(b) | 변화(b-a) |
|---|---|---|---|---|
| 1억 달러 이상 | 신용장(at Sight, Usance) | 37.1 | 16.3 | -20.8 |
| | 송금(T/T, M/T, COD/CAD) | 32.6 | 58.0 | 25.4 |
| | 추심(D/A, D/P) | 29.0 | 6.8 | -22.2 |
| 1천만 달러 이상 ~ 1억 달러 미만 | 신용장(at Sight, Usance) | 54.3 | 18.1 | -36.2 |
| | 송금(T/T, M/T, COD/CAD) | 19.0 | 63.4 | 44.4 |
| | 추심(D/A, D/P) | 21.7 | 7.2 | -14.5 |
| 1백만 달러 이상 ~ 1천만 달러 미만 | 신용장(at Sight, Usance) | 60.1 | 15.5 | -44.6 |
| | 송금(T/T, M/T, COD/CAD) | 21.9 | 72.6 | 50.7 |
| | 추심(D/A, D/P) | 12.8 | 4.1 | -8.7 |
| 1백만 달러 미만 | 신용장(at Sight, Usance) | 56.2 | 11.8 | -44.4 |
| | 송금(T/T, M/T, COD/CAD) | 30.3 | 76.8 | 46.5 |
| | 추심(D/A, D/P) | 8.3 | 2.3 | -6.0 |

자료 : 한국무역협회(www. kita.net)

### (7) 보험조건

보험(保險)은 장래에 발생할지도 모르는 우발적인 일정한 위험(사고)에서 생기는 경제적 타격이나 부담을 덜어주기 위하여 다수의 경제주체가 협동하여 합리적으로 산정(算定)된 금액을 조달하고 지급하는 경제적 제도를 말한다.

무역거래에서 취급하는 보험은 주로 수출입대상이 되는 화물의 적화보험을 말한다. 수출・입 물품은 일반적으로 국제간의 장거리에 걸친 운송이 수반되므로 수출업자로부터 수입업자로 인도되기까지에는 여러 가지 위험이 따르게 된다. 이

34) 홍지상, 수출결제방식 변화와 대응방안, 한국무역협회, 2011. 1, p. 1

35) 전게서, 김종칠, p.100.

러한 만일의 손해발생에 대비하여 위험발생시 그 손해 또는 손실을 보상받기 위해서는 적화보험(cargo insurance)에 부보하여야 한다.

이러한 보험의 부보의무는 Incoterms의 CIF나 CIP의 경우에는 수출상이 자기의 부담으로 부보를 하여야 하며, 그 외의 조건일 경우에는 수출·입 업자의 필요에 따라 부보하면 되고 보험부보의 의무는 없다. 즉, 수입업자는 FOB, FCA 및 CFR의 경우에는 자기의 재량에 따라 수입상이 적하보험계약을 체결하면 된다.[36)]

#### 1) 보험금액

보험금액은 보험계약 당사자 간에 약정된 금액으로 보험사고 또는 소정의 손해가 발생한 경우 보험자가 지급해야 하는 금액 또는 그 최고 한도의 금액을 말한다. 보험금액은 보통 최소 부보금액으로 CIF 송장금액에 10%[37)]를 가산하여 부보하는 것이 일반적이다.

#### 2) 손해보상범위

적화보험의 범위는 피보험자가 부보한 조건에 따라 보험자가 담보한 위험에 기인하여 발생한 손해만을 보상하며, 약관상 특별히 제외되어 있는 위험은 보상받지 못한다. 따라서 피보험자는 어떠한 조건으로 부보할 것인지 보험계약의 체결 시 결정하여야 한다.

일반적으로 CIF 또는 CIP과 같은 가격조건의 경우에는 별도의 명시가 없는 경우, 신약관인 ICC(C) 또는 구약관인 단독해손부담보조건(FPA : free from particular average)으로 부보하면 된다.

### (8) 클레임에 대한 조건

클레임(claim)이란 계약위반에 의한 손해에 관해서 매매당사자에게 일어나는 상사분쟁의 구상을 말한다.

무역거래는 격지간의 거래로인 만큼 계약위반이나 계약불이행으로 인하여 무역거래당사자간에 분쟁이 발생하는 경우가 빈번히 발생한다. 이러한 분쟁이 발생

---

36) 이러한 조건에서의 수입상의 보험부보는 수입상이 느끼는 위험의 정도에 따라 수입상이 가입여부를 결정할 수 있다.

37) 적화보험은 손해보험으로써 초과보험은 인정되지 않으나 무역계약에 있어서는 상업송장 금액의 10%를 희망이익(expected profit)하여 송장가격의 110%를 보험금액으로 한다.

할 경우에 대비하여 분쟁해결조항을 당사자 간에 약정해 두는 것이 바람직하다.

분쟁해결조항에는 클레임 제기기간 클레임 제기의 근거, 클레임 제기방법 등을 명시할 필요가 있다.

#### 1) 클레임 해결 방법

클레임을 해결하는 방법은 크게 타협과 화해 등 당사자 간 해결방법과 알선・중재・조정・소송 등 제3자에 의한 해결방법이 있다. 이러한 클레임의 해결방법은 당사자 간에 해결이 가장 좋은 방법이며, 소송보다는 중재로 해결하는 것이 좋으며 소송은 최후의 수단으로 사용하도록 한다.

#### 2) 중재조항

중재계약이 성립되기 위한 전제요건은 당사자가 능력이 있고, 중재의사에 하자가 없으며 계약내용이 가능・확정・적법하고, 사회적 타당성이 있어야 한다. 이러한 중재계약은 중재의 3요소인 중재기관, 중재지, 준거법을 명시할 필요가 있다. 이밖에 외국 중재판정의 승인 및 집행에 관한 국제조약에 계약당사자가 속하는 국가가 가입하고 있는지 충분한 주의를 기울여 중재합의를 하여야 한다.

#### 3) 재판관할권 조항

무역분쟁 해결을 중재가 아닌 최종적으로 재판에 의해서 해결할 경우 소송을 제기할 재판소를 당사자 간에 미리 약정하여 어느 특정국가의 관할법원을 법정지로 할 것인가를 설정해두는 것이 바람직하다.

#### 4) 준거법 조항

계약의 해석과 관련하여 어느 국가의 법률을 적용하는 가의 문제를 약정하는 것으로서 계약의 성립, 이행 및 해석에 대하여 어느 국가의 법을 준거법으로 결정할 것인지 계약서 작성 시 명시할 필요가 있다.

**표 4-9** 소송과 중재의 비교

| | 소 송 | 중 재 |
|---|---|---|
| 대 상 | 민사.형사.행정.선거 등 모든 법률분쟁 | 사법상의 모든 분쟁 |
| 요 건 | 당해 법원이 관할권을 가진다. | 당사자간에 서면에 의한 중재합의가 있어야 한다. |
| 효 력 | 구속력(불가철회성) 및 집행력이 있다. | 법원의 확정판결과 동일한 효력이 있다. |
| 신속성 | 복잡한 소송절차와 3심제도 때문에 시일이 오래 걸린다. | 절차가 간단하고 단심제이다.<br>단 한번의 중재판정으로 분쟁이 종료되기 때문에 매우 신속하다. |
| 경 비 | 변호사 보수, 인지대 때문에 비용이 많이 든다. | 단심제이기 때문에 한번의 중재비용지출로 족하다. 따라서 소송에 비해 경비가 훨씬 저렴하고 변호사를 선임하지 않아도 되므로 비용이 절감된다. |
| 심판관 | 법관은 법 이론과 실무에 대해서는 밝지만, 전문적인 상거래의 실무와 관습에 대해서는 잘 알지 못하는 수도 있다. | 각 분쟁 사안에 정통한 전문가(중재인)가 판정하므로 개개 분쟁의 실정에 맞는 합리적 해결을 기대할 수 있다. |
| 공개성 | 소송은 공개주의가 원칙이므로 영업상의의 비밀이나 사안의 비밀이 공개된다. | 엄격한 비공개주의에 따라 사안의 비밀이 보장된다. |

## 4.2 수출 · 입 절차

관세법상 수출 · 입이란 외국으로부터 우리나라의 관세선(Customs Line) 안 또는 밖으로 물건이 들어오고 나가는 것을 말한다. 이러한 수출 · 입의 절차를 크게 수출자의 입장과 수입자의 입장에 따라 살펴보도록 하겠다.

### 4.2.1 수출절차의 흐름

수출절차의 흐름은 수출계약의 체결로부터 화물의 적재 출항 후 결재대금의 인수, 관세환급과 사후관리 및 클레임까지의 과정을 말하는 것으로 간략히 살펴보면 다음과 같다.

무역계약체결 ➡ 신용장 내도 ➡ 수출물품 준비 ➡ 선적준비 ➡ 적화보험 부보 ➡ 수출신고필 ➡ 선적 ➡ 선하증권 인수 ➡ 수출화물대금 Nego ➡ 관세환급 및 사후관리 ➡ 클레임

#### (1) 수출계약체결

수출절차의 시작은 해외시장조사를 통해 현지 거래선을 발굴하여 신용조사, 거래제의를 하게 되고 거래선이 결정되면 청약을 하고 상대방이 이에 대한 승낙을 함으로써 성립되는 수출계약으로부터 시작된다. 일단 양당사자에 의해 무역계약이 체결되면, 분쟁을 방지하고 무역계약의 조속한 이행을 위해 품질, 수량, 가격 등과 같은 무역계약의 기본조건을 표시한 계약서를 작성한다.

### (2) 수출신용장의 수취

수출계약이 체결되면 계약조건에 따라 해외 수입업자는 수출업자 앞으로 신용장을 개설하여 국내 통지은행(외국환은행)을 통하여 송부한다. 이 신용장은 수출업자가 계약서에 명시된 조건에 따라 수출을 이행하였을 때, 신용장 개설은행에서 수출대금의 지급을 보증해 주는 비유통증권으로서 현재 그 사용 비중이 줄어드는 추세이나 수출업자에게는 대금회수의 안정성과 수입업자에게는 화물인수의 안정성을 확보해 주는 제도로서 널리 이용되고 있는 방법이다.

신용장은 일단 발행되면 무역계약과 별개의 독립된 서류상의 거래이므로 수출업자는 계약내용의 일치여부, 취소불능여부, 양도가능여부, 매입은행의 제한여부에 대한 확인 및 기타 특수한 신용장 조건으로 대금회수의 위험을 초래하는 조건이 없는지의 내용을 면밀히 검토하여 신용장거래에 의해 발생될 위험을 사전에 예방하여야 한다.

### (3) 수출승인의 획득

수출계약을 체결한 자는 수출하는 물품이 수출입공고나 통합공고 등에서 제한되는 품목인지 여부를 파악하여야 한다. 수출승인은 대외무역법상의 수출・입 공고에 의해 수출이 제한되는 물품을 수출이 가능하게 하는 절차를 말한다.

신용장을 접수한 수출업자는 수출승인 대상물품을 수출하고자 할 경우에는 매 계약건별로 관련서류를 첨부하여 승인기관에 수출승인을 받아야 하며, 승인대상 품목이 아닐 경우는 별도의 수출승인을 받을 필요가 없다. 따라서 수출업자는 물품을 수출하려고 할 때에는 먼저 수출물품이 수출승인대상품목에 적용되는지 그 여부를 먼저 수출・입공고상의 H·S 번호를 근거하여 확인해야 한다.

수출승인기관장은 수출승인시 수출승인요건에 합당한지 여부를 확인한 후 수출승인을 하여야 하며, 수출승인의 유효기간은 원칙적으로 수출승인을 받은 날로부터 1년이나 물품의 제조가공기간이 1년을 초과하는 경우 등과 같이 물품의 선적 또는 도착기일을 감안하여 1년 이내, 물품의 선적이나 도착이 곤란할 것으로 판단될 때에는 1년에서 20년 범위 내에서 정할 수 있다. 수출승인을 받은 수출업자는 승인된 내용에 따라 수출을 이행하여야 하며, 동 수출승인은 유효기간 내에 수출물품의 선적이 이루어지도록 하여야 한다.

### (4) 수출물품의 확보와 무역금융

수입자로부터 신용장의 내도 및 수출승인을 받게 되면 수출자는 당해 물품을 확보해야 한다. 수출물품을 확보하는 방법은 수출업자가 자체 생산하거나 완제품을 국내에서 구매하는 방법이 있다.

자가공장에서 수출물품을 직접 제조·생산하는 경우에는 당해 물품을 제조·생산하기 위하여 필요한 원자재를 국내에서 구입하거나 해외에서 수입하여야 된다. 수출물품과 원자재를 국내에서 구매하는 방법에는 내국 신용장에 의한 방법과 구매승인서에 의한 방법이 있다.

내국신용장(local L/C)은 무역업체가 국내에서 수출용 완제품을 구매하여 직수출 하거나, 수출물품 제조업자가 수출품 제조에 필요한 수출용 원자재를 구매하여 제조, 가공 후 직수출하거나 또는 국내 다른 업체에 공급하고자 하는 경우 그 업체의 의뢰에 따라 외국환은행이 국내의 제품 또는 원자재 공급업체를 수혜자로 하여 발행한 지급 보증서이다. 내국신용장을 개설하여 물품을 구매하는 업체는 내국신용장어음의 결제자금으로 원자재 구매자금의 수혜가 가능하며, 은행의 지급보증이 되어 있어 원자재의 확실한 조달이 보장된다. 반면에 내국신용장을 받고 물품을 공급하는 업체의 입장에서 보면 ① 수출실적으로 인정 ② 부가가치세 영세율 적용 ③ 물품공급대금의 회수 보장, ④ 동 내국신용장을 근거로 무역금융 수혜가 가능하다는 것 등을 장점으로 들 수 있다.

구매승인서는 무역금융한도의 부족, 단순송금방식에 의한 수출 등 내국신용장을 개설할 수 없는 상황에서 외화획득용 원자재 및 완제품의 구매를 원활히 하기 위하여 외국환은행장이 내국신용장 취급규정에 준하여 발급하는 증서를 말한다.

**표 4-10 구매승인서와 내국신용장의 비교**

| 유사점 | 차이점 | | |
|---|---|---|---|
| | 내용 | 내국신용장 | 구매승인서 |
| ㉠ 수출용원자재 또는 완제품의 국내구매에 사용 | 대금지급 은행보증 | ○ | × |
| ㉡ 공급자의 수출실적으로 인정 | 무역금융의 융자대상 | ○ | × |
| ㉢ 외화획득용원료의 사후관리실적으로 인정<br>㉣ 부가가치세 영세율 적용 | 발급한도와 발급차수의 제한 | ○ | × |

### (5) 수출검사

수출물품이 확보되면 수출자는 매매계약의 내용에 따라 수출통관절차를 밟기

전에 수출검사를 받아야 한다.

수출검사는 수출품의 품질과 대외공신력의 유지 및 향상을 위하여 그 물품의 제조과정 또는 완제품에 대하여 그 물품과 재료의 품질 및 포장상태를 검사하는 일련의 절차를 말한다.

### (6) 운송계약과 보험계약의 체결

수출물품의 생산 또는 구매가 완료되면 매매계약서의 정형거래조건에 따라 CIF나 CFR조건의 경우 수출자가 선박회사의 선정 및 운송계약을 체결하여야 하며, FOB조건의 경우에는 수입업자가 지정하는 선박에 수출화물을 선적하게 된다. 또한 CIF나 CIP조건의 경우 수출업자가 적화보험을 계약해야 한다.

한편 무역거래상 수반되는 제반위험 가운데 해상보험으로 담보될 수 없는 비상위험, 신용위험 그리고 기업위험 등으로부터 수출업자, 수출품생산자, 수출자금을 융자한 금융기관 등이 입는 손실을 대비하기 위해 수출보험(export insurance)을 활용할 수 있다.

### (7) 수출통관

수출통관이란 수출신고를 받은 세관장이 수출신고사항을 확인하여 일정한 요건을 구비하게 되면 이를 수리하고 수출신고인에게 수출신고필증을 교부하여 내국물품을 외국물품화 하는 과정을 뜻한다.

수출통관절차라 함은 수출하고자 하는 물품을 세관에 수출신고한 후 신고수리받아 물품을 외국무역선(기)에 적재하기까지의 절차를 말한다.

세관에서는 이러한 통관절차를 통하여 각종 수출규제에 대한 법규의 이행사항을 현품과 대조·확인하여 부정수출의 방지 및 수출물품을 실제 확인하게 된다. 수출통관이 완료된 화물은 수출신고수리일로부터 30일 이내에 선적을 완료하여 한다.

### (8) 선적

선적이란 수출신고필증이 나온 수출화물을 외항선 본선상에 적재하는 것을 말한다. 선적이 완료되어야만 화물의 수취증, 운송계약의 증거서류이며 유가증권인 B/L을 발급받게 된다.

### (9) 수출대금의 회수

선적이 완료되면 선사로부터 선적선하증권을 인수하고 제반 운송서류를 갖추어 수출대금을 회수하게 된다. 수출대금은 수출 승인된 결제방법에 의하여 수출승인의 유효기간 내에 전액 환수하여 한다.

수출대금의 결제방법에는 크게 신용장 방식에 대한 대금결제와 무신용장 방식에 의한 대금결제(추심결제)방식으로 구분된다. 신용장 방식에는 일람불어음신용장(at sight credit)에 의한 방식과 기한부어음신용장(usance credit)에 의한 방식이 있으며 무신용장방식에는 지급도조건(D/P : Documents against Payment)과 인수도조건(D/A : Document against Acceptance)이 있다.

### (10) 관세환급 및 사후관리

관세환급이란 수출이 완료된 후 수출재화에 사용된 원재료 등에 대하여 부과된 관세 등을 수출업자에게 되돌려 주는 것을 말한다.

관세환급제도는 국산원자재의 사용을 촉진하여 외화가득율을 높이고 이를 통한 국제경쟁력을 향상시키며 나아가 사후관리를 간소화하는데 그 목적이 있다.

수출절차가 완료되면 수출승인을 한 외국환은행은 수출업자가 수출승인 유효기간 내에 수출이행과 대금회수 여부를 검토하는 사후관리를 하게 된다. 또한 외화획득용 원자재를 수입할 때 납부한 관세를 환급한 경우에는 동 원재료의 외화획득 이행여부를 무역금융을 수혜한 경우에는 무역금융의 상환여부 등도 사후관리의 대상이 된다.

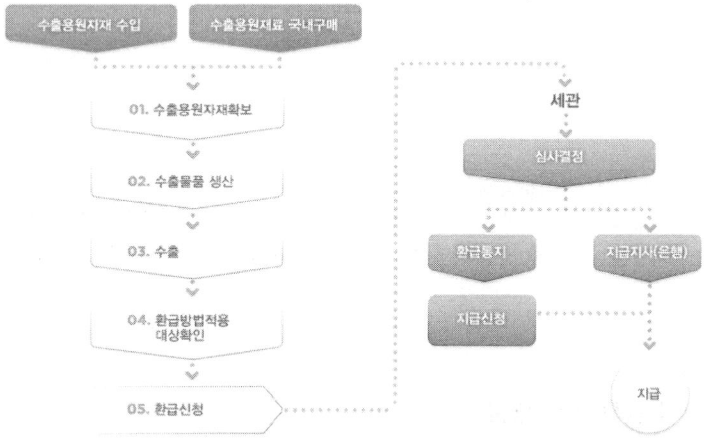


출처 : IBK기업은행, 수출입업무-관세환급

▌그림 4-7 관세환급절차

## 4.2.2 수입절차의 흐름

수입(import)은 매매의 목적물인 물품을 국경을 넘어 외국에서 구매하는 행위를 말한다. 이러한 수입에 관한 개념은 법률상 그 목적에 따라 그 정의를 달리하고 있다. 즉, 대외무역법상 수입은 처음단계인 수입승인으로부터 최종단계인 수입통관까지, 관세법은 최종단계인 국내로 물품을 인취하는 수입신고시점을 기준으로, 형법은 국경을 중심으로 하여 수입의 개념을 파악하고 있다.

수입절차란 수입계약이 체결된 후 계약을 체결한 외국의 수출업자 또는 등록된 그의 국내 판매대리점으로부터 물품매도확약서(offer sheet)를 수령하여 수입승인을 받고, 수입신용장을 개설한 후 수출상으로부터 선적관련 서류와 수입어음이 도착하면 수입대금을 지불하고, 서류를 인도받아 수입통관절차를 거쳐 물품을 인수하는 일련의 절차를 말한다. 이러한 수입절차는 수출절차와 마찬가지로 대외무역법, 외국환관리법, 관세법 등 각종 법규에 의해서 규제를 받고 있다.

수입거래의 일반적인 형태로는 외환수입신용장 및 D/P・D/A에 의한 수입이 있으며, 특정거래방식에 의한 수입에는 수탁판매수입, 임차수입, 외국인수수입 등이 있다. 또한 특정거래방식에 의한 수출입에는 위탁가공무역에 의한 수출・입, 수탁가공무역에 의한 수출・입, 연계무역에 의한 수출・입, 중계무역에 의한 수출・입 등이 있다.

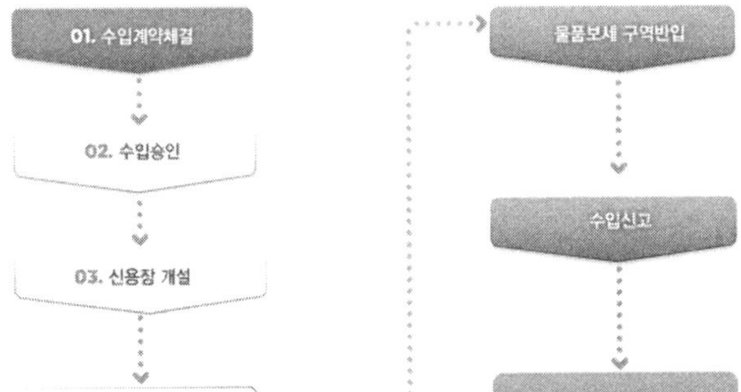


출처 : IBK기업은행, 수출・입 업무–수출・입 가이드–수입절차

▌그림 4–8 수입절차

### (1) 수입계약의 체결

물품 수입절차의 첫 단계인 수출계약의 체결은 수출업자의 청약에 대하여 수입업자의 무조건적인 승낙에 의한 것으로 수출업자의 상품인도에 대하여 수입업자

가 이에 대하여 물품대금의 지급을 약속함으로써 성립하는 국제 간의 물품매매계약이다.

### (2) 수입승인의 획득

수입승인이란 수출에서와 같이 수출입공고 등에서 수입이 제한되는 품목을 수입이 가능하도록 하는 절차를 말한다. 대외무역법상 수입승인요건은 수입자격, 수입품목, 수입지역, 거래형태 등 제반사항으로 이루어져 있다.

수입승인은 수입하는 모든 물품에 대하여 받아야 하는 것은 아니다. 우리나라는 Negative System을 채택하고 있어 여기에 나타나 있는 품목에 대해서만 승인을 받고 그 외에는 승인의 필요없이 자유로운 거래를 할 수 있다.

수입승인의 유효기간은 승인일로부터 1년이나 산업자원부 장관이 국내의 물가안정, 수급조정, 물품의 인도조건, 기타 거래상 특성에 따라 필요하다고 인정될 때는 그 기간을 1년 이내 또는 20년 범위 이내에서 그 유효기간을 달리 정할 수 있다.

수입승인을 얻은 자가 최초 승인 받은 수입승인사항을 변경하고자 할 경우에는 최초 승인기관에 수입승인 유효기간 내에 변경승인신청을 하여야 한다.

### (3) 수입신용장의 개설

매매계약 시 결재조건이 신용장 거래인 경우 수입업자는 수입승인을 받은 후 승인의 유효기간 내에 자사의 거래은행에 수입신용장의 개설을 의뢰하게 된다. 신용장이 발행되면 수입업자는 즉시 수출업자에게 신용장 번호, 신용장 금액, 선적기일, 유효기일 등 신용장의 발행내용을 통지해 주고 기일 내 선적을 요구한다.

신용장은 신용장거래 약정 ➾ 신용장개설 신청 ➾ 수입신용장 개설 등의 순으로 이루어지며 신용장개설 신청을 받은 외국환은행은 신용장을 발행하기 전에 수입업자로부터 접수한 관련서류에 대해 면밀히 검토한 다음, 신용장개설 유무를 결정해야 한다. 신용장개설은 수익자에게 통지하는 방법에 따라 우편개설(mail credit)과 전신개설(cable credit)로 구분된다.

### (4) 운송서류의 인수와 대금결제

수출업자는 선적을 완료하고 나면 선박회사로부터 해상운임 관련 제 비용을 지불하고 신용장거래에서 요구하는 운송서류와 환어음을 매입은행에 제시하고 물품대금을 회수하게 된다. 매인은행은 신용장이 제시된 바에 따라 운송서류들을 신용장 개설은행 앞으로 송부하며, 이를 접수한 개설은행은 수입업자에게 운송서류의 도착을 통지하게 된다.

신용장 개설시 일람불의 경우 운송서류의 인수와 동시에 어음의 결재가 이루어지는 반면, 기한불의 경우 어음의 인수행위로서 운송서류를 인수하고 만기일에 수입대금을 결재하는 것을 말한다. 수입대금의 결재에는 자기자금이나 일반수입금융 및 거래약정 시 제공한 담보 등을 처분하는 방법 등이 있다.

한편, 수입물품보다 선적서류가 늦게 송부되어 수입화물을 찾을 수 없게 되는 경우에 수입업자는 거래은행인 개설은행으로부터 일정한 조건하에 수입화물선취보증서(L/G : Letter of Guarantee)[38]를 발급받아 운송회사에 제시함으로써 수입물품을 미리 인도받을 수 있다.

**(5) 수입신고수리(수입통관)**

선하증권원본이나 수입화물선취보증서(L/G : Letter of Guarangee)를 받은 수입업자는 관세법 또는 기타 법령이 정하는 바에 따라 소정의 통관절차를 거쳐야 한다. 이때 사전수입신고를 통한 부두직반출 대상품목을 제외한 수입물품은 보세구역이나 보세구역외 장치장에 반입한 후 수입신고를 한다. 수입통관신고는 화주, 관세사, 관세사법인 및 통관법인 등이 할 수 있다.

수입통관이란 수입 신고인으로부터 수입신고를 받은 세관장이 수입신고 사항을 확인하여 일정한 요건이 충족되었을 경우, 수입을 허용하여 외국물품을 내국물품화 하는 행정절차를 말한다.

즉, 수입신고를 받은 세관은 수입승인서상의 물품과 동일여부 및 구비서류 기재사항의 누락여부를 검사하고 현품을 검사한 후, 수입화물에 대한 과세가격을 평가하여 관세 등을 징수한다. 해당 세금을 은행에 납부하고 수입신고필증을 발급받아 보세구역으로부터 수입물품을 반출한다.

---

38) 수입화물은 수입국에 도착하였으나 선적서류가 도착하지 않아서 화물을 인수할 수 없는 경우 수입업자의 요청에 따라 수입업자와 신용장발행은행이 연대하여 선하증권원본 대신 제출하고 수입화물을 인도받기 위하여 운송회사 앞으로 발행하는 서류로서, 운송서류 사본으로 운송회사가 미리 수입업자에게 물품을 인도하더라도 나중에 신용장발행은행에 도착하는 선하증권원본으로는 물품인도청구를 하지 않겠다는 취지의 보증서이며 선하증권 원본이 도착하면 운송회사에 전달하겠다는 내용이 담겨있다.

Chapter 05

# 운송절차와 통관

## 5.1 수출화물의 내륙운송절차

### 5.1.1 수출화물의 내륙운송절차

수출자는 수출화물이 확보되면 선사가 지정한 선적지까지 내륙운송절차를 거치게 된다. 이 경우 내륙운송의 주요 경로로는 도로운송, 철도운송, 연안해상운송 등 3가지가 있으며 이중 도로운송의 비율이 통계적으로 90%를 넘어서고 있다.

수출화물의 내륙운송절차는 수출화물의 FCL・LCL의 여부 또는 수출화물의 통관여부에 따라서 외국화물이 되어 선적지로 운송하는 경우와 통관되지 않은 상태인 보세화물로 내륙운송하여 선적지 보세장치장에서 통관 후 선적하는 경우로 나눌 수 있다.

FCL(full container load) 화물은 주로 화주의 공장 또는 창고에서 통관 후 선적지로 수송되며, LCL(less than container load) 화물은 선적지로 운송 후 세관이 지정한 컨테이너화물집화장(CFS)에서 통관한다.

#### (1) FCL 수출화물의 내륙운송절차

FCL 화물은 한 컨테이너에 한 화주의 화물로 가득 채워지는 컨테이너로서 일반적으로 수출자의 공장에서 수출통관 후 선적지의 CY로 대부분 도로운송되지만, 때로는 의왕 ICD를 통한 철도운송 또는 인천항~부산항간의 연안해상운송도 이용된다. 그 절차를 살펴보면

01 선복예약(shipping request)

수출상은 선복예약(booking)시 선적의뢰서(Shipping Request : S/R)와 포장명세서(Packing List), 상업송장(Commercial Invoice) 등의 서류를 선박회사에 제출한다. 특히, FCL 화물인 경우 Door 작업을 위한 공컨테이너(empty container)의 투입요청시에는 투입요청 시간과 장소를 정확히 알려주어야 하며, LCL 화물인 경우 선사의 지정 CFS까지 화물의 준비기간 안에 반입시킬 수 있도록 하여야 한다.

02 선박회사는 자사의 육상운송회사에 연락하여 수출화주가 희망하는 장소에 공컨테이너(empty container) 투입을 요청한다.

03 수출신고는 원칙적으로 장치장소의 관할 세관에서 이행이 된다. 수출통관이 완료되고 수출신고필증(Export Permission)이 발급되면 화주는 컨테이너에 화물을 적입 후 봉인(seal)을 직접 컨테이너에 장착한다.

04 수출자의 운송일정에 맞추어 선박회사는 자사의 육상운송회사에게 수출컨테이너를 수령(pick up)하여 선적지 컨테이너야적장(CY)까지 내륙운송을 지시한다.

05 컨테이너 터미널 또는 ODCY(Off-Dock CY)로 반입된 컨테이너는 컨테이너야적장(CY) 운영업자로부터 장치확인을 받아 화물도착보고를 한다.

06 ODCY에서 컨테이너 터미널의 마샬링 야드까지의 단거리 운송을 셔틀운송(shuttle drayage)이라 하며, 보통 본선 입항 3일전부터 출항 12시간 전까지만 반입이 가능하다.

07 컨테이너 터미널에 반입한 수출화물 컨테이너는 선박이 지정 선석(berth)에 정박하기 전에 미리 마샬링 야드(M/Y)에 대기하였다가 선박이 정박하면 해당 선박에 적재된다.

08 선적이 완료되면 선박회사는 선적지 관할세관에 수출화물선적보고를 하고 수출자에게 B/L을 발급하여야 한다.

### (2) LCL 수출화물의 내륙운송절차

한 컨테이너를 가득 채우지 못하는 소량화물(LCL)인 경우에는 일반적으로 화주가 직접 차량을 수배·트럭에 적재하여 CY/ CFS까지 수송하며, 운임상의 혜택과 동일 지역행 화물의 혼재(consolidation)를 용이하게 하기 위하여 주로 프레이트 포워더를 이용하고 있다. 내륙운송의 절차로는 FCL 화물과 동일하나 혼재 작업을 위하여 단지 화물의 반입장소가 CFS나 보세창고 등이라는 점이 다르다고 할 수 있다.

01 선적의뢰서(S/R) 및 상업송장, 포장명세서 등의 서류를 선박회사에 제출하여 선복예약을 한다.

02 선박회사는 화주에게 선적지 지정 CY/CFS 및 장치기일 등을 수출자에게 통지한다.

03 수출자는 자신의 책임과 의무로 차량을 수배하여 선박회사가 지정한 기일안에 지정한 장치장소로 화물을 반입한다.

04 LCL 화물의 통관은 일반적으로 선적지로 운송 후 선사가 지정하는 CFS 및 보세창고에서 통관한다.

05 수출신고필증이 발급되면 CFS운영업자는 화물을 목적지별로 선별하여 집화하고, 컨테이너에 화물을 적입한 다음 직접 컨테이너에 봉인을 장착한다.

06 LCL 화물을 혼재한 컨테이너는 CFS에서 반출하여 컨테이너터미널에 직접 인도되거나 ODCY에 반입된다. 이때 컨테이너터미널 또는 CY의 담당자는 선박회사에 화물수령을 증명하는 화물인수도증(FCR)을 발행해 준다.

07 OCDY에서 컨테이너터미널의 마샬링 야드(Marshalling Yard)까지 셔틀(shuttle)운송한다.

08 컨테이너터미널에 반입한 수출화물 컨테이너는 선박이 지정 선석에 정박하기 전에 미리 마샬링 야드에 대기하였다가 선박이 정박하면 해당 선박에 적재된다.

09 수출화물 선적이 완료되면 선박회사는 선적지 관할세관에 수출화물 선적보고를 해야 하며 수출자에게는 선적의 증거서류인 선화증권(B/L : Bill of Lading)을 발행한다.

CFS → CFS(LCL → LCL)

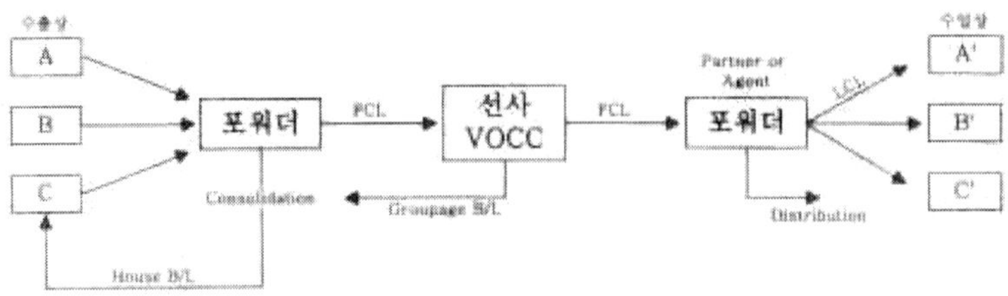


CFS → CY(LCL → FCL)

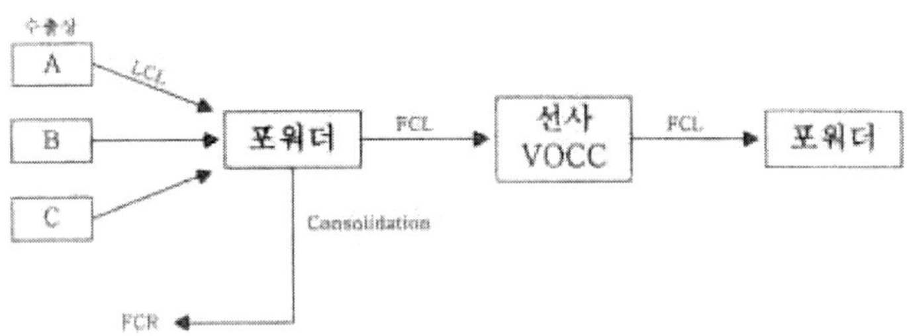


▌그림 5-1 LCL 화물의 컨테이너 운송형태

## 5.1.2 수입화물의 내륙운송절차

수입화물의 내륙운송절차는 관세법적 절차와 관세징수 등에 의하여 수출보다 그 절차가 복잡하다.

### (1) 수출국으로부터 선적정보 입수

수입국 선사는 수출국 선사로부터 컨테이너 선적목록(Container Loading List), B/L 목록, 선박출항보고서(Vessel Departure Report) 등을 e-mail이나 팩스 등을 통하여 접수한다. 이 외에도 B/L 사본, 적화목록(Cargo Manifest : M/F), 위험화물목록(Dangerous Cargo Manifest), 식물화물목록(Botanical Cargo List), 최종본선적부계획(Final Stowage Plan), 컨테이너 적부도(Container Load plan), 컨테이너번호 목록(Container Number List) 등 자사를 통하여 국내로 입항하는 화물에 대한 선적자료들을 입수한다.

### (2) 선사의 입수정보 검토

수입국 선사는 선적지에서 보내온 B/L과 적화목록상의 데이터의 일치 여부를 검토하며, 컨테이너 선적목록(Container Load List) 또는 본선적부계획(Stowage Plan) 및 B/L상의 컨테이너 번호 및 Seal No를 확인한다.

### (3) 화물도착일정 통지

선사는 화주의 신속한 수입화물 인수 및 해상운임의 인수를 위하여 해당 선박이 도착하기 전에 화주에게 화물의 도착을 알리는 도착통지서(Arrival Notice)를 발송한다. 그러나 통상적으로 B/L 약관에는 도착통지서의 발송이 선사의 의무사항이 아닌 것으로 되어 있어 화주는 선사의 A/N 미발송으로 인한 화물의 인수지연 등에 대한 책임을 물을 수 없으므로 화주가 선적지 수출자로부터 화물의 선적에 대한 자료를 사전에 입수하여 B/L 발행 선사에 직접 화물 도착여부를 수시로 확인하는 것이 비용 및 기간 면에서 효율적인 방법이다.

### (4) 보세구역 배정처 지정

화물도착통지를 받은 수입상은 화물의 FCL・LCL여부에 따라 배정처를 지정하여야 한다. FCL의 경우 일반적으로 입항전신고, 부두직통관, 내장통관 등 컨테이너채로 통관 또는 보세운송제도를 이용할 수 있으므로 사전에 선사에 요청을 하여야만 경비 및 신속한 통관절차를 이용할 수 있다. 만약 수입상이 화물 배정처를 지정하지 않을 경우 선사에서 임의적으로 배정한다.

LCL 화물의 경우 화주의 지정창고 배정과는 관계없이 선사 또는 프레이트 포워드의 지정 창고에 반입이 되고 있으며 이 경우 보관료가 발생하게 된다.

### (5) 선박입항 및 하선

선사는 선박입항 24시간 전에 입항보고서, 적화목록 등을 세관에 제출하여야 한다. 선사는 하선전에 Master B/L[39] 단위의 적화목록을 기준으로 하선장소를 기재한 하선신고서를 세관에 함께 제출한 후 화물을 양하하는데 중국, 일본 등 근거리에서 입항하는 경우에는 선박입항시까지 세관에 제출하면 된다.

---

39) Master B/L은 선박회사에서 화주 또는 프레이트 포워더에게 발행해주는 선사 발행 B/L을 말하고, House B/L은 프레이트 포워더가 화주에게 발행하는 B/L을 말한다.

컨테이너화물의 하선장소는 부두내 또는 부두밖 CY(Off-Dock CY)가 되는데, 수입화물을 입항전에 수입신고하거나 하선전에 보세운송신고를 하여 부두에서 직반출하는 경우에는 해당 화물을 적재한 선박이 입항하기 전에 선사 및 대리점에 부두내 하선하거나 본선에서 차상반출하도록 세관에 부두하선요청을 하여야 한다.

### (6) 화물의 장치

선박이 입항하고 하선장소에 반입하게 되면 보세구역 설영인은 반입 즉시 보세구역 반출입요령에 의해 반입신고를 하여야 한다.

반입신고된 컨테이너는 FCL 및 LCL의 여부에 따라 FCL 컨테이너인 경우 컨테이너채로 장치, 통관 또는 보세운송이 되며, LCL 화물인 경우 세관지정 CFS 또는 보세창고에 반입이 된다.

### (7) 수입통관 또는 보세운송

수입통관은 원칙적으로 적화목록이 제출된 이후에 세관이 수입상으로부터 수입신고를 접수받아 수입심사 후 수입신고필증을 교부함으로써 이루어지나 수출입 일정의 조정 및 터미널에서의 효율적인 물류촉진을 위하여 입항전 수입신고 등을 할 수 있다. 세관은 수입신고서 및 서류가 접수되면 이를 검토하여 즉시수리, 심사대상, 물품검사대상 여부 등을 결정하게 된다.

출항전신고와 입항전신고는 MRN 번호가 부여된 후, 즉시수리물품은 수입신고서류의 형식적 요건 확인 후 즉시 수리하며, 심사대상 물품은 심사 후, 검사대상물품은 검사 후에 각각 신고필증을 교부한다. 즉 입항전신고의 경우 검사로 지정이 되면 모선의 입항 하선작업 후 화물을 검사하고 이상이 없는 경우 신고필증을 교부한다.[40]

40) 이 경우 입항전신고시의 하선장소와 입항선사의 하선장소가 다를 경우에는 입항전 수입신고를 취하하여야 한다.

수입화주는 자기 화물의 통관진행사항을 관세청의 수입화물 통관진행정보 상세조회를 통하여 확인할 수 있다. 이때 Master B/L No, House B/L No 또는 MRN No[41] 중 하나를 알고 있어야 한다.

입항지 보세구역이 아닌 화주의 보세공장, 보세공장외 장치 등에서 수입통관을 하기를 원할 경우에는 입항지 보세구역에서 자사의 보세구역으로 보세운송하여 수입통관을 진행할 수 있다. 이 경우 선사의 지정 보세운송사가 세관에 보세운송신고를 득한 후 보세운송을 하게 된다. 이러한 보세운송은 일반운송업자는 할 수 없으며 세관에 등록된 보세운송업자만이 할 수 있다.

수입 화물/통관 진행정보 상세조회

입항보고내역 | 화면인쇄

| 화물관리번호 | 09ooLU03753-1009-001 | 상태 | 반출완료 | 선박국적 | HK,홍콩 | | |
|---|---|---|---|---|---|---|---|
| M B/L - H B/L | MISCHAM000035844 - 91543174 | | | 대리점 | OOCL KOREA LTD | | |
| 선(항공) 사 | ORIENT OVERSEAS CONTAINER LINE | 구분 | 수입화물 | 적재항 | Hamburg,DE | | |
| 선(편) 명 | OOCL SOUTHAMPTON | | | 포장갯수 | 104GT | B/L타입 | C |
| 양륙항 | 부산항 입항세관 부산 | 입항일 | 2009/10/22 | 용적 | 60,000 | 총중량 | 3,839,0KG |
| 품명 | FURNITURES | | | CNTR 갯수 | 2 컨테이너번호 | 번호 | DRYU9060493 |
| 통관진행 | 수리통보 | 처리일시 | 2009/10/27 | 관리대상지정여부 | | N | |
| 반출의무과태료 | | 항차 | 015E | 신고지연가산세 | | | |
| 특수화물코드 | | | | | | | |

적하목록제출 → 적하목록심사완료 → 하선신고 → 물품반입 → 수입신고 → 수입신고수리 → 물품반출

| 번호 | 처리단계 | 장치장/장치위치 | 포장갯수 | 반출입(처리)일시 | 신고번호 |
|---|---|---|---|---|---|
| | 처리일시 | 장치장명 | 중 량 | 반출입(처리)내용 | 반출입근거번호 |

자료 : 관세청, 인터넷통관포털, 수입화물진행정보

**▌그림 5-2 수입화물 통관 진행정보 조회**

41) MRN NO(적하목록관리번호 ; Master Reference Number) 화물관리번호는 MRN + MSN + HSN으로 구성되어 있다. MRN NO는 선사, 항공사가 작성하는 목록에 대하여 부여하는 일련번호이며, MSN NO(Master Sequence Number)는 선사, 항공사가 발행한 Master B/L에 대하여 부여하는 일련번호, HSN NO(House Sequence Number)은 Master B/L 상에 기재된 각각의 화물에 대하여 주선업자(Freight Forwarder)들이 발행하는 House B/L에 대하여 부여하는 일련번호이다.

#### (8) 화물인도지시서 발행

선박회사는 수입상의 선하증권 원본 제출 및 해상운임 관련 제 비용의 수령 후 화물인도지시서(Delivery Order : D/O)를 발급한다.

화물이 반입된 CY/CFS나 보세창고 등은 선사 또는 포워더가 발행한 화물인도지시서(D/O : Delivery Order)를 소지하고 있는 화주에게 창고료 등의 기타 비용의 영수 및 내국화물임을 증명하는 수입신고필증을 확인하고 화물을 인도한다.

#### (9) 빈컨테이너(empty container) 반납

화주가 인수해 간 컨테이너의 반납은 원칙적으로는 만재컨테이너(Full Container)를 인수(Pick-Up)했던 ODCY로 반납해야 하나 예외적으로 선사가 지정한 내륙 컨테이너 데포(Inland Container Depot)나 CY에 반납할 수 있다. 이 때 선사의 내륙기지(ICD)등에 빈 컨테이너를 반납할 수 없어 도착항으로 반납하여야 할 경우 내륙운송료는 왕복으로 지불되어 화주의 운송료 부담이 높아진다. 또한 선사가 정한 무료장치기일(Free Time)을 경과하여 반환하는 경우에는 컨테이너 지체료(detention charge)가 부과된다.

## 5.2 수출 · 입 화물의 통관

### 5.2.1 수출통관 및 선적

#### (1) 수출통관의 의의

수출통관이란 수출신고를 받은 세관장이 수출신고사항을 확인하여 일정한 요건을 구비하게 되면 이를 수리하고 수출신고인에게 수출신고필증을 교부하여 내국물품을 외국물품화하는 과정을 뜻한다.

통관제도의 목적은 수출·입 되는 물품에 대한 관세, 내국세 등 제세의 부과·징수를 통한 재정수입의 확보 및 국가정책상 필요한 각종의 규제사항에 대한 실효성확보 등에 있으며 수출품에 대하여는 우리나라에서는 관세를 부과하지 않는다.

#### (2) 통관의 종류

관세법 제 2조 13항에는 "통관(通關)이란 이 법에 따른 절차를 이행하여 물품을 수출·수입 또는 반송하는 것을 말한다" 라고 정의되고 있다. 관세법상 통관은 물품의 이동경로에 따라 수입통관, 수출통관 그리고 반송통관으로 구분된다.

이들을 모두 관세선을 중심으로 수입통관은 외국에서 국내로 외국물품을 내국물품화하는 과정이며, 수출통관은 내국물품을 관세법에서 규정한 절차를 이행하여 외국으로 반출하는 것을 말한다. 또한 반송통관은 외국물품이 국내에 이동했다가 어떠한 사유로 인하여 수입통관의 절차를 거치지 않고 외국물품 상태로 다시 외국으로 이동하는 경우의 통관을 말한다.

수출통관과 반송통관의 차이점은 수출통관은 내국물품을 외국물품화 하여 외국으로 나가는 과정이나 반송은 외국물품이 외국물품인 상태로 다시 외국으로 나가는 것을 말하는 것으로 실무에서는 이들의 신고수리는 모두 수출신고필증이 나온다.

### (3) 수출통관절차

수출통관절차란 수출 또는 반송하는 물품을 수출 또는 반송할 수 있도록 신고하여 수출신고필증을 받는 일련의 절차를 말한다. 이때 수출하고자 하는 물품의 신고로부터 수출신고필증을 받는 일련의 절차를 협의의 수출통관절차라 하고, 수출하고자 하는 물품을 보세구역에 반입하여 협의의 통관절차를 마치고 보세구역으로부터 물품을 반출하기까지 일련의 절차를 광의의 통관절차라 한다.

#### 01 수출신고

물품을 수출하고자 하는 자는 당해 수출물품에 대하여 선박 또는 항공기에 적재하기 전까지 수출신고서를 작성하고 세관의 통관시스템을 통하여 수출신고를 하여야 한다. 이때 수출신고필증을 요청하는 수출업자의 의사표시, 즉 통관의 의사표시를 수출신고라 한다. 수출하고자 하는 물품에 대해서는 그 장치장소를 제한하지 않는다. 즉, 수입물품 또는 반송물품과는 달리 장치장소를 보세구역이나 보세장치장 등으로 한정하지 않는 것이다.[42]

수출신고시점의 효력은 통관시스템에 신고번호가 부여된 때부터 발생한다.

㉠ 무서류방식(P/L: paperless) : EDI 방식에 의한 무서류 신고를 원칙으로 하며 특별히 필요한 경우에 수출신고서 등 서류를 제출할 수 있다.

㉡ 서류신고방식 : 무신고서류방식 적용 배제물품이나 무서류신고 대상

42) 관세법 제 155조

품목이라 하더라도 관세청시스템에 우범성 화물(C/S선별제도)로 등록된 경우에는 서류로 제출하여야 한다.

⑫ 신고서류심사 및 물품검사

심사란 전송화면상의 신고서류가 작성요령에 적합하게 작성되었는지의 여부를 확인하는 것을 말한다. 수출물품에 대하여는 검사생략이 원칙이나, 수출시 현품의 확인이 필요한 경우, 우범화물로(C/S제도)로 선별된 물품 중 세관장이 검사가 필요하다고 판단한 물품에 대하여는 수출신고된 물품과 동일한 물품인지를 여부를 확인하게 된다.

⑬ 수출신고수리

㉠ 수출신고필증 교부 : 수출물품에 대한 검사, 감정을 실시한 결과 신고된 물품과 현품이 일치하고 기타 서류상의 모든 조건을 구비하였음이 확인되면 당해 수출물품에 대해 수출신고수리를 하며 수출신고자에게 수출신고필증을 교부하게 된다. 수출신고서는 자동수리, 즉시수리, 검사 후 수리의 3가지로 나뉘어 처리되며 대부분의 수출신고는 즉시수리의 방법에 의해서 처리된다.

• 자동수리

전산에 의하여 자동적으로 수리되는 것으로 검사대상 또는 서류제출대상이 아닌 물품은 수출통관시스템에서 자동수리된다.

• 즉시수리

자동수리대상이 아닌 물품 중에서 검사가 생략되는 신고물품에 적용되는 수리방법이다. 이는 세관당국이 신고의 정확여부, 해당물품이 서류제출 대상여부, Hs Code의 정확여부 등 형식적인 요건을 심사한 다음 이상이 없으면 그 신고를 수리하는 방법이다.

• 검사후 수리

현품검사가 필요한 신고물품에 적용되는 수리방법이다. 일반적으로 수출물품에 대하여는 검사생략이 원칙이나 수출시 현품의 확인이 필요한 경우와 우범물품으로 선별된 물품 중 세관장이 검사가 필요하다고 판단되는 물품에 대하여 수출물품을 실제로 검사하고 수출신고를 수리하는 방법이다.

㉡ 수출신고의 정정과 취하·각하 : 수출신고필증이 교부된 다음 즉, 내국물품이 외국물품화 된 후 수출신고를 정정하거나 취하해야 하는 경우

가 종종 발생한다. 이 때 수출신고정정/취하신청서를 전자자료로 세관장에게 제출한다. 수출신고의 정정에서 전산시스템상 선적이 완료된 후에는 원칙적으로 원상태수출 또는 계약상이수출로는 정정이 불가능하다.[43] 수출신고의 취하는 수출신고인에 의하여 제출하였던 것을 스스로 철회하는 것으로 정당한 사유, 즉 신용장의 취소 및 유효기간의 경과, 수입국에서의 수입금지조치, 천재지변 또는 부두파업 등으로 인하여 수출할 수 없는 사유가 수출업자에게 귀책되지 않는 경우에는 수출신고필증을 받은 후에도 승인을 받아 수출신고를 취하[44]할 수 있다. 또한 수출신고된 물품이 수출요건을 갖추지 못한 경우로써 그 사유가 인정될 경우에는 세관장의 직권에 의하여 수출신고수리를 하기 전에 그 신고를 각하할 수 있다.

04 선적 및 대금결제

수출자는 수출신고가 수리된 물품을 수출신고수리일로부터 30일 이내에 우리나라와 외국 간을 왕래하는 선박 또는 항공기에 적재하여야 한다. 불가피하게 적재기간내 적재를 못하게 되는 경우에는 1년의 범위 안에서 연장을 할 수 있으나, 연장은 반드시 선적기간 내에 완료하여야 한다.

지정된 선박에 화물을 선적한 후, 선하증권(B/L : bill of lading)을 비롯한 제반 운송서류를 갖춰 외국환은행(매입은행)에게 환어음의 매입(nego)을 의뢰하게 된다. 매입을 의뢰받은 외국환은행은 제시된 서류와 신용장조건과의 일치 여부를 검토하고 수출이행여부를 수출신고필증으로 확인하여 환어음을 매입하여 수출업자에게 수출대금을 지급한다.

수출통관과 관련된 일련의 절차는 [그림 5-3]과 같이 이루어진다.

43) 정재완, 2012관세법, 무역경영사, 2012, p.393

44) 신고인에 의하여 신청하거나 제출하였던 것을 스스로 철회하는 것을 말한다.

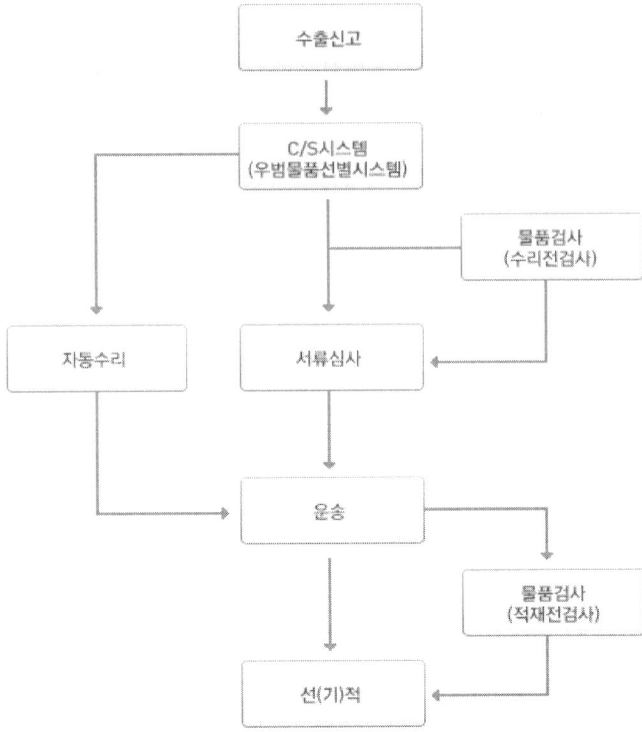


자료: 관세청(www.customs.go.kr)

▌그림 5-3 수출통관절차

### 5.2.2 수입통관

수입하고자 하는 자가 우리나라에 수입될 물품을 선적한 선박(항공기)가 ① 출항하기 전, ② 입항하기 전, ③ 입항 후 물품이 보세구역에 도착하기 전, ④ 보세구역에 장치한 후 중에 선택하여 세관장에게 수입신고 하고, 세관장은 수입신고가 관세법 및 기타 법령에 따라 적법하고 정당하게 이루어진 경우에 이를 신고수리하고 신고인에게 수입신고필증을 교부하여 수입물품이 반출될 수 있도록 하는 일련의 과정을 말한다.[45)]

선적서류원본이나 수입화물선취보증서를 받은 수입업자는 관세법 또는 기타 법령이 정하는 바에 따라 소정의 통관절차를 거쳐야 한다. 이때 사전수입신고를 통한 부두직반출 대상품목을 제외한 수입물품은 보세구역이나 보세구역외장치장(구, 타소장치장)에 반입한 후 수입신고를 한다.

---

45) www.customs.go.kr 관세행정안내, 수입통관제도

관세법상 수입통관신고는 화주, 관세사, 관세사법인, 통관취급법인 등이 할 수 있으며, 수입화주도 일정한 요건을 갖추면 자기가 수입한 물품에 한하여 직접 수입신고를 할 수 있다.

수입통관이란 신고인으로부터 수입신고를 받은 세관장이 수입신고 사항을 확인하여 일정한 요건이 충족되었을 경우, 수입을 허용하여 외국물품을 내국물품화 하는 행정절차를 말한다.

즉, 수입신고를 받은 세관은 수입승인서상의 물품과의 동일여부 및 구비서류 기재사항의 누락여부와 검사품인 경우 현품을 검사한 후, 수입화물에 대한 과세가격을 평가하여 관세 등을 부과하고, 해당 세금을 은행에 납부하면 세관에서는 수입신고필증을 수입신고인에게 교부하여 준다. 수입신고필증이 교부됨으로써 수입화물은 외국물품에서 내국물품이 되어 보세구역으로부터 반출이 가능하게 되며 이로써 수입절차가 종료된다.

수입물품에 대하여 통관이라는 절차를 통하여 규제를 하는 이유는 물품에 대한 관세, 내국세 등 제세를 부과・징수함으로써 재정수입의 확보 외에 최종적으로 수입 또는 반송되는 물품을 세관에 신고하도록 함으로써 각종 법령에서 규제하는 사항을 실제로 확인·집행을 통한 실효성 확보에 그 목적이 있다.

현행 우리나라는 수입신고제를 채택하여 수입통관절차를 대폭 간소화하고 있으며, 수입신고 수리 후 관세납부제를 도입하여 통관절차와 과세제도를 분리하고 있다.

### (1) 입항 및 하역

수입화물을 적재한 선박 또는 항공기가 수출항에서 출항하게 되면 운항선사는 선박입항 24시간 전에 용선선사와 운송주선인으로부터 적화목록과 혼재화물적화목록을 취합하여 입항지 세관에 제출하게 된다. 세관은 이 적화목록을 활용하여 화물의 재고를 추적관리할 수 있다.

당해 선박 및 항공기가 국내 항만 또는 공항에 입항하면 운항선사는 선사 B/L(master B/L)단위의 적화목록을 기준으로 하역장소를 기재한 하역신고서를 세관에 제출한다. 하역할 장소는 부두 내 CY(CFS)를 포함한 ODCY까지이며 본선 하역이 완료되면 선사 또는 검수회사는 하선결과를 세관에 보고한다.

입항 전에 수입신고가 수리된 물품의 하선장소에서 하역 즉시 부두에서 반출할 수가 있다.

**표 5-1 우리나라의 수입신고 시기**

| 구분 | 출항전 신고 | 입항전 신고 | 보세구역<br>도착전 신고 | 보세구역<br>장치후 신고 |
|---|---|---|---|---|
| 신고시기 | 우리나라 입항 5일전(항공기는 1일전)으로 물품을 적재한 선박(항공기)의 적재항 출항전 | 우리나라 입항 5일전(항공기는1일전)으로 선박(항공기) 출항 후 입항(하선[기]신고)전 | 입항 후 당해 물품이 반입될 보세구역 도착 전 | 당해물품의 보세구역 장치 후 |
| 신고대상 물품 | 항공기로 수입되는 물품 일본·중국·대만·홍콩으로부터 선박으로 수입되는 물품 | 제한없음 | 제한없음 | 제한없음 |
| 신고세관 | 입항예정지 세관 | 입항예정지 세관 | 도착예정 보세구역 관할세관 | 장치물품 보세구역 관할세관 |
| 검사대상 여부 통보시기 | 선박(항공기)이 출항하였음을 입증하는 자료 제출(출항신고서/적하목록)하는 시점 | 수입신고일 | 수입신고일 | 수입신고일 |
| 신고수리시기 - 검사생략 | 적하목록 제출 후 | 적하목록 제출 후 | 보세구역 도착보고 후 | 수입신고 후 |
| 신고수리시기 - 검사대상 | 물품검사 종료 후 | 물품검사 종료 후 | 물품검사 종료 후 | 물품검사 종료 후 |

자료 : 관세청, 수입통관제도, 수입통관

### (2) 보세구역반입 및 장치

우리나라에 수입되는 모든 화물은 원칙적으로 반드시 보세구역에 반입되어야 한다. 장치장소를 보세구역에 한정하는 것은 외국물품 그 자체가 관세의 담보물이므로 효율적인 관세의 부과징수 및 행정절차상의 편의를 위해서 이다. 보세구역에 화물을 반출입하기 위해서는 세관화물 정보시스템의 반입예정정보와 대조확인하고 반입 즉시 적화목록관리번호와 B/L일련번호를 연계한 반입보고서를 작성하여 세관에 제출하여야 한다.

### (3) 보세운송

보세운송이란 수입화물의 화주에게 경비의 절감, 절차의 간소화, 자금부담의

완화 등의 편의를 주기 위한 목적으로 외국물품을 통관하지 않은 상태로 입항지 보세구역(개항, 보세구역외장치의 허가를 받은 장소, 세관관서, 통관역, 통관장 등)에서 보세구역으로의 국내 운송하는 제도를 말한다. 보세운송을 하고자 하는 자는 세관장에게 필요에 따라 보세운송신고나 보세승인신청을 하여야 한다.

### (4) 수입신고

수입신고는 수입하겠다는 의사를 세관장에게 표시하는 것으로 수입신고에 의하여 과세물건, 과세가격, 적용법령, 납세의무자가 확정되게 된다.

수입신고인은 물품을 수입한 화주, 관세사, 관세사법인 또는 통관취급법인의 명의로 하여야 한다. 수입신고의 수리는 원칙적으로 수입물품을 적재한 선박 또는 항공기가 입항한 후에 할 수 있으나, 신속한 통관 및 효율적인 물류의 흐름을 위하여 수입신고시기에 따라 4가지 유형[46]으로 구분된다.

수입신고의 효력발생시점은 전송된 신고자료가 통관시스템에 접수되어 그 접수 결과를 신고인에게 통보한 시점이다.

**표 5-2 수입신고인**

| 구 분 | | 개 념 |
|---|---|---|
| 화주 | 자기명의 신고업체 | 취급물품이 단순하고 신고사항이 간단한 업체가 한국 관세사회 관세연구원에서 실시하는 소정의 교육을 이수한 전문지식을 갖춘 통관종사자를 채용하여 통관절차를 수행하는 업체 |
| | 자기명의 통관업체 | 관세사를 채용하여 이로 하여금 통관에 관한 업무를 전담하는 부서를 설치하고 동 부서의 업무와 인원을 감독하여 통관절차를 수행하는 업체 |
| 관세사 | | 관세사 자격을 얻어 관세청장에게 등록한 자로서 세관장에게 통관업의 신고를 하여 수출입의 신고인이 되는 자 |
| 통관취급법인 | | 운송업, 보관업 또는 하역업을 하는 법인(모회사) 또는 그 법인이 50% 이상 출자하여 설립한 법인(자회사)으로서 자기회사가 운송, 보관 또는 하역의 위탁을 받은 물품에 대하여 통관절차를 이행하는 법인 |
| 관세사법인 | | 통관절차의 조직적인 이행과 그 공신력을 높이기 위하여 3인 이상의 관세사를 사원으로 하여 설립된 법인 |

자료 : 전게서, 추창엽, p. 343, 저자 수정

46) 출항전수입신고, 입항전수입신고, 보세구역 도착전 수입신고, 보세구역 장치후 수입신고(원칙)

### (5) 통관심사 및 검사

수입신고서가 접수되면 세관에서는 통관시스템에 조회하여 통관심사 및 검사시 주의사항이 있는지 여부를 확인한 다음 즉시수리, 심사대상, 물품검사 중 어느 하나를 그 처리방법으로 결정한다.

01 즉시수리

수입신고서류에 대한 심사나 수입물품에 대한 검사를 생략하고 수입신고를 수리하는 것을 말한다. 신고 내용 중에서 세 번(稅番 : Hs Code), 세율, 과세가격, 원산지 표시, 지적재산권 침해 등과 관련하여 수입신고수리 후 위법 또는 부당한 사실이 발견되는 경우, 수입업자가 처벌·추징 또는 보세구역재반입 등의 조치를 부담한다는 전제하에 신고인의 신고 내용대로 수입신고를 수리하는 것을 말한다.

02 심사

신고된 세번(稅番), 세율과 과세가격의 적정여부, 수입승인사항과 수입신고사항의 일치여부, 법령에 의한 수요요건의 충족여부 등을 검토하기 위하여 관련서류와 필요한 경우 현품을 확인하는 것을 말한다.

03 물품검사

수입신고한 서류만으로는 수입신고 내용의 사실 여부를 확인할 수 없는 경우 등 물품 이외에 은닉된 물품이 있는지를 정밀조사하는 것을 말한다. 물품검사대상의 선별은 우범화물선별기준(C/S : cargo selectivity system)을 중심으로 선정하며, 검사대상으로 선별된 물품 중에서 우범화물검사를 실시한 물품에 대해서는 물품검사를 다시 하지는 않는다.

### (6) 수입신고수리

수입업자가 접수한 수입신고에 대해 즉시수리물품은 형식요건을 확인하고 심사와 검사대상물품은 각각 심사와 검사를 완료한 후, 이상이 없으면 수입신고를 수리하고 세관특수청인을 전자적으로 날인한 신고필증을 신고인(관세사 등)에게 교부하게 된다. 만약 이상이 있으면 보세구역 반입명령(recall)[47]을 내리게 된

47) 수입물품의 통관절차가 간소화됨에 따라 발생할 수 있는 불법물품의 반입 가능성을 억제하기 위한 제도로써 수입신고의 수리를 받은 물품이라 하더라도 국내 반입 후에 불법 수입물품으로 인정된 경우 당해 물품을 보세구역에 반입시켜 위법사실을 치유한 후, 반출을 허가하거나 통관을 허용할 수 없는 경우에는 반송 또는 폐기하도록 하는 것을 말한다.

다. 신고수리는 적하목록이 세관에 접수된 이후라야 하며 수입신고필증은 관세사도 세관에 신고수리여부를 전산으로 조회한 후 발급할 수 있다. 이 경우 관세사는 1개월 범위 내에서 정하는 기간(예 : 매주, 매일) 내에 신고시 제출서류를 통관지 세관장에게 제출해야 한다.

### (7) 관세납부

관세의 납부의무자는 신고납부방식에 따라 세관장에게 당해 수입 물품에 대한 과세가격을 신고하고 수입업자가 스스로 계산한 세액을 납부하게 된다. 가격신고를 할 때에는 송품장, 운임명세서, 보험료 명세서 등 필요한 서류를 제출하여야 한다. 관세의 납부는 납세신고가 수리된 날로부터 15일 이내에 관세 등 수입제세를 납부하여야 한다.

우리나라는 '사전통관 사후심사'의 제도를 이용하고 있으므로 수입통관된 물품 중 사전 세액심사가 완료된 물품을 제외한 기타의 물품은 수입신고를 받은 날로부터 1년 내에 세액심사를 받게 된다. 세액의 심사는 납세의무자의 신용도, 물품의 성질, 가격 및 거래조건 등을 참작하여 심사생략과 심사대상으로 구분하여 실시하며, 심사대상의 심사방법은 간이검사와 정밀검사로 구분하여 각 세관의 실정에 맞게 운영되고 있다.

세액심사 후 이상이 있을 경우에는 과부족세액에 대한 경정 또는 과오납 환급 조치 및 사안에 따라 심리를 의뢰하게 된다.

### (8) 반출

관세 및 제세의 납부가 끝나면 세관은 수입신고를 수리하게 되고 수입신고 필증을 교부하며 이때부터 수입물품은 외국물품에서 내국물품이 되어 보세구역으로부터 자유로운 인취가 가능하게 된다. 이렇게 수입신고필증을 받은 수입화주는 보세구역으로부터 물품을 반출함으로서 수입절차는 모두 종료된다.

수입물품은 원칙적으로 수입신고 수리 후 내국화물의 상태로 보세구역으로 반출되어야 하나 통관절차의 특례로, 수입신고의 수리 전 또는 수입신고전 즉시반출 등을 이용하여 반출할 수 있다.

#### 01 수입신고 수리전 반출

수입신고를 한 물품에 대하여 세관장이 수리하기전에 물품이 장치된 장소로부터 반출할 수 있는 제도이다. 즉 수입신고는 하였으나 어떠한 사유의 발생으로 인하여 조속한 시일내에 수입신고의 수리를 할 수 없거나,

당해 물품의 사용이 시급한 경우에는 수입신고가 수리되기 전에 반출하여 사용할 수 있게 하고 사후에 수입신고의 수리를 하도록 하는 제도이다. 이의 승인시에는 당해 장치장으로부터 반출되는 물품의 관세 등에 상응하는 담보를 반드시 제공하여야 한다.

### 02 수입신고전 즉시반출

수입신고 전에 운송수단·관세통로·하역통로 또는 관세법상의 규정에 의한 장치장소로부터 즉시반출하는 것을 말하는 것으로 이 제도를 이용하기 위해서는 세관장으로부터 지정을 받아야 하며 반출시기는 적하목록이 제출된 이후이다.

즉시 반출신고를 하고 반출을 한 자는 즉시반출신고를 한 날부터 10일 이내에 관세법 제241조(수출·수입 또는 반송의 신고)의 규정에 의한 수입신고를 하여야 한다.48)

수입통관절차는 [그림 5-4]와 같다.

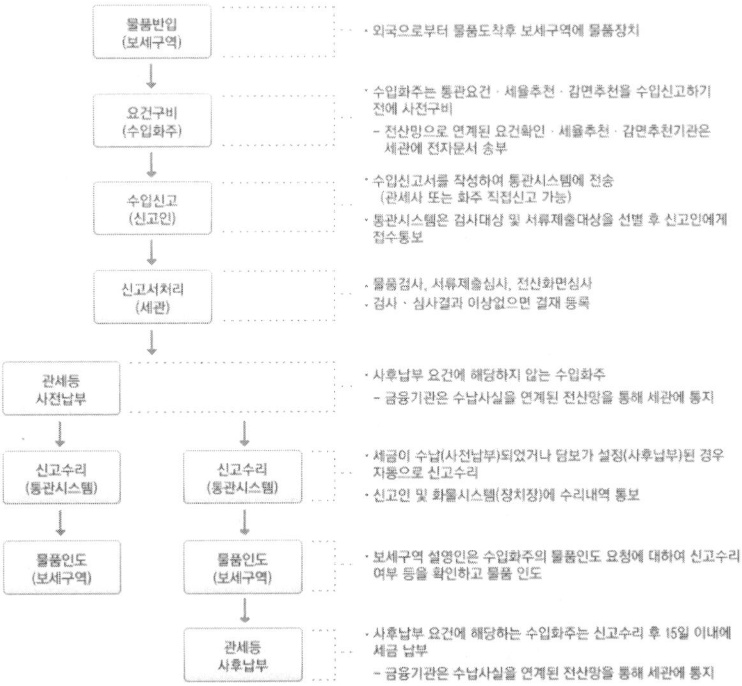


자료 : 관세청(www.customs.go.kr)

**▌그림 5-4 수입통관절차**

---

48) 관세법 제 253조 제3항)

Chapter 06

# 해상보험

## 6.1 해상보험의 의의

### 6.1.1 해상보험

#### (1) 해상보험의 의의

해상보험(marine insurance)이란 항해에 관한 사고를 당할 우려가 있는 재산권을 가진 다수인이 위험의 정도에 따라 합리적인 기금을 각출하여 공동준비재산을 형성하고 사고가 발생하여 손해를 입었을 때, 이를 보상하여 경제상의 불안을 제거 또는 경감시키는 것을 목적으로 하는 손해보험의 일종이다.

이러한 보험은 보험자(보험회사)가 선박 및 그에 의하여 운송되는 물품의 해상운송 중에 발생하는 위험을 인수하고 이에 대한 손해가 발생하는 경우 피보험자(화주나 선주)에게 그 손해를 보상해 줄 것을 약속하는 계약으로 성립된다.

해상보험의 종류로는 운송 중 화물의 멸실 또는 손실을 보존하기 위하여 화물을 보험목적물로 하는 적화보험(Cargo Insurance), 선박을 보험목적물로하는 선박보험(Hull Insurance), 운임을 대상으로 하는 운임보험(Freight Insurance) 등이 있다.

국제 간의 거래는 운송, 결재, 보험의 3요소에 의하여 수행되고 있다. 이 중의 운송은 선박회사나 항공사가 담당하고, 결재는 은행이 담당하며, 운송 또는 금융에 수반되는 우발적인 사고에 대한 보험은 보험회사가 담당함으로써 비로소 원활한 무역거래가 가능하다.

해상보험은 해운업과 국제적인 무역거래의 활발한 발전과 기업의 안정성을 보장할 뿐 아니라, 세계경제의 분업화와 자국 경제에 미치는 효용이 크므로 해상보험제도가 없이는 오늘날과 같은 활발한 무역활동은 기대하기 어렵다.

## 6.2 해상위험과 해상손해

### 6.2.1 해상위험

해상위험(marine risks)이한 항해에 기인하고 항해에 부수하여 발생하는 사고를 말하는 것으로 담보범위는 그 발생장소가 반드시 해상에서 발생한 손해에만 국한되는 것은 아니며 또한 반드시 해상에서만 발생하는 사고, 즉, 해상고유의 사고에 한정되는 것은 아니다. 즉 화재나 도난과 같이 육상에서 발생하는 사고도 포함하고 있다.[49)]

**표 6-1** 해상위험의 종류

<table>
<tr><th>위험의 구분</th><th colspan="2">위험의 종류</th><th>비고</th></tr>
<tr><td rowspan="2">해상고유의 위험<br>(perils of the seas)</td><td>S.S.C. 위험</td><td>· 침몰(sinking)<br>· 좌초(stranding)<br>· 충돌(collision)</td><td rowspan="2">자연적 위험</td></tr>
<tr><td colspan="2">· 악천우(heavy weather)</td></tr>
<tr><td>해상위험<br>(perils on the seas)</td><td colspan="2">· 화재(fire or buring)<br>· 투하(jettison)<br>· 선원의 악행(barratry of mariners)<br>· 해적, 절도, 강도(pirates rovers, thieves)</td><td>자연적 · 인위적 위험<br>인위적 위험<br>〃<br>〃</td></tr>
<tr><td>전쟁위험<br>(war risks)</td><td colspan="2">· 군함(men of war)<br>· 외적(enemies)<br>· 습격 및 포획(surprisals and capture)<br>· 해상탈취와 타포(taking at sea & seizure)<br>· 관헌의 강유·억제·억류(Arrests, Restraints and - detainments of all Kings, Princes and People)<br>· 포획면허장과 보복포획면허장(Letters of Mart and Countermart)</td><td>인위적 위험</td></tr>
<tr><td>기타 일체의 위험<br>(all other perils)</td><td colspan="2"></td><td>자연적 · 인위적 위험</td></tr>
</table>

자료 : 전게서, 추창엽, p. 430, 저자 수정

해상위험(marine risks, marine perils)이란 항해에 기인하고 항해에 부수하여 발생하는 사고를 말한다. 영국 해상보험법(MIA)에서는 해상위험을 "항해에

49) 윤광운, 무역실무입문, 삼영사, 2006, p. 424.

기인 또는 수반되는 위험"으로 정의하고 해상위험을 상세히 열거하고 있는데 반해, 우리나라에서는 "해상보험계약의 보험자는 항해에 관한 사고로 인하여 생길 손해를 보상할 책임이 있다"라고 포괄적으로 규정하고 있다.

해상보험에서 보험자가 담보(warranty)하는 위험은 항해에 관한 우연한 사고인 해상위험으로, 해상보험계약에서는 보험자가 담보하는 위험의 범위를 보험약관에서 정하게 된다.

해상위험은 위험발생의 기회를 항해로 하고 위험발생의 장소를 해상으로 함을 원칙으로 하기 때문에 보험계약에 있어 보험자가 부담하는 위험은 다양하나, 해상보험증권상 위험약관에서 담보하는 위험은 크게 다음과 같이 구분된다.

### 6.2.2 해상손해의 유형

해상손해(marine loss or damage)란 해상위험이 발생한 결과로 피보험목적물의 일부 또는 전부가 멸실(loss) 또는 손상(demage)되는 것을 의미한다. 해상손해는 물적손해, 비용손해 및 배상책임손해로 구분된다.

#### (1) 물적 손해

물적손해(physical loss)는 보험목적물 자체의 직접적 손해를 말하며 피보험이익의 멸실 정도에 따라 전손(全損)과 분손(分損)으로 구분된다.

**1) 전손**

전손(total loss)은 보험사고에 의하여 선박이나 화물의 전부가 멸실되거나, 손상의 정도가 심해서 구조나 수리하는데 드는 비용이 부보된 금액보다 많은 경우를 말한다.

그 손해의 발생이 실질적인지 또는 경제적인지에 따라 현실전손(actual total loss)과 추정전손(constructive total loss) 으로 구분된다.

현실전손은 해상보험의 목적물이 현실적으로 전부 멸실된 다음과 같은 경우를 말한다.

㉠ 선박이 침몰되어 인양이 불가능한 경우

㉡ 완전난파되어 선박의 기능이 상실된 경우

㉢ 항해 중 선박이 행방불명되어 상당한 기간이 경과된 후에도 그 소식을 모를 경우

한편 추정전손은 현실적으로 멸실된 것은 아니지만 다음과 같은 경우로 보험목적물을 보험자에게 정당하게 위부(abandonment)[50]함으로써 성립된다. 위부가 보험자에게 수락되지 않을 경우에는 분손으로 처리된다.

㉠ 현실전손으로 보는 것이 불가피하다고 인정되는 경우
㉡ 손해의 정도가 심하여 그 목적물이 가진 용도에 따라 사용할 수 없거나
㉢ 손상을 수선 또는 수리하는 비용이 수리 후 그 목적물이 갖는 시가보다 클 경우

**2) 분손(partial loss)**

전손이 아닌 모든 손해로서 보험사고가 발생하여 피보험이익의 일부분이 멸실 또는 손상이 됨으로써 발생한 손해를 말한다. 손해발생 원인에 따라 단독해손(particular average)과 공동해손(general average)으로 구분된다.

단독해손은 보험목적물이 보통의 해난에 의하여 일부 멸실되었거나 손상되어 발생된 비용에 대하여 이해관계자가 단독으로 부담하는 손해를 말하며 공동해손이 아닌 분손은 모두 단독해손에 해당된다.

공동해손은 선박, 적화, 침몰, 화재 등에 대한 공동위험으로부터 벗어나거나 손해를 경감시키기 위하여 선장이 고의로 합리적이고 이례적인 처분을 하거나 비용을 지출하여 발생한 손해를 이해관계자가 공동으로 부담하는 손해를 말한다. 공동해손에 의한 손해는 공동위험단체 참가 구성원 모두가 공평하게 비례하여 부담하며, 이 분담액의 정산은 공동해손정산인(general average adjuster)에 의하여 이루어진다. 공동해손의 일반적인 정산원칙과 기준은 요크-안트워프규칙(York Antwerp Rules)[51]이나 별도의 합의된 정산기준이 있는 경우 그에 따라 처리되고 있다.

---

50) 위부(委付)란 보험의 목적물이 전부 멸실된 것이 확실하지만 이를 입증하기 곤란하거나 목적물의 손상을 복구시킬 수는 있으나 복구비용이 목적물의 가격을 상회할 때 법률상 전손으로 간주하고 피보험자로 하여금 보험의 목적에 관하여 갖는 일체의 권리를 보험자에게 이전해 주고 보험금액의 전부를 청구할 수 있게 하는 제도를 말한다.

51) 1877년 벨기에의 안트워프에서 제정된 해상보험상 공동해손을 구성하는 손해 및 비용에 관한 국제통일규칙으로 이해관계자가 공동해손에 관하여 이 규칙을 적용하기로 합의한 경우 각 국의 법률, 관습에 우선하여 이 규칙이 적용된다. 요오크 안트워프 규칙은 그 동안 수차례에 걸쳐 개정되었으며 현행규칙은 1974년 개정된 것이다.

### (2) 비용손해

비용손해는 피보험목적물을 손해로부터 방지·경감하기 위하여 해상보험증권상 담보되는 위험에 처해 있을 때, 피보험자 자신 또는 제3자의 도움을 받아 취해진 조치에 따르는 경비 혹은 보수를 말한다. 보험보상의 대상이 되는 비용손해로는 구조료(salvage charge), 특별비용(special charges), 손해방지비용(sue and labour charge) 등이 있다. 비용손해는 비록 원칙적으로 보험자가 부담하지 않는 보험외적인 간접손해이지만 예외적으로 보험자가 이를 부담한다.

#### 1) 구조료

해난에 봉착한 재산에 발생할 가능성이 있는 손해를 방지하기 위하여 구조계약에 의하지 않고 구조한 자에게 해상법에 의하여 지불하는 보수를 말한다. 이러한 구조료가 보험회사가 담보한 위험에 의한 손해를 방지하기 위해 지출된 경우에는 그 비용을 보험회사로부터 회수할 수 있다.

구조료는 구조가 실패로 끝나 구조물이 없는 경우에는 구조료를 지급하지 않는다.

#### 2) 특별비용

특별비용은 담보위험으로부터 손해를 방지하기 위해 피보험자 또는 그의 대리인이 지출한 비용이다. 이는 보험목적물의 안전 또는 보존을 위하여 피보험자에 의하여 또는 피보험자를 위하여 지출된 비용으로 공동해손비용과 구조료 이외의 모든 비용손해를 말한다. 손해방지비용이 손해보상금과 별도로 보험자에 의하여 지급되는 데 반하여 특별비용은 손해액과 특별비용을 합하여 보험금액을 한도로 보상된다.

#### 3) 손해방지비용

피보험목적물이 실질적인 위험에 처했을 때 피보험자 또는 그의 사용인 및 대리인이 손해의 방지·경감하기 위해서 합리적으로 지출한 비용을 말한다.

이 비용은 보험자가 피보험자에게 별도로 부담하는 비용으로써 구조료와는 달리 손해방지행위가 실패로 돌아가 화물의 손해액과 손해방지비용의 합계가 보험금액을 초과한 경우에도 피보험자로 하여금 적극적으로 손해방지행위를 유도하기 위해서 보험자는 이를 보상해야 한다.

### (3) 배상책임손해

피보험선박이 그의 과실이나 쌍방의 과실로 다른 선박과 충돌함으로써 상대 선박에 손해를 입혔을 경우에 보험증권상의 특별약관(running down clause)에 의하여 보험자가 부담하는 손해를 말한다. 배상책임손해는 협의로는 선박충돌손해책임만을 의미하나 광의로는 공동해손분담책임과 선박보험에서의 충돌손해배상책임을 포함한다.

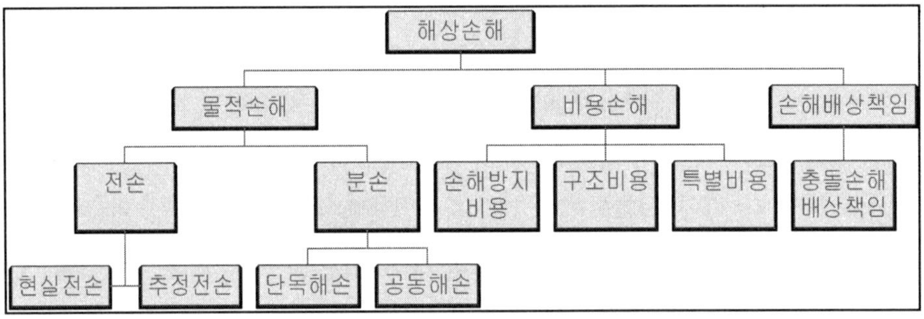


▌그림 6-1 해상손해의 분류

### (4) 보험조건과 손해배상의 범위

#### 1) 기본조건

해상보험에서 이용하고 있는 대부분의 약관은 런던 보험자 협회와 로이즈(Lloyd's) 보험자협회의 기술 및 약관위원회(technical and clauses committee)가 합동으로 1912년에 만든 협회적화약관(institute cargo clause)이다. 이 약관은 단독해손부담보조건(FPA : Free from Particular Average), 분손담보조건(WA : With Average) 그리고 전위험담보조건(A/R : All Risks)의 3가지가 있었다. 이러한 약관들은 1958년과 1963년에 대폭적인 개정을 하였으나 손해의 형태에 따라 내용을 구분한 것이 많아 그 적용에 혼란이 많았다.

신협회적화약관에는 1982년 약관과 2009년 개정약관이 있다.

신양식의 해상보험증권이 제정될 때 약관의 명칭과 내용이 구약관의 A/R과 담보범위가 같은 ICC(A)은 구약관사의 A/R 조건에 대비되는 것으로 총 19개의 소약관으로 구성되어 있고 이를 다시 8개의 그룹으로 묶어 알기 쉽게 배열하고 있다.

❙표 6-2 신협회적화약관 내용의 구성(1982와 2009 비교)

| 구분 | 조항 | 약관내용 | | 실질변경 내용 | 문구 수정 | 변경사항 없음 |
|---|---|---|---|---|---|---|
| | | 1982 | 2009 | | | |
| 담보위험 | 1 | 위험약관 | 위험 | | O | |
| | 2 | 공동해손약관 | 공동해손 | | O | |
| | 3 | 쌍방과실충돌약관 | 쌍방과실충돌약관 | | O | |
| 면책조항 | 4 | 일반면책약관 | | O | | |
| | 5 | 불내항성 및 부적합면책약관 | | O | | |
| | 6 | 전쟁면책약관 | | | | O |
| | 7 | 동맹파업면책약관 | | O | | |
| 보험기간 | 8 | 운송약관 | 운송 | O | | |
| | 9 | 운송계약종료약관 | 운송계약종료 | | O | |
| | 10 | 항해변경약관 | 항해변경 | O | | |
| 보험금 청구 | 11 | 피보험이익약관 | 피보험이익 | | O | |
| | 12 | 계반비용약관 | 계반비용 | | O | |
| | 13 | 추정전손약관 | 추정전손 | | O | |
| | 14 | 증액약관 | 증액 | | O | |
| 보험이익 | 15 | 보험이익불공여약관 | | O | | |
| 손해경감 | 16 | 피보험자의무약관 | 피보험자 의무 | | O | |
| | 17 | 포기약관 | 포기 | | O | |
| 지연의 방지 | 18 | 신속조치약관 | | | | O |
| 법률과 관습 | 19 | 영국의 법률 및 관습약관 | | | | O |

자료 : 전게서, 김종칠, p. 587.

### 2) 부가위험담보조건

운송화물에 대한 보험은 전위험담보조건(A/R : all risk) 또는 ICC(A)조건으로 부보하는 경우 전쟁이나 동맹파업 등을 제외하고는 부가조건을 부보할 필요가 없다. 따라서 제한적인 조건인 ICC(C)나 ICC(B)로 부보하는 경우, 화물이 통상적인 운송과정 중 입을 수 있는 모든 손실 및 손상을 담보하기에는 불충분하므로 화물의 종류, 포장방법 및 운송방법 등을 고려하여 부가조건을 추가함으로써 위험에 대한 대비와 저렴한 보험료로써 동일한 효과를 기대할 수 있다. 이러한 부가위험들은 추가보험료를 납입함과 동시에 특별약관에 의하여 담보되고 있다.

### 3) 연장담보조건

연장담보조건은 보험조건을 추가 또는 변경하는 것이 아니고 담보구간을 확장해 주는 역할을 한다. 우리나라는 항구 간 요율체계이므로 선적항에서 도착항까지의 해상위험에 대해서만 위험을 담보하기 때문에 항구에 도착후 자사의 창고 또는 공장까지의 육상구간의 위험을 담보하기 위해서는 추가보험료를 내고 연장담보조건에 가입해야 한다.

01 내륙운송연장담보조건(ITE : Inland Transit Extension)

이 조건은 송화주나 수화주의 창고가 내륙에 위치하는 경우 송화주의 창고나 보관창고로부터 선적항 또는 양하항으로부터 내륙의 수화주 창고까지 내륙운송 중의 위험을 신협회적화약관 및 기타 특별약관에 따라 당초에 적화보험증권에 추가하여 연장담보하는 조건이다.

02 내륙보관연장담보조건(ISE : Imland Storage Extension)

이 조건은 본선으로부터 하역되어 중간창고에 입고·장치 중인 화물에 대하여 검사·검역 등 통관업무상 문제점이 발생하여 장기간 장치가 필요하거나, 원매자를 찾기 위하여 보관해 두어야 할 경우 이용된다. 이 때 화물의 보관장소는 수화주의 최종 창고로 간주되어 창고입고와 동시에 적화보험의 효력이 종료됨에 따라 별도의 담보조치를 하여야 한다.

내륙보관연장담보조건은 중간창고나 보세창고의 보관 중의 위험을 적화보험증권에 명시된 기간(수출 : 본선으로부터 하역 후 60일, 수입 : 최종 양륙 후 30일) 이상으로 연장할 경우 신협회적화약관 및 기타 특별약관에 따라 연장담보하는 조건이다.

## (4) 보험증권과 보험약관

### 1) 보험약관해석의 원칙

01 당사자 존중의 원칙 : 약관 해석은 계약에 따른 당사자의 의사를 최대한 반영

02 문언위주의 원칙 : 보험증권의 어구는 해석의 기준이 되며 증권문언 이외

의 증거인용은 불가

03 수기문언 우선 원칙 : 나중에 삽입된 약관은 먼저 있던 약관에 우선하며 선후의 차이가 없을 경우에는 정형화의 정도가 약한 것이 우선, 수기문언은 최우선 적용[52)]

04 작성자 불이익의 원칙 : 문언의 여러 해석이 가능할 경우에는 작성 책임자 즉, 보험자에게 불리하게 해석

05 통상해석의 원칙 : 평범(plain)하게 통례(ordinary)에 의한 통속(popular)한 일상(everyday)의 의미로 해석

06 문자 우선의 원칙 : 문자와 숫자가 일치하지 않을 경우에는 숫자를 풀어 쓴 문자가 우선

### 2) 무역조건과 해상보험의 관계

모든 해상과 항공운송화물의 위험은 보험증권에 기재된 지역창고 또는 보관장소를 떠날 때부터 개시되어 보험증권상에 기재된 목적지의 수화인 또는 기타의 최종 창고나 보관장소에 화물이 인도된다.

최종 양륙항에서 외항선으로부터 양화작업이 종료된 후 60일이 경과하면 위험은 종료된다.

적화보험은 운송되는 화물에 대하여 위험부담을 하는 자가 부보하는 것이 원칙이나 반드시 일치하는 것은 아니다.

### 3) 보험가입금액의 결정

보험가입금액(insured amount)이란 보험자가 계약상 부담한 손해보상책임의 최고 한도액을 말한다. 적화보험계약에서 보험가입금액은 일반적으로 「원가+보험료+운임」에 10%의 희망이익(anticipated or expected profit)을 가산한 금액을 기준으로 하게 된다.

관습적으로 보험가입금액은 보험가액과 일치하게 책정하게 되는데 이를 전액보험(full insurance)이라 하며, 보험가입금액이 보험가액[53)]을 초과하는 경우를 초과보험(over insurance)이라 한다. 초과부보금액은 손해

---

52) 약관은 본문약관→ ICC약관→약관특별약관→스템프약관→타자약관→수기약관 순으로 적용한다.

53) 보험가액(insurable value)이란 보험목적물의 경제적 가치, 즉 보험사고가 발생한 경우 피보험자가 입게 되는 손해액의 최고 한도액을 말한다.

보험의 '실손보상의 원칙'에 따라 손해가 발생해도 보상을 받지 못한다. 반면 보험가입금액이 보험가액에 비해 적은 경우의 예약을 일부보험(under insurance)이라 하며 부보되지 않은 가액에 대해서는 피보험자 스스로가 멸실 및 손상을 부담하게 되므로 적정보험으로 가입하여야 한다.

#### 4) 보험조건의 선택

보험자는 원칙적으로 담보위험으로 인한 손해에 대해서만 보상을 해주므로 피보험자는 담보범위를 한정하는 보험조건을 선택하는 데 필요한 사항을 숙지하여야 한다. 보험조건을 선택할 때에는 기본조건을 선택하고 화물과 운송의 특수사정을 고려하여 부가위험을 추가함으로써 저렴한 보험료를 부담하고 안전운송에 효과적으로 대처할 수 있는 가장 적절한 보험조건을 선택하도록 하여야 한다.

보험조건의 선택은 수출입계약을 체결할 때 화물의 종류, 성격, 포장상태, 운송방법, 운송지역, 항로, 예상항해기간 등 화물손해에 영향을 주는 각종 요인을 검토하여 당사자 간에 합의하여 결정하여야 한다. 수출업자의 보험가입 의무사항인 CIF 및 CIP조건의 경우 보험조건의 선택이 명시되지 않은 경우 수출업자는 가장 보험료가 저렴한 ICC(C) 또는 분손부담보(F.P.A,)조건으로 부보하게 되면 보험부보의 의무가 완료된다.

#### 5) 보험구상

운송회사에 책임이 없거나 책임한계가 불분명한 경우 일차적으로 보험회사에 클레임을 제기하여 그 손해가 보험계약상의 보험조건에 따라 보험회사가 보상책임을 지는 경우 보험금이 지급된다. 그러나 보험자가 담보하지 않는 위험에 대해서는 별도의 특약이 없는 한 보험금이 지급되지 않는다.

보험구상은 단독해손과 공동해손으로 나누어 볼 수 있는데 단독해손의 경우 보험의 구상절차는 다음과 같다.

01 사고통지
02 검수인의 검정
03 보험회사에 대한 구상
04 보험금의 수령

화물을 운송 중인 선박이 공동위험에 처하여 선박과 화물을 구하기 위하여 화물의 일부를 투하하였을 경우, 안전하게 도착한 화물의 각 화주들은 공동이익을 위하여 희생된 특정 화주의 투하화물손해에 대하여 구조된 재산금액에 비례하여 분담하여야 한다.
이러한 공동해손의 구상절차는 다음과 같다.

01 사고의 접수
02 보험회사에 대한 구상
03 보험금의 수령

## 6.3 해상보험조건

### 6.3.1 협회적화약관의 개념

협회적화약관(institute cargo clause : ICC)이란 해상적화보험의 보상범위에 관한 보험조건을 규정한 것으로서 원래는 해상보험증권에 첨부하여 사용하기 위해 런던보험자협회(Institute of London Underwriter : ILU)가 1912년에 제정한 특별약관을 말한다.

한편, 종래의 약관에 대한 개정의 필요성이 1978년 제8차 UNCTAD총회에서 해상보험증권의 약관과 관습에 대한 일체의 문제를 검토하기로 결정하였다. 이에 따라 영국에서도 협화적화약관의 개정을 검토하게 되고 그 결과 전면개정안인 신협회적화약관이 1982년 1월 1일부터 시행되었다. 우리나라는 1983년 4월부터 신·구약관을 병행하여 사용하고 있다.

이 신협회적화약관의 내용은

첫째, 본문약관(body clause), 이탤릭 서체약관(italicized clause) 및 난외약관(marginal clause) 등을 모두 삭제하고 기존의 보험증권에 기재되어 있던 본문약관 중 필요한 내용은 협회적화약관(ICC)에 포함시킴으로써 해상보험증권은 단지 보험계약성립의 확인문서 기능만 가지도록 단순화시켰다.

둘째, 약관의 명칭을 종래의 A/R, W.A., F.P.A.에 대칭하는 A, B, C로 변경하여 용어상의 혼란을 방지하는 한편 ICC(A)와 ICC(B)간의 담보범위를 확대하고, 손해면책비율조항을 삭제했으며, 육상운송시의 담보조항의 명시 등을 포함하고 있다.

셋째, 해상위험과 관련하여 해상고유의 위험(perils of the seas)의 용어를 삭제하여 해석상의 논쟁을 종식시키는 한편, 위험을 보다 구체적으로 열거하고 있다.

## 6.3.2 구협회적화약관

종래의 해상보험계약은 영국의 로이드보험증권과 그 뒷면에 인쇄되어 있는 런던 해상보험업자협회(ILU)에서 제정한 협회적화약관(ICC)에 의해서 체결되어 왔다. 이 구약관에 의한 손해담보범위는 전위험담보(A/R), 분손담보(W.A.), 분손부담보(F.P.A,), 전손담보(TLO) 등 4가지가 있다.

구약관의 분손부담보조건(F.P.A.)과 분손담보조건(W.A.)은 열거책임주의를 채택하고 있으며, 전위험담보(A/R)조건은 일체의 위험을 담보하는 포괄책임주의를 채택하고 있다.

### (1) 구협회적화약관의 담보조건

#### 1) 전위험담보

전위험담보(all risks : A/R)란 특정한 면책위험을 제외하고는 전위험을 담보하는 조건이다. 전위험담보(A/R)의 면책위험으로는 화물의 고유의 성질이나 하자로 인한 손해와 항해의 지연으로 인한 손해, 그리고 전쟁 및 동맹파업위험 등이 있다.

그러므로 전위험담보로 부보한 경우라도 전쟁 및 동맹파업위험을 담보받기 위하여는 전쟁위험 등의 담보조건을 추가로 부보하여야 한다. 그러나 화물의 고유의 성질이나 하자로 인한 손해나 항해의 지연으로 인한 손해는 어떠한 경우에도 보상되지 아니한다. 이와 같이 전위험담보(A/R)는 보험자가 부담하는 위험범위가 넓은 만큼 보험료도 고율이며 일반적으로 고급잡화제품의 부보에 주로 이용된다.

신협회적화약관 ICC(A)는 전위험담보조건과 담보범위가 동일하며, 다만 신협회적화약관에서는 면책위험을 구체적으로 명기함으로써 당사자간의 분쟁의 소지를 어느 정도 해소하였다.

#### 2) 분손담보

분손담보(with average : W.A.)란 분손부담보(F.P.A.)조건에서 보상하는 손해에 추가하여 악천후로 인한 해수침손(sea water damage)과 갑판유실 등을 추가로 보상해 주는 조건이다. 분손담보조건과 신협회적화약관 ICC(B)는 그 보상범위가 동일하다.

분손담보조건은 W.A. 3%와 WAIOP(with average irrespective of percentage)로 구분되어 있으나 ICC(B)는 그러한 구분이 없이 분손의 경우에 손해비율에 관계없이 손해액 전액을 보상한다.

#### 3) 분손부담보

분손부담보(free from particular average : F.P.A.)란 보험목적물의 전손 및 공동해손의 경우와 손해방지비용, 구조료, 특별비용, 특정분손 등의 손해를 보상하는 조건이다. 이는 선박의 좌초(stranding), 침몰(sinking), 화재(burning), 충돌(collision)로 인한 경우 이외의 단독해손 손해를 보상하지 않으므로 단독해손부담보조건이라고도 한다.

한편, 분손부담보(F.P.A.)조건에서는 하역작업중에 발생한 포장단위당의 전손을 보상하고 있으나, 신약관 ICC(C)에서는 이를 보상하지 않는 점에서 그 차이가 있다.

#### 4) 전손담보

전손담보(total loss only : TLO)란 보험목적물이 전부 멸실한 경우의 손해, 즉 현실전손(actual total loss) 및 보험목적물에 막대한 손해를 입어 전손으로 추정하는 경우의 손해, 곧 추정전손(constructive total loss)에 한하여 보험자가 담보의 책임을 지는 조건이다. 이는 분손, 곧 공동해손이나 단독해손의 경우에는 보상하지 않는 조건으로서 실제로는 거의 이용되지 않고 있다.

### (2) 구협회적화약관의 면책조건

보험을 부보하더라도 보험자가 보상하지 않는 손해, 즉 면책조건은 다음과 같다.

01 피보험자의 고의적인 불법행위로 인한 일체의 손해

02 부보화물의 고유의 하자 또는 성질에 의한 손해(inherent vice and nature)

03 자연감량 등 위험의 요건을 구비하지 않은 사유에 의한 통상의 손해(ordinary loss)

04 항해의 지연(delay in voyage)으로 인한 손해

05 화물의 포장불량으로 인한 손해

한편, 보험조건 중 분손담보(W.A.), 분손부담보(F.P.A.)조건은 AR과 달리 열거책임주의이므로 화물의 종류, 성질, 포장상태 등을 고려하여 추가되는 위험들은 부가위험으로 하여 담보하여야 한다.

# part 4

# 국제운송시스템

Chapter 07

# 항만과 국제물류기지

## 7.1 항만

### 7.1.1 항만의 정의

항만(harbor)이란 선박이 풍파를 피해 안전하게 피난하고 정박할 수 있는 곳으로, 항구(port)와 같은 뜻으로 통용되지만, Harbour는 천연항, Port는 인공항의 개념에 가깝다. 항만은 내륙운송의 접속지이며 관문으로서 육송된 화물의 선적과 해송된 화물의 양륙을 원활히 할 수 있는 시설을 갖추고 있으면서 이러한 산업활동이 이뤄지고 있는 수역을 의미한다.[54)]

항만에서 하역과 선박의 입출항이 자유롭게 행해지려면 선박의 안전한 정박을 위한 잔잔한 수면과 충분한 수심, 닻을 내리기에 적당한 해저지질, 넓은 수면 등이 필요하며 해·륙을 연결하는 시설로 창고, 화물장치장, 옥상교통수단, 급유, 급수 및 보급시설, 수리시설 등이 구비되어야 한다.

항만의 개념은 물리적인 측면뿐만 아니라 경제적·사회적인 측면에서 고찰할 필요가 있다. 항만은 해륙교통의 접속점에서 터미널 활동으로서 여객과 화물을 선박에 싣는 서비스를 제공하는 장소이며, 이를 매체로 하는 경제활동과 사회활동의 장소로서 의의를 갖게 된다.

우리나라의 부산항은 세계 5위 컨테이너 처리 항만으로서 그 입지를 굳건히 하고 있으며 일반적으로 5,500 TEU컨테이너선 1척이 입항할 경우 약 9억 1천여만원의 부가가치가 창출되는 것으로 알려져 있다.

---

54) 임석민, 재 5판 국제운송론, 삼영사, 2011, p.99

**표 7-1** 2010년 컨테이너 터미널 세계 10대 항만

단위 : 만TEU, %

| 순 위 | 항 만 | 컨테이너 처리실적(증감율) | | | | 국 가 |
|---|---|---|---|---|---|---|
| | | 2010년 | 2009년 | 2008년 | 2007년 | |
| **1(2)** | **상하이** | **2,907 (16.3)** | **2,500 (-10.6)** | **2,798 (7.0)** | **2,615 (20.5)** | **중국** |
| 2(1) | 싱가포르 | 2,843 (9.9) | 2,587 (-13.5) | 2,992 (7.1) | 2,794 (12.7) | 싱가포르 |
| 3(3) | 홍 콩* | 2,353 (12.1) | 2,098 (-13.5) | 2,425 (1.0) | 2,400 (1.9) | 중국 |
| 4(4) | 선 전 | 2,251 (23.3) | 1,825 (-14.8) | 2,141 (1.5) | 2,110 (14.2) | 중국 |
| **5(5)** | **부 산** | **1,418 (18.6)** | **1,195 (-11.0)** | **1,343 (1.2)** | **1,326 (10.2)** | **한국** |
| 6(8) | 닝보-저우산 | 1,314 (25.1) | 1,050 (-6.4) | 1,123 (19.9) | 936 (32.4) | 중국 |
| 7(6) | 광저우 | 1,212 (8.3) | 1,119 (1.7) | 1,100 (19.6) | 920 (39.4) | 중국 |
| 8(9) | 칭다오 | 1,201 (17.1) | 1,026 (-0.6) | 1,032 (9.1) | 946 (22.9) | 중국 |
| 9(7) | 두바이* | 1,150 (3.4) | 1,112 (-5.9) | 1,183 (11.0) | 1,065 (19.4) | UAE |
| 10(10) | 로테르담 | 1,110 (13.9) | 974 (-9.8) | 1,080 (0.1) | 1,079 (11.8) | 네델란드 |

자료 : 한국무역협회

### 세계5위 컨테이너 항만 부산항 368개 항로로 세계와 통한다.

지난해보다 45개 더 늘어 입항 선박규모도 더 커져

세계 5위의 컨테이너 항만인 부산항이 해외로 연결되는 항로는 모두 몇 개일까?

부산항만공사(BPA)는 "부산항을 이용하는 국내외선사를 대상으로 한 정기 컨테이너 서비스 조사를 한 결과, 66개 선사가 주당 368개의 항로를 운영하고 있는 것으로 나타났다"고 밝혔다. 이는 지난해(주당 323개 항로)보다 45개(11.8%)늘어난 것이다. 2009년 290개 항로에 비하면 27% 증가했다.

지역별로는 동남아 노선이 주당 72개 항로로 가장 많았다. 이어 일본(70개, 19%), 북미(46개, 12.5%), 중국(45.5개, 12.4%), 남미(43개, 11.7%)의 순이었다. 유럽은 37개 항로, 러시아와 중동은 13.5개와 13개 항로가 각각 개설중이었다. BPA측은 "최근 자유무역협정(FTA)발표 등으로 교역량이 늘어난 유럽과 남미를 오간ㄴ 항로 서비스가 지난해에 비해 40% 늘어났다"고 말했다

선사별로는 동남아 비중이 높은 고려해운이 24개로 가장 많은 서비스를 제공 중이었다. 이어 흥아해운, 한진해운, NYK, 머스크 등의 순으로 국내선사들의 서비스가 전체 항로 서비스의 40%를 차지하고 있다. 한진해운과 현대상선이 올해 각각 5개와 3개의 신규항로를 개설·서비스했고 프랑스선사인 CMA-CGM은 6개 항로의 신규서비스를 개설했다.

컨테이너 선박 대형화 추세에 따라 부산항 입항 선박도 지난해 보다 평균 1000 TEU(6m짜리 컨테이너 1000개 규모)씩 커졌다. 유럽행 선박은 평균 6700TEU급, 북미를 오가는 선박은 5900TEU, 남미를 운항하는 선박은 4200TEU급이었다.

-조선일보 -2011. 8. 11(목) 박주영 기자

세계 교역량의 변화와 더불어 세계 10대 컨테이너 항만에 8개의 아시아 항만이 그 위치를 차지하고 있다. [표 7-1]은 2010년 기준 세계 10대 항만의 컨테이너 처리 실적이다.

### 7.1.2 항만의 기능

항만은 해상운송 및 육상운송의 연계장소로서 다음과 같은 기능을 가진다. 첫째, 항만은 사람 및 화물의 수송을 위한 연결지점의 역할 즉, 터미널의 기능을 가진다. 둘째, 항만은 글로벌화에 따른 전 세계 자원의 배분을 위한 국제간 연결교차점의 역할을 한다. 즉, 터미널 기능을 기반으로 하여 물적유통의 합리화를 추진함으로써 시장 확대와 생산력 증대에 의한 경제성장에 기여하는 것으로서 경제적 기능을 지니고 있다. 셋째, 항만은 부가가치창출기능으로서 국민경제활동을 지지하는 역할, 즉 도시조화기능, 해양관광기능, 국제물류거점 기능 등을 가진다.

### 7.1.3 항만시설

항만시설은 일반적으로 수역시설, 외곽시설, 계류시설, 입항교통시설, 보관시설, 선박보급시설, 항만후생시설, 선박건조 및 수리시설로 대별할 수 있다. 좁은 의미의 항만시설로는 부두, 안벽, 잔교, 창고 등 10여 가지를 들 수 있으며 대표적인 것으로 수역시설, 외곽시설, 계류시설 등을 들 수 있다.

**표 7-2 항만시설**

| 항만시설 | 요 소 | 정 의 |
|---|---|---|
| 수역시설 | 항로, 박지, 계류장 | 선박이 안전하고 원활하게 이용되도록 하는 항로, 박지 등의 수역시설 |
| 외곽시설 | 방파제, 방사제, 방조제, 수문, 호안 등 | 항내의 정온확보, 수심유지, 해안의 결괴방지 특히, 항만시설 및 배후지를 파랑, 고조, 쓰나미로부터 보호하기 위한 시설 |
| 계류시설 | 안벽, 물양장, 잔교, 부잔교 등 | 적양하 및 승강을 위한 시설 |
| 임항교통시설 | 도로, 교량, 고가교, 해저터널 | 항만부 주변에서 항만활동에 밀접한 교통시설 |
| 기타시설 | 항만환경 정비시설 | 녹지, 광장, 식재, 휴게소 등 |
| | 하역시설 | 하역기계, 하역부지, 상옥 등 |
| | 여객시설 | 여객 승강용 고정시설 |
| | 보관시설 | 창고, 야적장 |
| | 항행보조시설 | 항로표지, 신호시설 등 |

### 7.1.4 항만의 대형화

글로벌화의 진전으로 초국적 기업, 전문물류기업의 등장과 더불어 전세계적으로 대형항만을 중심으로 한 대륙 간 네트워크가 형성됨과 아울러 대형선사의 등장, 선박건조기술의 발전에 따른 선박의 대형화가 되고 있다.

선박의 대형화는 연료비, 항비, 인건비 등을 고려할 때 화물을 많이 실으면 실을수록 규모의 경제에 의한 해운기업의 비용이 절감되고, 선박의 건조시 소용되는 자본비용 또한 대형화가 될수록 줄어들기 때문이다.

이러한 선박의 대형화는 또한 기항하는 항만의 대형화를 초래하고 있다. 전 세계적으로 대형선박을 유치하기 위한 15M이상의 흘수 확보와 자동화된 거대 항만을 추진하고 있다.

중국 상하이의 양산항, 우리나라의 부산신항 등도 흘수 15M이상으로 세계유수의 대형선박 유치경쟁에 박차를 가하고 있다.

**표 7-3** 세대별 컨테이너 선박의 추이

| 구분 | | I 세대 | II 세대 | III 세대 | IV 세대 | V 세대 | VI 세대 | VII 세대 | VIII 세대 |
|---|---|---|---|---|---|---|---|---|---|
| 발전방향 | | 본격화 | 대형/고속화 | 에너지절약화 | 거대화 | | 초거대화 | | |
| 명 칭 | | 피더형 | 핸디형 | 준파나막스 | 파나막스 | 포스트파나막스 | 슈퍼포스트파나막스 | | 울트라막스 |
| 시 기 | | 60년대 후반 | 70년대 | 70년대 말 -80년대 초 | 80년대 후반 | 90년대 전반 | 90년대 후반 | 90년대 말 | 21세기 초 |
| 선형(TEU) | | 700~1,500 | 1,800~2,300 | 2,000~2,500 | 2,500~4,400 | 4,300~5,400 | 6,000~6,670 | 7,000~8,700 | 10,000~13,000 |
| 대표선박 | 건조선사 | NYK | MOL | Salmarine | APL | Hapag-Lloyd | Maersk | Maersk | - |
| | 건조연도 | 1968년 | 1973년 | 1979년 | 1988년 | 1991년 | 1996년 | 1997년 | (2006년) |
| | 선 명 | Hakonemaru (箱根丸) | 뉴저지호 | S.A. Waterpark | Levenkusen E. | P. Truman | Regina M. | Souverin M. | - |
| 선박제원 | 적재능력(TEU) | 752 | 1,887 | 2,464 | 4,340 | 4,626 | 6,418 | 6,600 | (13,000) |
| | 선장-Lpp(m) | 187.0 | 263.3 | 247.4 | 260.8 | 281.6 | 302.3 | 331.5 | (365.0) |
| | 선장-Los(m) | 200.0 | 280.0 | 258.5 | 275.2 | 294.0 | 318.224 | 7.0 | (380.0) |
| | 선폭(m) | 26.0 | 32.2 | 32.2 | 39.4 | 32.25 | 42.8 | 42.8 | (55.0) |
| | 선창깊이(m) | 15.5 | 19.62 | 4.12 | 3.62 | 1.42 | 4.12 | 4.1 | (30.0) |
| | 최대흘수(m) | 10.5 | 11.5 | 13.2 | 12.5 | 13.5 | 14.0 | 14.5 | (15.0) |
| | 톤(GT) | 16,240 | 37,799 | 52,615 | 50,206 | 53,800 | 81,488 | 91,560 | (150,000) |
| 적재규모 | 선창내(단) | 6 | 7~9 | 8 | 8 | 8 | 9 | 9 | (10) |
| | 갑판(단) | 2 | 2~3 | 3 | 4 | 5 | 6 | 6 | (7) |
| | 선창횡적수(개) | 7 | 9 | 10 | 11 | 12 | 14 | 14 | (18) |
| | 갑판횡적수(개) | 9 | 12 | 13 | 13 | 16 | 17 | 17 | (22) |
| 추진 | 주기관(마력) | 27,800 | 69,600 | 34,840 | 59,960 | 49,640 | 74,640 | 74,555 | (140,000) |
| | 항해속도(노트) | 22.6 | 26.0 | 19.5 | 24.2 | 24.5 | 25.0 | 26.4 | - |
| | 추진축수(개) | 1 | 1 | 1 | 1 | 1 | 1 | 1 | (2) |

자료 : 한국무역협회 - 한국화주협의회(www.kita.go.kr)

### 7.1.5 운영형태에 따른 항만관리의 분류

항만의 관리제도는 각국의 특수성에 따라 다양한 형태를 띠고 있다. 운영형태에 따른 분류를 보면 지주형(lnadlord port), 도구형(tool port), 운영형(operation oprt) 항만 등으로 나눌 수 있다.

#### (1) 지주형항만

항만관리자 등이 기본시설을 제공하고 민간기업(선박회사, 하역회사 등)에게 적절한 임대차계약을 통해 일정기간 부두를 운영하는 항만이다. 민간기업은 하역서비스 제공을 위한 크레인 등의 하역장비와 일시 화물을 보관·저장할 수 있는 창고 등 기능시설을 정비함과 아울러 하역서비스를 제공한다.

대부분 유럽 및 미국항만에서 가장 흔한 항만으로 함부르크항과 브레멘항, 로테르담항, 앤트워프항, LA항 등을 들 수 있다.

#### (2) 도구형항만

도구형항만은 항만관리자가 기본시설뿐만 아니라 하역작업에 필요한 크레인 등의 주요 기능시설을 설치하여 민간기업에게 임대·운영하는 형태의 항만이다. 우리나라의 부산항, 고베항, 카오슝, 마닐라항, 휴스턴항, 시애틀항, 바로셀로나항 등에 이에 속한다.

#### (3) 운영형항만

항만관리자인 항만당국이 항만의 일반 서비스 및 항만의 상·하부시설 전체를 제공하고, 선박과 육상운송 수단사이의 화물의 이동까지 책임을 지는 형태이다. 민간기업은 시설은 관여하지 않고 하역 등의 서비스만을 제공하므로 서비스 항만(service port)이라고 한다. 주로 아시아의 싱가포르항, 방콕항, 뭄베이항 등이 대표적이다.

### 7.1.6 항만운송사업 및 항만운송관련사업

항만은 종합물류서비스를 제공하는 곳으로 항만운송사업은 항만에서의 화물의 적양, 보관, 장치, 수송 등의 작업과 보관, 하역기계, 부선 및 안벽 등의 시설 전반과 유기적 결합을 통해 그 효율적 이용을 달성하는 해상운송의 보조적 기능을 수행하는 사업이다. 따라서 해상운송은 항운사업 없이는 성립될 수 없을 뿐만 아니라, 철도운송에서의 통운사업과 같이 부대운송 비용 및 시간 등이 기간운송 운임 및 시간을 상회할 수 있다는 점에서 항운사업 및 여러 부대사업의 역할은 매우 크다[55]. 항만관리서비스는 항만운송사업법(제1장 총직 제3장에 의하여 하역업, 검수업, 검량업, 감정업 등의 항만운송사업 및 항만운송관련사업으로 구분되어 있다. 검수사·감정사 또는 검량사(이하 "검수사등"이라 한다)가 되려는 자는 국토해양부장관이 실시하는 자격시험에 합격한 후 국토해양부령으로 정하는 바에 따라 국토해양부장관에게 등록하여야 한다.[56]

### (1)항만운송사업[57]

#### 1) 하역업

하역(stevodoring)은 선내하역과 연안하역이 있으며, 선내하역은 다시 난바다하역과 접안하역으로 나뉜다.

난바다하역은 묘박지(anchorage)작업, 즉 수상작업을 말하는 것으로 주로 화물의 출발지가 수운과 연결되는 항구에서는 난바다하역이 많이 이용된다. 접안하역은 본선이 부두에 접안·하역하는 방법이다. 대부분의 선박이 접안하역을 한다.

연안하역이란 본선 밖의 장치장 안과 밖에서 화물을 운반하는 작업을 말하고, 그 전후의 화물이동과 항만내의 창고에 반출입하는 작업 등을 의미한다.

#### 2) 검수업

검수(tallying)는 화물의 수량을 파악하는 것으로 클레임 등 관계자의 이해와 책임문제가 직결되므로 엄정·공평·신뢰를 요하는 업무이다.

선적화물의 적·양하 및 창고, 부두, 트럭, 철도 등 화물의 인수·인계시마다 화물의 수량계산 또는 수도의 증명을 행하는 사업으로 검수사는 국가기관의 자격을 얻어 등록한다.

---

55) 임민석 저, 제4판 국제운송론, 삼영사, 2009. p. 110.

56) 국가법령정보처, 항만운송사업법, 제2장 항만운송사업 제 7조.

57) 항만운송사업법 제7조

#### 3) 검량업

검량(weighing and measuring)은 화물의 무게와 부피를 측정하는 업무이다. 본선의 안전과 수익에 직결되는 적재량을 가름해주고 운임 및 항비 등의 산출자료가 되므로 검수업과 더불어 엄정·공평·신뢰를 요하는 업무이다. 검량사는 화물의 중량·용적을 산정하고 용적중량증명서를 발행하는데 이는 선사와 화주간의 중량 및 용적의 증명이 되고 운임관련 선적비용을 계산하는 기초가 된다.

#### 4) 감정업(Surveyor)

화물의 적재상태 및 선박의 감정(surveying)을 공정한 제 3자의 입장에서 판정하는 업무이다. 그 업무로는 선적화물 및 선박(부산물을 포함한다)에 관련된 증명·조사 및 감정을 행하는 일로써

01 위험 및 일반화물의 적부검사
02 흘수검사
03 원유감정 및 견본채취
04 Bunker, Boiler Water 등의 잔량감정
05 공동해손조사
06 손상화물의 사정·처분에 대한 증명
07 선가의 감정
08 선체·기관·속구의 상태 및 손상조사
09 컨테이너 검사

### (2) 항만운송 관련사업[58)]

항만운송 관련사업은 항만 안에서 외항선박에 물품 또는 역무를 제공하는 사업으로서 지방해양항만청장에게 등록을 하여야 하는 것으로 다음과 같다.

#### 1) 항만용역업: 다음 각 목의 행위를 하는 사업

01 통선(通船)업

본선(本船)과 육지 간의 연락을 중계하는 행위

---

58) 항만운송사업법 시행령 제2조

02 경비 · 방취 · 방업

본선을 경비(警備)하는 행위나 본선의 이안(離岸) 및 접안(接岸)을 보조하기 위하여 줄잡이 역무(役務)를 제공하는 행위

03 선박의 청소업[유창(油艙) 청소는 제외]

오물 제거, 소독, 폐기물의 수집·운반, 화물 고정, 칠 등을 하는 행위

04 급수업 : 선박에서 사용하는 맑은 물을 공급하는 행위

#### 2) 물품공급업

선박운항에 필요한 물품 및 주식·부식을 공급하고 선박의 침구류 등을 세탁하는 사업

#### 3) 선박급유업(船舶給油業)

선박용 연료유를 공급하는 사업

#### 4) 컨테이너수리업

컨테이너를 수리하는 사업

## 7.2 컨테이너 터미널과 ICD

컨테이너 터미널은 해상과 육상의 접점인 항만에 위치하여 컨테이너 화물의 본선하역, 보관, 트럭, 철도에의 컨테이너 인수도, 컨테이너의 장치, 공컨테이너의 집화, 컨테이너의 수리 및 청소 등의 제반기능을 수행하는 장소이다. 대부분 해상운송과 내륙운송의 연계지로서 철도인입선의 설치 및 배후시설을 이용하여 부가가치물류활동이 이루어지는 공간이기도 한다. 컨테이너 터미널의 주요시설은 [표 7-4]와 같다.

**표 7-4 컨테이너 터미널의 주요시설과 장비**

| | | |
|---|---|---|
| 시 설 | 해안 및 안벽 | 수심 |
| | | 안벽 |
| | 장치장 및 보관 | 마샬링 야드(Marshalling Yard) |
| | | 컨테이너 야드(Container Yard) |
| | | 냉동 잭 |
| | | 화물집화장(CFS) |
| | 반출입 | 게이트 |
| | | 철송장 |
| 장 비 | 안벽장비 | 안벽크레인(Quay Crane) |
| | 야적 및 이적하역장비 | 야드크레인(RMGC,또는 RTGC) |
| | | 지게차(Reach Stacker, Foik Lift) |
| | 이동장비 | 야드트랙터(Yard Tractor 및 Chassis) |
| | | AGV |
| | | 외부트럭 |

### 7.2.1 컨테이너 터미널의 시설

컨테이너 터미널의 형태는 각국의 부두마다 조금씩의 차이를 보이기는 하나 일반적으로 다음과 같은 시설들을 갖추고 있다.

01 Berth (선석, 안벽 : qury, pier, wharf)

선박이 접안하여 화물의 하역작업이 이루어질 수 있도록 구축된 구조물로써 육상 높이와 같이 해저에서 수직으로 구축된 일종의 벽과 그 부속물을 총칭한다. 선석내에는 선박의 동요를 막기 위한 계선주(bit)가 설치되어 있다.

02 Apron

부두 안벽에 접한 야드부분에 일정한 폭(30~50m정도)으로 나란히 뻗어 있는 하역작업을 위한 공간으로써 부두에서 해상과 가장 가까이 접한 곳이다. 이곳에는 Gantry crane이 설치되어 있어 컨테이너의 양하 및 적하가 이루어진다.

03 Marshalling Yard

수출을 위해 선적 대기 중인 컨테이너나 방금 하역했거나 적재할 컨테이너를 정열해 두는 넓은 장소로서 Apron과 이웃하여 마련된다. Marshalling Yard는 CY의 상당 부분을 차지할 뿐만 아니라 컨테이너터미널 운영에 있어 중심이 되는 중요한 부분 이다. 컨테이너 크기에 모두 맞추어 바둑판처럼 백색 또는 황색의 구획선이 그어져 있는데 그 한 칸을 Slot이라고 한다.

04 CY(container yard)

컨테이너를 인수, 인도, 보관하는 장소인데 넓게는 Marshalling Yard, Apron, CFS 등을 포함한 컨테이너터미널의 의미로도 쓰이지만 엄밀히 말하면 CY는 컨테이너 터미널의 일부이다. CY에서는 냉동컨테이너와 보관용 배전시설 등의 준비 뿐만 아니라 FCL의 인수도 작업이 수행된다.
보통 터미널 전체 면적의 약 65%를 차지한다. 일반적으로 부두 안에 있는 On-dock CY를 CY라고 부르고, 부두 밖에 있는 CY를 ODCY(Off-dock CY)라고 부른다.

05 CFS(container fright station)

컨테이너 1개를 채울 수 없는 소량화물(LCL화물)을 인수, 인도하고 보관하거나 컨테이너에 적입(stuffing, vanning) 또는 적출(stripping, devanning)작업을 하는 장소이다.

06 Control Tower

컨테이너 야드 전체를 내려다보는 곳에 위치하여 컨테이너 야드의 작업을 통제하는 사령실로서 본선 하역작업에 대한 계획, 지시, 감독과 컨테이너 야드내의 배치 등을 담당한다.

07 CY Gate

컨테이너 및 컨테이너 화물을 인수, 인도하는 장소이므로 해상운송 대리인 및 화주 또는 육상 운송인과의 운송확인 또는 관리책임이 변경되는 중요한 기능을 가진다.

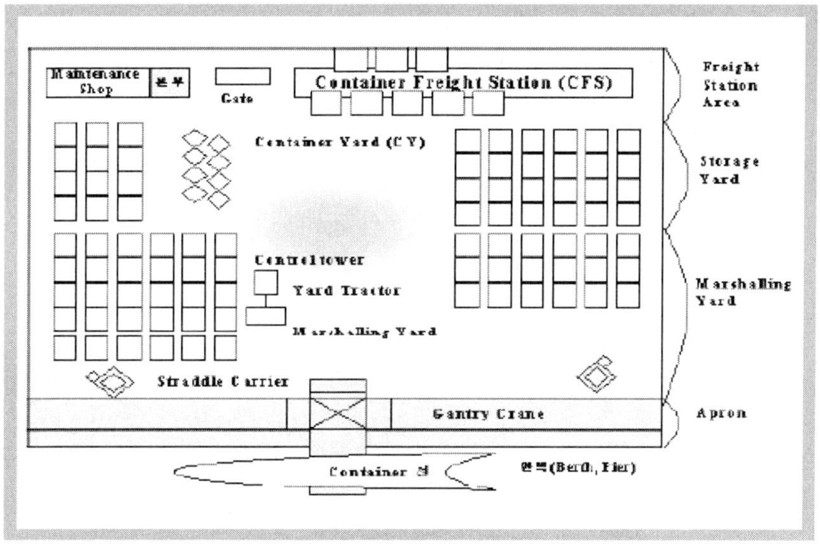


자료 : 한국무역협회 - 한국화주협의회(www.kita.go.kr)

▌그림 7-1 컨테이너 터미널의 배치도

### (2) 컨테이너 터미널의 장비

컨테이너 터미널의역기기는 운영방식에 따라 다르지만 일반적으로 다음과 같은 장비들이 배치되어 작업에 사용되고 있다.

01 Gantry(Container) Crane

컨테이너 하역용으로 특별히 설계된 크레인으로 Apron에 부설된 Rail을 따라 접안된 본선과 평행으로 주행하고, 유압에 의해 신축하는 Spreader hook이 붙어있어 컨테이너를 시간당 30~40개 정도를 적재 또는 양하할 수 있으며, 1회에 약 40톤 화물을 90초 내에 하역할 수 있는 능력이 있다.

02 Transtainer(Transfer crane, RMG/RTG)

이동식 컨테이너 취급장비로 컨테이너를 차곡차곡 적재하거나 내리는 일 또는 chassis나 트레일러에 싣고 내리는 일을 한다. 각 단에 세로 7~9열, 가로 2~3열 컨테이너를 줄지어 3~5단 적재하며, 전후방으로 레일 또는 타이어 바퀴로 이동하는 크레인이다. 보통 전동식이며 시간당 30개 정도 처리한다.

03 Staddle Carrier

컨테이너를 양각 사이에 끼우고 운반하는 장비로 컨테이너를 Marshalling Yard로부터 Apron 또는 CY에 운반 적재하는데 사용되며 chassis위에 이적하는데도 사용된다. 작업의 효율성이 떨어져 현재 부산항에서는 자취를 감추었다.

04 Folk Lift/Top Handler

터미널 내 구내 이적 작업용 특수차량으로 차체의 끝이 화물에 떠서 올리는 fork 또는 화물취급 부착장치와 승강마스트를 설치하여 화물을 운반, 적재하는 장비이다.

05 Reach Stacker

부두 또는 야드에서 컨테이너를 직접 운반하여 적재하거나 반출하는데 사용되는 장비로서 컨테이너를 5단 3열까지 적재할 수 있다.

06 야드트랙터(Yard Tractor, Head)

컨테이너가 적재된 샤시(chassis, 트레일러 : trailer)를 끄는 트럭으로서, 통상의 트럭터와 다른 점은 운전기사가 하차하지 않고 샤시의 랜딩기어를 올리거나 내릴 수 있고, 자동적으로 정차나 분리를 할 수 있기 때문에 작업이 간소화된다.

⑰ 야드샤시(Yard Chassis)

부두와 야드 사이에서 야드 트랙터에 의해 피견인되어 컨테이너를 운반하는 장비로 컨테이너를 적재하는 차대로서 트랙터에 연결되어 이동된다.

### 7.2.2 ICD의 의의

내륙컨테이너기지(ICD : Inland Container Depot, Inland Clearance Depot 내륙통관기지)는 항만 혹은 공항이 아닌 내륙에 위치하여 항만과 똑같이 컨테이너 화물처리를 위한 시설을 갖추고 수출·입 통관업무 등 종합물류터미널의 기능을 하는 지역이다.

ICD는 CY가 단순히 컨테이너의 장치 기능을 함에 비해 신속한 통관 및 B/L 발급을 통한 수출 대금의 조기결제가 가능토록 하는 이른 바 "내륙에 있는 부두"의 개념으로 CY의 기능이 확대, 발전된 것이다.

ICD는 철도, 도로의 접근성이 뛰어나며 컨테이너화물의 내륙통관, 빈컨테이너의 장치, 철도운송의 최종터미널로서 컨테이너 화물의 유통합리화에 기여하고 있다. ICD의 주요 기능은 수출입화물 통관, 화물집하, 보관, 분류, 간이 보세운송, 관세환급, 선사 B/L발급 등이다.

내륙화물기지는 복합화물터미널(IFT)과 내륙컨테이너기지(ICD)를 포함하는 개념이다.

복합화물터미널의 주요시설은 화물취급장, 배송센타, 철송취급장, 관리편익시설, 주차장, 주유소, 세차장 등이다.

ICD의 주요시설은 컨테이너 장치장, 컨테이너 작업장, 샤시 장치장, 관리편익시설, 주차장 등이다.[59]

---

59) 신동선, 내륙화물시스템에 관한 연구, 교통개발연구원, 2003, p.8.

현재 우리나라에는 우리나라 최초의 ICD인 경기도 의왕시에 있는 의왕 ICD 및 부산권 경남 양산 소재 양산 ICD, 호남권 전남 장성ICD, 영남권 경북 칠곡 ICD 및 중부권 충북 충원·충남 연기 ICD가 완공하여 그 업무를 다하고 있다.

[그림 7-2]는 우리나라의 5대 권역별 내륙화물기지이며, [그림 7-3]은 우리나라 4개의 복합화물터미널 및 내륙컨테이너기지의 전경이다.

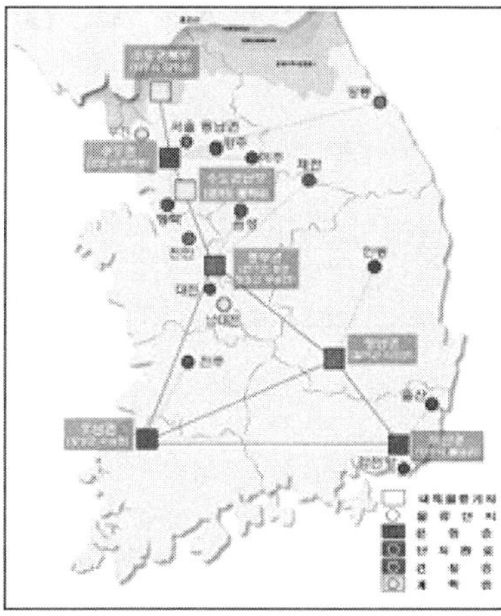

| 구 분 | | 위 치 | 면적 (만㎡) | 사업비 (억원) | 사업 기간 |
|---|---|---|---|---|---|
| 합계 | | | 501 | 26,922 | |
| 수도권 | 군포·의왕 | 군포·의왕 | 113 | 2,788 | '92-'98 |
| | 군포확장 | 경기 군포 | 35 | 4,478 | '03-'10 |
| | 북부 | 경기 파주 | 39 | 2,469 | '07-'12 |
| | 남부 | 경기 평택 | 42 | 4,107 | '09-'14 |
| 부산권 | | 경남 양산 | 127 | 5,325 | '92-'00 |
| 호남권 | | 전남 장성 | 52 | 3,323 | '98-'10 |
| 중부권 | | 연기·청원 | 48 | 2,028 | '03-'09 |
| 영남권 | | 경북 칠곡 | 45 | 2,421 | '04-'09 |

▌그림 7-2 우리나라의 5대 권역별 내륙화물기지

호남(장성)
복합물류터미널 및 내륙컨테이너기지

중부권(충북 충원, 충남 연기)
복합물류터미널 및 내륙컨테이너기지

영남권(칠곡)
복합물류터미널 및 내륙컨테이너기지

부산권(양산)
복합물류터미널

▌그림 7-3 전국 4개의 복합물류터미널 및 내륙컨테이너 기지

Chapter 8

# 글로벌 운송시스템

## 8.1 해상운송의 이해

### 8.1.1 해상운송의 개념

#### (1) 해상운송의 의의

해상운송(marine transportation)이란 선박을 운송수단으로 하여 화물선을 운송수단으로 하여 원양항로와 연안항로를 따라 운항하는 운송시스템을 말한다. 원래 해운은 하천, 호수, 운하 등의 내륙수로운송에서 시작하여 해양에 진출하게 되었다. 국내 운송의 주 운송이 도로운송이라면 국제운송에서는 해상운송이 주도하고 그 외 운송 수단이 보조하는 복합운송이 중심이 되고 있다.

해상운송은 타 운송수단 등과 비교하여 신속성, 편리성, 정확성 등에서는 뒤떨어지지만 일시에 대량화물을 장거리 운송함에 따른 규모의 경제로 대륙 간의 이동이 가능하며 현재 수출·입 화물의 99.7%가 이러한 해상운송에 의존하고 있다.

▌표 8-1 해상운송과 항공운송의 분담률 비교

| | | | | | 단위 : 화물(천톤),분담율(%) | | |
|---|---|---|---|---|---|---|---|
| | | 2005 | 2006 | 2007 | 2008 | 2009 | 2010 |
| 해운 | 수송량 | 754,936 | 809,830 | 862,523 | 892,936 | 848,298 | 966,193 |
| | 분담율 | 99.7 | 99.6 | 99.6 | 99.7 | 99.7 | 99.7 |
| 항공 | 수송량 | 2,617 | 2,854 | 3,138 | 2,997 | 2,872 | 3,327 |
| | 분담율 | 0.3 | 0.4 | 0.4 | 0.3 | 0.3 | 0.3 |

자료 : 국토해양부 「국토해양통계연보」
* 본 통계는 국토해양통계연보에 근거한 확정치임
http://www.index.go.kr/egams/stts/jsp/potal/stts/PO_STTS_IdxMain.jsp?idx_cd=1245 주)e-나라지표

이러한 해상운송의 급속한 발전은 제1차 세계대전 후 디젤의 발명, 조선기술과 운항기술발전 등에 따라 부정기선분야에서는 탱커와 건화물선(bulk carrier)으로 특화되었으며, 중화학 공업의 발전에 따라 화물을 자가선박(private carrier)이나 용선으로 운송하는 산업운송인(industrial carrier)이 등장하게 되었다.

또한 정기해운분야에서는 산업화에 따른 무역량의 증대와 더불어 컨테이너의 출현에 따라 1960년대 하반기부터 컨테이너선 운항이 발전되면서 물류합리화의 기본이 되는 국제복합운송의 시대가 도래하게 되었다.

**표 8-2** 해상운송의 장 · 단점

| 장 점 | 단 점 |
|---|---|
| · 대량운송에 용이<br>· 장거리 운송에 적합<br>· 전용선에 의한 운송 및 일관하역작업의 가능<br>· 운송비 저렴<br>· 중량제한을 받지 않음<br>· 대륙간 운송가능 | · 항만시설에 하역기기 등의 설치 필요<br>· 기후에 민감<br>· 운송에 장시간 소요<br>· 다른 운송수단에 비해 위험도 증가 |

### (2) 해상운송의 기능과 역할

해상운송의 기능과 역할을 살펴보면 다음과 같다.

01 자원의 효율적인 배분

해상운송의 국가 간의 경쟁을 유발하여 시장가격을 평준화시키기 때문에 운송의 안정성·신속성·정확성의 향상과 운송비의 저렴성은 상품의 유통을 촉진시키고 재고량을 감소시켜 유통자본의 회전율을 높여 준다. 또한 생산 및 유통 양면에 걸쳐 산업발전과 국민경제발전의 기초적 조건을 조성하는 기능을 담당하고, 국제적인 분업과 교환을 촉진함으로써 경제활동을 원활하게 해준다.

02 국민소득증대에 기여

해상운송은 하나의 서비스산업으로서 운임수입은 국민소득을 형성하며, 직접적인 자본 및 노동의 투입부문으로서 국민소득의 증대에 기여할 뿐 아니라 자국선 이용시 외화지출을 절감시켜 외화절약효과를 가져온다.

03 국제수지의 개선

해상운송은 외화운임수입뿐만 아니라 수출입 증대 등을 통한 간접적인 외화획득 및 절약효과로 국제수지개선에 큰 역할을 한다. 자국선박을 이용하여 상품을 운송하게 되면 외화를 절약할 수 있으며, 선박대여를 통하여 용선료를 획득할 수 있다.

04 관련 산업의 육성

해상운송의 발전은 조선공업, 보험업, 하역업 등 관련 산업과 밀접한 연관성을 가지며 이들 산업의 발전은 연쇄유발효과를 나타내므로 고용증대 및 국민경제에 미치는 영향이 크다.

05 국방력의 강화

해상운송의 육성을 통한 선박증강은 경제적인 면 이외에도 유사시 국방력 측면에서도 큰 의의를 지닌다. 전시에 여객선 및 일반 상선을 군대와 군수품의 운송에 이용하여 전쟁수행을 원활하게 하며 또한 특수선으로 개조하여 군무에 종사하게 함으로써 전력을 크게 증대시킬 수 있다.

06 국제경쟁력의 강화

무역상품의 해상운송은 항로개설을 통하여 자국 상품의 시장영역을 확대시키며, 저렴하고 안정적인 운송은 국제시장에서 가격경쟁력을 강화시킨다. 자국의 해운을 이용하는 경우 대외 무역에서 해상운임과 운송서비스에 대하여 영향력을 행사할 수 있으며, 해운동맹의 독점적인 관행과 운임구조에 영향력을 행사하여 무역을 유리하게 이끌 수 있다.

#### (3) 해상운송방식

해상운송방식에는 크게 정기선운송과 부정기선운송 등으로 구분할 수 있다. 정기선운송은 재래선과 컨테이너전용선에 의한 개품운송이 주를 이루며 부정기선운송은 탱크에 의한 유조선, 특수액체운반선 및 겸용선 등이 있으며 살화물이 주를 이루고 있다.

### 8.1.2 선박의 종류

일반화물선, 살물선, 유조선, 컨테이너선 등으로 구분할 수 있다.

#### (1) 일반화물선(General Cargo Ship)

화물선은 정기선과 부정기선이 있으며, 화물을 수송하는 상선을 총칭하는 개념으로 여객선 및 전적으로 어로에 종사하는 선박이외의 모든 선박을 말한다.

### (2) 살물선(Bulk Carrier)

살물선은 광물, 곡물 등 주로 마른 화물을 포장하지 않은 상태로 운송하기 위하여 그 화물창의 대부분을 단일갑판으로 설치한 구조를 가진 선박을 말하는 것으로 전용선과 겸용선이 있다.

### (3) 유조선

기름을 전용으로 나르기 위해 화물창의 대부분이 산적하는 액체물질의 운반을 위한 구조를 갖춘 선박으로 규모의 경제 실현을 위한 대형선박이 대부분이며, 전 세계 선박용도별 보유선복량이 가장 많다.

### (4) 자동차전용선(Pure Car Carrier, PCC)

자동차만을 전문적으로 운반하도록 설계, 건조된 선박으로 화물창을 다층구조로 하여 적재능력을 최대화하고 있으며 선미측 또는 선체중앙의 개구(Ramp)를 통하여 자동차를 직접 운전하여 적·양하하는 RO/RO(Roll on/Roll off)방식의 하역이 이루어지는 것이 특징이다.

### (5) 컨테이너선(Container Vessel, Container Ship)

컨테이너선은 컨테이너 운송에 사용할 수 있도록 설계되고 장비를 갖춘 선박으로서 화물선의 일종으로서 컨테이너 전용선과 분재형 컨테이너선(Semi Container Ship)으로 나눌 수 있다.

ㄴ 한국 최초 컨테이너 전용선, 비너스호 (1973년)
(비너스호 사진 출처 : '한국의 배', 지성사 발간)

▌그림 8-1 우리나라 최초의 컨테이너 전용선

**▎표 8-3 선박의 종류**

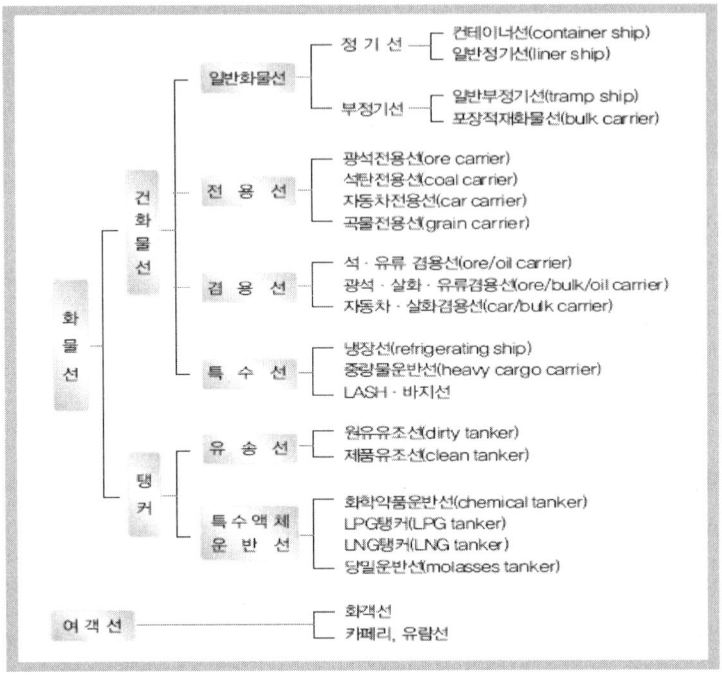


## 8.1.3 선박의 제원

### (1) 선체의 개요

선박은 크게 선박의 외형을 이루는 일체의 구조물인 선체(hull)와 선박에 추진력을 부여하는 주기관 및 발전기, 하역기기, 냉동기 등 각각의 기계류를 말하는 기기와 기구로 구성된다.

### (2) 선박의 톤수

선박의 크기나 수송능력을 측정하는 척도로 사용되는 것으로 중량단위로서의 톤(ton)만이 아니고 용적(부피)단위로서도 톤을 쓰고 있다.

**▎표 8-4 선박의 톤수**

| 톤수의 용도 | 단위기준 | 톤수의 종류 | 1톤의 크기 |
|---|---|---|---|
| 선박자체의 크기 | 배의 중량 | 배수톤 | 2,240lbs |
| | 배의 용적 | 총톤수, 순톤수 | 100ft3 |
| 적재가능화물의 양 | 적재화물의 중량 | 재화중량톤 | 2,240lbs |
| | 적재화물의 용적 | 재화용적톤 | 40ft3 |

### 1) 용적톤(Space Tonnage)

용적톤은 선박에 적재되는 화물의 부피를 말하는 것으로 선박의 중량은 다른 것과 달리 화물의 무게 뿐만 아니라 화물의 부피인 용적톤도 중량 톤으로 사용한다. 선박의 용적을 톤으로 표시하는 것은 총톤수, 순톤수 및 갑판톤수 등이 있다.

01 총톤수(Gross Tonnage : G/T)

총톤수는 한 선박의 총용량으로 선박의 수익능력을 나타내며 100ft3을 1톤으로 표시한다. 이는 선박통계, 관세, 등록세, 소득세, 계선료, 도선료 및 선박검사료 등의 기준이 된다. 일반적으로 총톤수는 군함 이외의 모든 선박의 크기를 표시하는 기준이 되며, 각국의 보유 선복량을 비교할 때 이용된다.

02 순톤수(net tonnage; N/T)

순톤수는 직접 상행위에 사용되는 장소 즉, 화물, 여객의 수용에 제공되는 용적을 말하는 것으로 항세, 톤세, 운하통과료, 등대사용료, 항만시설사용료 산정의 기준이 된다. 국가별로 부두사용료, 관세, 예선료 등을 순톤수를 기준으로 부과하는 경우도 있다.

### 2) 중량톤(weight Tonnage)

중량통은 선박에 적재될 수 있는 화물의 무게를 말하는 것으로 배수톤수, 경화배수톤수 및 재화중량톤 등이 있다.

01 배수톤수(Displacement Tonnage)

만재상태에서의 선체의 중량을 말하는 것이 보통이다. 화물의 적재량 계산시 이용되며, 군함의 크기를 나타내며 배의 중량은 선체 수면하부의 용적(배수용적)에 상당하는 물의 중량과 같다

02 경화배수톤수(light load displacement)

경화상태에서의 흘수에 대한 배수톤수로 만재배수량에 대한 경화배수량의 비는 대략 30~40%이다.

03 재화중량톤수(Deadweight Cargo Capacity : DWCC), DWT(Dead Weight Tonnage)

항행의 안전을 확보할 수 있는 한도내에서 선박의 여객 및 화물 등의 최대 적재량을 나타내기 위하여 사용되는 지표로 선박이 적재할 수 있는 화물의 최대중량을 나타내며 선박의 매매, 용선료 등의 기준이 된다.

순재화중량은 재화중량톤에서 중량톤수에서 항해에 필요한 연료유, 식수 등의 중량을 제외한 것으로 실제로 선박에 적재 가능한 최대중량을 말한다.

### (3) 선박의 길이

1) **전장**(Length of All : AOL)

선체에 고정적으로 붙어 있는 모든 돌출물을 포함한 뱃머리 끝에서부터 배꼬리 끝까지의 수평거리로서 부두에 접안 또는 입거 할 때 이 길이를 고려해야 한다.

2) LBP;LPP(Length Between Perpenilular : **수선간장**)

만재흘수선 상의 선수수선으로부터 타주의 중심을 지나는 선미수선까지의 수평거리이다. LOA보다 짧으며, 'L' 로 표시하며 일반적으로 선박의 길이는 이것을 사용한다.

3) **등록장**(Registered Length)

상갑판 가로들보의 선수재 전면으로부터 타주 후면까지의 수평거리를 말하는 것으로서 선박원부에 등록하는 길이로 선박국적증명서에 기입되는 길이를 말한다.

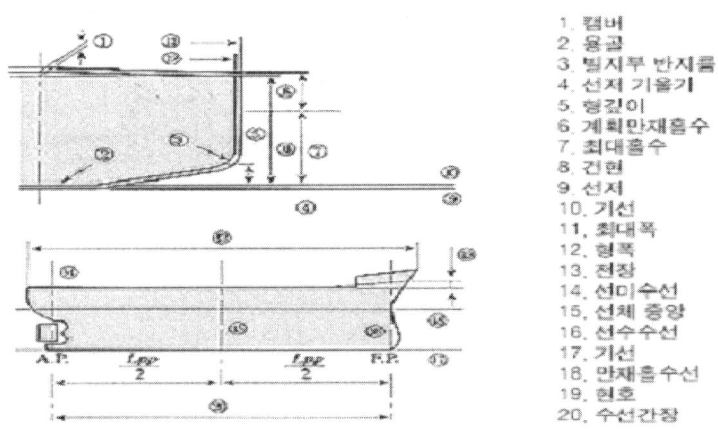


▌그림 8-2 선박의 제원

### (4) 폭

01 전폭(Extreme Breadth): 선체의 외면에서 외면까지 가장 넓은 수평거리

02 형폭(Moulded Breadth) : 선박 Frame 외면에서 외면까지 수평거리

### (5) 흘수 및 건현

01 흘수(draft)

선박이 수중에 안전하게 잠기는 선을 의미하는 것으로 수심이 얕은 운하 및 하선의 배선과 원양선의 적재량을 계산하는 기준이 된다.
일반적으로 8,000TEU급 컨테이너 선박이 접안하기 위해서는 흘수가 15m이상이 되어야 한다. 우리나라 부산신항의 흘수는 15m이상이다.

02 건현(free board)

수중에 잠기자 않는 수면위의 선체높이로서 흘수와 반대개념이다.
선박이 파도가 있는 해상을 안전하게 항해하기 위해서는 화물의 지나친 적재로 선체가 너무 깊이 침하되어서는 안되며, 어느 정도의 예비부력을 갖도록 건현을 남겨둬야 한다. 따라서 안전항해에 필요한 최대의 흘수 즉, 최소의 건현을 정하여 화물의 적재량을 재한하게 된다.

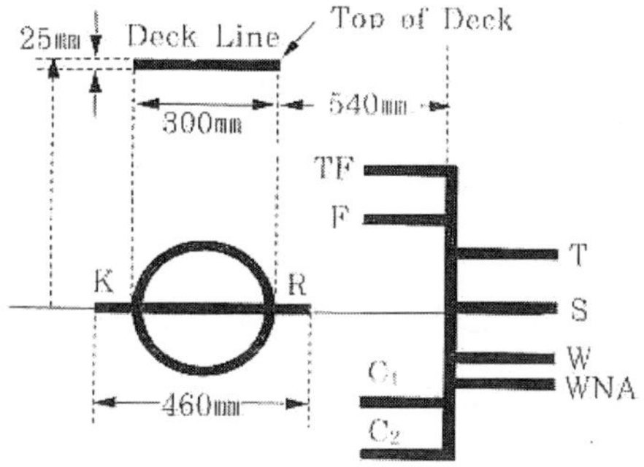


· Freeboard to be measured from Center of Disc to Top of Deck.

자료 : 전게서, 임석민, 국제운송론, p. 85.

▎그림 8-3 만재흘수선 마크

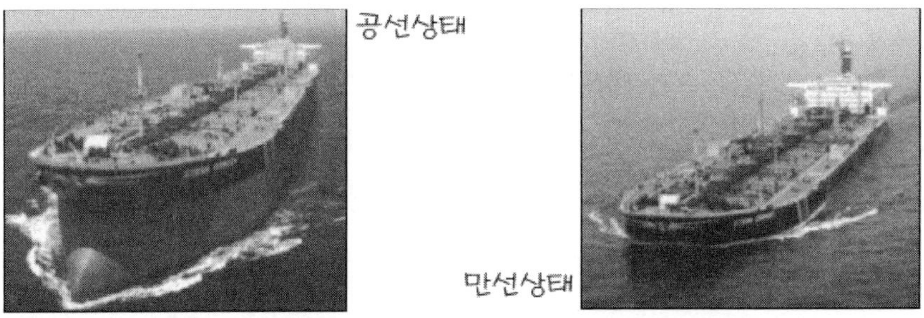


▎그림 8-4 만선상태와 공선상태의 비교

## 8.2 정기선운송과 부정기선운송

### 8.2.1 정기선운송

정기선(liner)운송이란 화물의 유·무에 관계없이 해상의 특정항로에서 사전에 정해진 운항계획(schedule)과 공포된 운임률(tariff rate)에 따라 예정된 항구를 규칙적으로 반복운항하는 형태이다.

정기선운송은 농산물, 광산물 등 산화물(bulk cargo)[60]을 전문적으로 운송하는 부정기선운송과는 달리 잡화 등 불특정다수의 일반화물 운송에 주로 이용하는 개품운송계약 화물로 구성되며, 일정 항로에서의 수요발생이 계속적인 동시에 발생량이 비교적 안정되어 있는 것이 특색이다. 정기선운송에서는 컨테이너화물 전용의 컨테이너선과 재래선으로 분류되고 있으나 주요 정기항로에는 컨테이너선이 투입되고 있다.

정기선운송이 갖는 기능과 역할은 자국의 정기선항로와 적정 선복을 유지함으로써 장기적으로 화주에게 안정적인 운임을 제공하며, 일정한 기간별로 배선함으로써 수출·입 상품을 적기에 운송할 수 있는 교역의 편의를 제공하고 나아가 나라와 나라 사이의 운송수단이 존재하므로 교역을 촉진하여 당사국 간의 경제발전에 기여하는 것이다.

정기선은 특정항로의 운항계획에 따라 정기적으로 신속하게 이루어져야 하기 때문에 부정기선의 화물과는 달리 제품화된 화물이 많다.

#### (1) 정기선운송의 특징

정기선운송은 부정기선과는 달리 해운동맹에 의하여 공시된 운임과 항해일정에 따라 일반 공산품의 운송을 인수하는 개품운송계약이기 때문에 부정기선과 비교하여 다음의 [표 8-5]와 같은 특징을 가지고 있다.

#### (2) 정기선운송과 해운동맹

해운동맹이란 특정항로에 취항하고 있는 2개 이상의 정기선사들이 모여 운항선자 자체의 독립성을 유지하면서 과당경쟁을 피하고 상호간의 이익을 증진하기

---

60) 곡류·비료·광석 등과 같이 입자나 분말상태 그대로 포장하지 않고 선창에 싣거나 석유나 당밀처럼 액체상태로써 용기에 넣지 않고 선박의 탱크에 싣는 화물을 말한다.

위하여 운임, 적재량, 배선, 기타 운송조건에 관해 협정 또는 계약을 체결한 국제카르텔이다.

해운동맹은 경쟁으로 인한 피해를 최소화하기 위하여 대내적으로 공동계산협정, 항로협정, 운임협정과 같은 방법에 의한 규제가 실시되고 있다.

**표 8-5 정기선운송과 부정기선운송의 비교**

| 구분 | 정기선운송 | 부정기선운송 |
|---|---|---|
| 운항형태 | · 규칙성 · 반복성 | · 불규칙성 |
| 운송인 | · 보통운송인(common carrier)<br>· 공중운송인(public carrier) | · 계약운송인(contract carrier)<br>· 전용운송인(private carrier) |
| 화물의 성격 | · 개품운송(이종화물) | · 동종화물 |
| 화물의 가치 | · 고가 | · 저가 |
| 운송계약 | · 선하증권(B/L) | · 용선계약서(Charter Party) |
| 운임 | · 동일운임(동일품목/상이한 화주)<br>· 운임율(traiff) 적용<br>· 운임동맹 | · 선박의 수요와 공급에 의해 결정 |
| 선박 | · 고가구조복잡(컨테이너선) | · 저가구조단순(벌크선) |
| 조직 | · 대형조직(본사 및 해외점소) | · 소형조직 |
| 화물의 집하 | · 영업부 직원 | · 중개인 |
| 여객 | · 제한적인 취급(카-페리) | · 취급하지 않음 |

자료 : 전게서, 김종칠, p. 207, 저자수정

해운동맹는 취항항로와 운임 등을 규제하기 때문에 항로동맹 또는 운임동맹이라고도 부른다. 대외적인 방법으로는 운임환급제, 이중운임제, 성실환불제, 경쟁대항선과 같은 화주를 규제하는 방법이 실시되고 있다.

대표적인 운임동맹은 극동·아시아/구주간의 FEFC(구주운임동맹) 해운동맹으로 가장 강력한 패쇄동맹이었으나 유럽연합이 해운동맹의 '반독점법 면제특권'을 해제키로 결정함에 따라 2008년 10월 10일부로 공식 해체됨으로써 해운동맹의 힘이 크게 약화되고 있으며 선사들 간의 전략적 제휴가 활성화되고 있다.

### (3) 정기선 화물의 종류

01 일반화물(general cargo)

하역작업이 쉽고 다른 화물과 혼적할 수 있는 화물로써 특별한 취급이나 적부(stow)를 필요로 하지 않는 화물을 말한다.

02 특수화물(special cargo)

화물의 성질, 형태, 중량, 가격면에서 운송, 보관상 특별한 설비와 취급상 주의가 요구되는 화물을 말한다.

### (4) 정기선 운임

정기선의 운임은 해운동맹에 의해 사전에 공포된 운임율에 의하며, 고가품에 대해서는 높게, 저가품에 대해서는 낮게 하는 종가운임을 적용한다.

#### 1) 정기선의 운임계산

정기선의 운임계산은 종가운임(화물의 가격), 종량운임(중량기준 : 중량운임, 용적기준 : 용적운임)에 의하여 산출된다.

종량운임은 화물의 중량과 용적(부피)에 의하여 계산되어 지며 이는 선사의 선택사항(shipper's option)으로 둘 중 높은 운임율을 적용한다.

#### 2) 정기선의 운임지급시기

운임의 지급시기는 매매계약상의 Incoterms의 조건에 따라 선적지에서 수출자가 운임을 지불하는 선불운임(freight prepaid)과 양하지에서 수하인이 화물을 수령할 때 지불하는 후불운임(freight collect)이 있다.

컨테이너 화물의 운임의 구분은 [표 8-6]과 같다.

**표 8-6 컨테이너 화물의 운임종류**

| 구분 | 개념 |
|---|---|
| 품목별운임 | 화물의 품목(가치)에 따라 차등을 두는 운임체계 |
| 무차별운임 | 화물의 용적, 중량에 따라 적용되는 운임체계<br>(비동맹선사인 대만의 EVER GREEN이 최초로 시행) |
| 품목별 박스운임 | 무차별운임과 품목별운임의 절충방식<br>(비동맹선사인 EVER GREEN의 무차별운임에 대항하기 위한 운임) |
| 할증운임 | 운송주건 및 환경의 변화에 대처하기 위해 선주나 운임동맹이 일시적으로 부과하는 추가운임 |
| 특별운임 | 화주의 요청이나 동맹외선에 대한 대항수단으로 특정품목의 운임을 일정기간, 일정조건이 만족될 경우에 한해 할인해 주는 운임 |
| 최저운임 및 소화물운임 | 운임의 단위인 톤(1,000ks)이하의 화물에 대해서는 최저운임율 적용<br>최저운임에도 미달하는 경우에는 소포에 준하는 소화물운임을 적용 |
| 경쟁운임 | 동맹외선 대책 또는 동맹사간의 과당경쟁으로 인하여 표준 운임률의 유지가 곤란한 경우에 적용 |

자료: 전게서 김종칠, p. 211, 저자 수정

### (3) 선하증권

선하증권이란 화주와 선박회사간의 해상운송계약에 의하여 선박회사가 발행하는 유가증권이다.

선주가 자기 선박에 화주로부터 의뢰받은 운송화물을 적재 또는 적재를 위해 그 화물을 영수하였음을 증명하고, 동 화물을 도착항에서 일정한 조건하에 수하인 또는 그 지시인에게 인도할 것을 약정한 유가증권이다.

B/L상에 기재된 화물의 권리를 구체화하는 B/L의 양도는 바로 화물에 대한 권리의 이전을 의미한다.

화물을 처분코자 할 때에는 반드시 관련 B/L을 가지고 있어야만 한다.

선화증권은 국제무역 대차결제 수단인 화환어음(documentary bill)의 취결에 필요한 상업송장, 해상보험증권과 함께 기본이 되는 서류로서 다음의 기능을 수행한다.

#### 1) 선하증권의 기능

01 권리증권(entitled document)

선하증권의 소유자나 피배서인은 해당 상품의 인도를 주장할 수 있는 유가증권이다.

02 계약의 추정적 증거(evidence of contract)

선주와 화주 간 운송계약이 체결된 것을 증명하는 역할을 한다.

03 물품 수령증(receipt of goods)

선하증권은 운송인이 선하증권에 표기된 대로 물품을 수취했다는 것을 서명·인정하는 서류이다. 선적된 화물의 수량, 중량, 상태를 확인하고 기재함으로써 운송인이 송하인으로부터 선하증권에 기재된 대로 수령하였다는 선사의 물품 수령증이다.

### 2) 선하증권의 발행

일반적으로 3통을 한 세트(One Full Set : 전통)로 발행하는데 각 통은 내용이 동일하고, 동등한 효력을 가지기 때문에 화물인도에는 원본 한 통의 제시로 나머지 원본 B/L 2장은 무효가 된다. 선하증권 원본의 발행은 1통으로도 가능하나 분실 등에 대비하여 그 이상을 한 세트로 하여 발행할 수도 있다.

B/L발행 절차 및 화물인수과정을 살펴보면 다음과 같다.

01 송하인은 운송인에게 Invoice, Packing List, Shipping Request 등을 각각 1부씩 작성하여 제출하고 각 사본을 소지하고 있다가 선하증권 발행 시 대조한다.

02 운송인은 등록 검량회사에 검량한 후 검량회사 측의 증명서를 받는다.

03 운송인은 적하 예약목록을 작성하여 본선과 선적업자에게 통지한다.

04 운송인은 선적업자 또는 송하인에게 선적지시서(Shipping Order)를 교부한다.

05 송하인은 선적이 완료되면 본선수취증(M/R : Mate's Receipt)을 본선에서 수취하여 운송인에게 제출한다.

06 운송인은 M/R에 의하여 선하증권을 송하인에게 교부한다.

07 송하인은 선하증권 등 제반서류를 갖추어 거래은행에 제출하고 대금을 회수한다.

08 송하인은 거래은행을 통해 L/C 개설은행에 선하증권 및 선적서류를 송부하고 상품 대금을 회수한다.

09 L/C 개설은행은 수하인에게 선하증권을 교부하고 대금을 회수한다.

Consignor/Shipper
INTERCELL CO .,LTD
244-8 YANGSANG-DONG, SANGROK-GU,
ANSAN CITY, GYEONGGI-DO, KOREA
TEL:+82-31-486-6972 FAX:+82-31-486-6973

BILL OF LADING
OR MULTIMODAL TRANSPORT DOCUMENT

Bill of Lading No.
HW1201006

Consignee(Complete Name and Address/Non-Negotiable Unless Consigned to Order)
TOSHIN CO .,LTD
7-1-106, NANKO-HIGASHI, SUMINOE-KU, OSAKA,
559-0031, JAPAN
TEL:+81 6 6612 3939 FAX:+81 6 6612 3700

HAEWOO GLS CO., LTD.
PHONE : (02) 3663-9100
F A X : (02) 3664-3911
SEOUL, KOREA
Homepage : http://www.heawoo.com

Notify Party
SAME AS CONSIGNEE

For Delivery of Goods Please Apply to:
KOKUSAI EXPRESS CO.,LTD.
2-3-37, NANKO-KITA, SUMINOE-KU,
OSAKA, JAPAN
TEL : 06-4703-1234
FAX : 06-4703-1239
MS.AKEMI NAKAJIMA

| Pre-Carriage by | Place of Receipt: BUSAN, KOREA | |
|---|---|---|
| Vessel / Voyage No.: DS BLUE WAVE 0031S | | Port of Loading: BUSAN, KOREA |
| Port of Discharge: OSAKA, JAPAN | Place of Delivery: OSAKA, JAPAN | Final Destination(For the Merchant's Ref. Only): OSAKA, JAPAN |

Particulars Furnished by Consignor/Shipper

| Container No. & Seal No. Marks & No. | No. & Kinds of Containers or Packages | Description of Goods | Gross Weight (KGS) | Measurement (CBM) |
|---|---|---|---|---|
| | 2 PALLETS | SAID TO CONTAIN: | 2,686.00 KGS | 2.137 CBM |
| TOSHIN | | 2 PLTS OF SEALED RECHARGEABLE BATTERIES | | |
| P/T NO.:1-2<br>S.L.A BATTERIES<br>"NONSPILLABLE" | | ESH42-12, ESH70-12<br>INVOICE NO.:HJI1201161 | | |
| | | FREIGHT PREPAID | | |
| CFS/CFS | | | | |

COPY NON-NEGOTIABLE KIFFA

SURRENDERED

LOADED ON BOARD
JAN.18.2012

Excess Value Declaration(Refer to §0-4.3)

Total Number of Containers or Packages(In Words): SAY : TWO(2) PALLETS ONLY

Freight Payable at: SEOUL KOREA

| Freight & Charges | Prepaid | Collect |
|---|---|---|
| FREIGHT PREPAID AS ARRANGED | | |

Received by the Carrier, the Goods specified herein in apparent good order and condition unless otherwise stated, to be transported to such place as agreed, authorized or permitted herein and subject to all the terms and conditions appearing on the front and reverse of this Bill of Lading or Multimodal Transport Document(hereinafter called the 'B/L') to which the Merchant agrees by accepting this B/L, notwithstanding any local privileges, customs or any other agreements between the parties. The particulars of the Goods provided herein were stated by the shipper and the weight, measurements, quantity, condition, contents and value of the Goods are unknown to the Carrier. In witness whereof three(3) original B/L(s) have been signed unless otherwise stated herein. If two(2) or more original B/L(s) have been issued and either one(1) has been surrendered, all the other(s) shall be null and void. If required by the Carrier one(1) duly endorsed original B/L must be surrendered in exchange for the Goods or delivery order.

Place and Date of Issue: JAN.18.2012 SEOUL KOREA

No. of Original B/L: ZERO / 0

Bill of Lading No.: HW1201006

Signature
HAEWOO GLS CO., LTD.
As a Carrier

Authorized By Korea International Freight Forwarders Association 1997(210 · 297mm)

▌그림 8-5 Surrander B/L

⑩ 수하인은 교부받은 선하증권을 운송인에게 제출하고 화물인도지시서(D/O; Delivery Order)를 교부받아 화물을 장치된 보세구역으로부터 인도받는다.

**HAE WOO GLS CO.,LTD**

8F JAE YOUNG B/D, 678-10, TUNG CHON-DONGKANG SEO-KU, SEOUL, KOREA
Tel:02-3660-9717 Fax:82-2-3664-3911 e-mail:jenny@haewoo.com URL:

Printed By : 위은주 Date : 2012-06-25

(OCEAN INBOUND) Branch : 본사

**DELIVERY ORDER**

| Shipper.<br>RISING METER (CHINA) INDUSTRY CO.,LTD.<br>2TH FL NO.366 BANQIAO RD NORTH JIMEI<br>INDUSTRY ZONE XIAMEN CHINA | MRN MSN<br>M.B/L No OLCL1206034C03<br>H.B/L No XXM2012J10705 HSN 001<br>Delivery Date. 2012-06-20 |
|---|---|
| Consignee.<br>JINYOUNG CO., LTD<br>578 KWAEBOP-DONG, SASANG-GU,<br>PUSAN, KOREA | TO. (주)진영기전상사<br>ATTN.<br>TEL. 82-51-319-0070<br>FAX. 82-51-319-0074 |
| Notify.<br>SAME AS CONSIGNEE | FROM. (주) 해우GLS<br>ATTN. 위은주<br>TEL. 02-3660-9717<br>FAX. 82-2-3664-3911 |

| Port of Loading | Port of Receipt | Vessel Name | Voyage No. | |
|---|---|---|---|---|
| XIAMEN | XIAMEN | HEUNG-A MANILA | 0065N | |
| Port of Discharge | Port of Delivery | Final Destination | E.T.D | E.T.A |
| BUSAN KOREA | BUSAN KOREA | BUSAN KOREA | 2012-06-17 | 2012-06-20 |

| Mark & Number | No of Package | Description of Goods | Weight | Measurment |
|---|---|---|---|---|
| | 3 PALLET | SAID TO CONTAIN:<br><br>CFS/CFS<br>PRESSURE GAUGES | 975.00 KG | 3.000 CBM |

REMARK

본 D/O를 제출한 수하인에게 화물인도를 승락합니다.

Signature ______________________
(주) 해우GLS

▌그림 8-6 화물인도지시서(D/O; Delivery Order)

## 8.2.2 부정기선운송

부정기선(tramper)운송은 정기선운송과는 달리 일정한 항로나 화주를 한정하지 않고 화물수요에 따라 화주가 요구하는 시기와 항로에 선복을 제공하여 화물을 해상운송하는 형태이다. 부정기선의 대상화물은 대체로 원자재와 연료, 곡물 등 운임부담능력이 상대적으로 약한 살화물이 주종을 이룬다.

이러한 살화물은 화물의 성질 또는 형태에 따라 특수한 시설과 구조를 갖춘 특수전용선에 의한 용선계약(charter)에 의하여 운송된다. 용선계약은 화물운송계약과 선박사용계약으로 구분된다.

화물운송계약과 관련한 용선계약은 항해용선계약, 연속항해용선계약 및 장기물량계약, 전용선계약 등이 있으며, 선박사용계약으로는 정기용선계약, 나용선계약 등이 있다.[61)]

또한 용선계약은 크게 선복 전부를 빌리는 전부용선계약(whole charter)과 일부를 빌리는 일부용선계약(partial charter)으로 구분된다.

전부용선계약은 용선형태에 따라 다시 항해용선계약(voyage charter), 기간(정기)용선계약(time charter), 나용선계약(bareboat charter) 혹은 선박임대차계약(demise charter)으로 구분된다.

### (1) 용선계약(Contract by charter party)

특정항해구간 또는 특정기간 동안에 대하여 선복의 전부 또는 일부를 일정 조건하에 임대차하는 운송계약으로 송하인은 용선계약자, 송화인과 용선주와의 관계는 용선계약에 의해 구속을 받는다.

용선계약은 당사자의 합의로 이루어지는 합의계약, 당사자가 대가적 채무를 지는 쌍무계약, 문서의 작성이 성립요건이 아닌 불요식계약이다.

#### 1) 용선계약의 종류

01 항해용선계약

화물운송을 의뢰한 화주(Charter)와 운항자(Operator)간에 체결하는 운송계약으로 어느 항구부터 어느 항구까지 서로 협정한 운임율과 조건으로 용선하물 또는 일부화물을 운송하기 우하여 선주가 용선인에게 선복의 사용을 허용하는 계약이다. 항해용선은 통상 한번에 1항차만을 계약하는 일회항해용선이 대부분이나, 수항차의 연속적인 항해를 체결하는 연속항해용선도 있다.

항해용선계약은 일정한 항해를 기준으로 한다는 점에서 정기용선계약과 나용선계약으로 구분이 된다.

02 정기용선계약(Time Charter)

선박소유자가 화물을 적재할 수 있는 선박의 설비 및 용구를 모두 갖추

---

61) 이광희·이희정, 용선계약실무, 박영사, 2009, p. 33.

고 선박을 운항 할 수 있는 선원을 승선시킨 상태에서 용선자는 선박의 전선복 또는 일부를 어느 일정기간 선박소유자가 허용하는 항해구역이면, 어디라도 임의로 배선하고, 계약상 제한된 화물이외의 어떤 화물이라도 적재할 수 있다.

용선료는 적재화물의 종류나 양에 관계없이 본선의 적재중량톤수에 대하여 지급한다. 정기용선계약은 정기 또는 부정기 해운업자의 부족한 선박을 보충하기 위하여 용선하는 경우가 많다.

선박운영에 필요한 비용은 용선자가 부담하고 선주는 선원비, 선박수리비, 보험료 등을 부담한다.

03 나용선계약(Bare Boat Character)

나용선계약은 선주 또는 선박건조자가 보유한 선박의 모든 운영권을 용선자에게 넘기는 형태로 용선자는 선박운항에 필요한 자본비를 제외한 모든 비용을 부담한다. 나용선계약은 화물이 아닌 선체에 대한 계약으로 일반적으로 10~20년의 장기계약이다.

㉠ 단순나용선계약

선박을 임차하여 점유권이나 이용권을 용선자가 가지는 방식

㉡ 국적취득조건부 나용선계약

선박건조 또는 중고매입 후 연불방식(lease)으로 선박의 대금을 상환하고 상환종료와 동시에 국적을 취득하는 방식

### (2) 전용선운송

전용선(specialized vessel)운송은 광의로는 부정기선운송의 일종으로 전용선에는 화물종류에 적합한 특수한 시설이 갖추어져 있다.

전용선계약에 의해 특정항구에서 특정항구까지 대량의 특정화물에 적합하게 설계·건조된 전용선을 대상으로 선주가 선박의 소유권을 보유하고 화주가 당해 선박의 내용년수까지 배선권을 가지는 조건으로 선박의 내용년수까지 연속 만선운항을 보장하는 장기용선계약에 의한 운송이다.

이에는 수산물과 청과물을 운송하는 냉동선(refrigerated ship), 유류를 운송하는 유조선(tanker), 가스를 운송하는 LNG선, 목재전용선(log carrier), 석탄전용선, 철강석 전용선 및 자동차전용선(car carrier) 등이 있다.

### (3) 운임부담방식에 따른 분류

01 총괄 또는 선복용선계약(Lump sum Charter)

화물의 선적량에 관계없이 일정선복의 운임총액을 얼마라고 정하여 실제 적재수량과는 관계없이 운임을 결정하는 것이다. 선주는 공적(dead space)을 염려하지 않아도 된다.

02 일대일용선계약(Daily Charter)

본선이 지정선적항에서 화물을 적재한 날로부터 지정양하항에서 화물을 인도완료할 때까지의 1일 얼마라고 정하여 운임을 결정하는 것이다. 운임은 실제로 적재한 수량에 의해서 결정된다.

자동차전용선(ro-ro선)

유조선

LNG선(Membrane type)

LNG선(Moss type)

석탄전용선

철강석전용선

▌그림 8-7 전용선의 종류

### (4) 하역비 및 항비부담방식에 따른 분류

01 Gross Term

선주가 항해 비용을 포함해서 항만비용, 하역비용 등을 책임지며, 용선료에 모든 비용이 포함하는 방식

02 Net term

용선자가 순수 화물하역 관련된 선적 및 양하비는 물론이고 하역준비완료시부터 양하 종료시까지 일체의 비용을 부담하는 방식

03 FIO Charter

용선자가 화물의 선적과 양화비용에 대해서만 부담하고 기타 항만비용은 선주가 부담하는 방식

04 Lumpsum Charter

용선자는 선박사용에 대한 총운임을 지불하고, 선주는 해당화물의 최대중량에 적합한 약정선복을 제공한다. 용선자는 약정된 선복을 자신에게 편리한 방식으로 화물종류에 국한받지 않고, 신축성있게 선복을 활용할 수 있다.

### (5) 하역조건

01 하역비 부담조건

화물의 성질과 작업에 따라 적하비와 하역비의 부담이 달라진다. 적하시는 화주가 선측까지의 비용을 부담하고, 양하시는 선박회사가 부담하는 것이 원칙이나 살화물(bulk cargo)인 경우 어느 쪽이 부담할 것인가를 명확히 하여야 한다.

02 하역비 부담방식에 따른 운임조건

㉠ Berth term(Liner term) : 선적시와 양하시의 하역비를 선주가 부담하는 조건(정기선의 개품운송에 사용)

㉡ Free in(F.I) : 선적시에는 화주가 하역시에는 선주가 부담하는 조건

㉢ Free Out(F.O) : 선적시에는 선주가 하역시에는 화주가 부담하는 조건

㉣ Free In and Out : Berth term의 상대조건으로 선적시와 하역시의 하역비를 화주가 부담하는 조건

03 정박기간의 표시

정박기간(layday, laytime)이란 용선계약에서 화주가 계약화물의 전량을 적하하기 위하여 선적항 또는 양륙항에 본선을 정박할 수 있는 기간을 말한다. 정박기간을 초과하면 일종의 과태료로 용선계약상의 채선료(demurrage)를 지급하여야 하고, 정박기간 전에 하역이 완료되면 단축된

시간에 대하여 일종의 환급금으로 선박회사는 화주에게 조출료(dispatch money)를 지급하여야 한다.

**표 8-7 하역비 부담조건**

| 조건 | 개념 |
|---|---|
| berth terms(liner terms) | 선적시와 하역시의 하역비를 선주가 부담하는 조건<br>(정기선의 개품운송에 사용) |
| F.I.O(free in and out) | berth terms의 상대조건으로 선적시와 하역시의 하역비를 화주가 부담하는 조건 |
| F.I(free in) | 선적시에는 화주가 하역시에는 선주가 부담하는 조건 |
| F.O(free out) | 선적시에는 선주가 하역시에는 화주가 부담하는 조건 |
| F.I.O.S(free in, out and stowage | 선적시와 하역시 및 적부비용까지 화주가 부담하는 조건 |
| F.I.O.S.T<br>(free in, out, stowage and trimming) | 선적시와 하역시, 적부비용 및 정리비용까지 화주가 부담하는 조건 |

㉠ 관습적 조속하역(Customary Quick Despatch : C.Q.D) : 항구의 관습적인 하역방법 및 하역능력에 따라 가능한 한 신속히 적재하거나 하역을 실시하는 조건

㉡ Running laydays : 우천, 파업 및 기타 불가항력적 원인을 불문하고 하역개시부터 종료시까지 계속된 경과일수로 정박기간을 정하는 조건

㉢ Weather Working Days (W.W.D)) : 가장 많이 사용되는 조건으로 기후가 양호하여 하역이 가능한 작업일만을 정박기간으로 정하는 조건

### 04 정박기간 결정방법

항해용선계약에 있어서 정박기간의 개시는 선박이 목적지에 도착하여 화물을 적재 또는 양하할 수 있는 상태에서 용선주에게 하역을 할 수 있는 준비 완료통지(Notice of Readiness : N/R)를 한 때부터이며 정박기간의 종기는 하역이 완료된 때 까지이다.

화주는 정해진 정박기간 동안에 하역이 계약내용보다 빨리 완성된 경우에는 조출료(Despatch Money)[62]를 보상받게 되고, 하역이 늦어진 경우에는 체선료(Demurrage) 및 체박손해금(Detention Charge)을 지불해야한다.

---

62) 채선료는 약정된 조출료의 1/2이다.

### (6) 항해용선표준계약서

항해용선계약서의 표준서식은 화물과 항로에 따라 다르다.

다음은 가장 광범위하게 이용되는 Gencon Charter Party 1994이다.

| | |
|---|---|
| 1. Shipbroker | RECOMMENDED<br>THE BALTIC AND INTERNATIONAL MARITIME COUNCIL<br>UNIFORM GENERAL CHARTER(AS REVISED 1922, 1976 and 1994)<br>(To be used for trades for which no specially approved form is in force)<br>CODE NAME : "GENCON"<br>Part I |
| | 2. Place and date |
| 3. Owners/Place of business(Cl. 1) | 4. Charterers/Place of business(Cl. 1) |
| 5. Vessel's name(Cl. 1) | 6. GT/NT(Cl. 1) |
| 7. DWT all told on summer load line in metric tons (abt.)(Cl. 1) | 8. Present position(Cl. 1) |
| 9. Expected ready to load (abt.)(Cl. 1) | |
| 10. Loading port or place(Cl. 1) | 11. Discharging port or place(Cl. 1) |
| 12. Cargo(also state quantity and margin in Owners' option, if full and complete cargo not agreed state "part cargo")(Cl. 1) | |
| 13. Freight rate(also state whether freight prepaid or payable on delivery)(Cl. 4) | 14. Freight payment(state currency and method of payment ; also beneficiary and bank account)(Cl. 4) |
| 15. State if vessel's cargo handling gear shall not be used(Cl. 5) | 16. Laytime(if separate laytime for load. and disch. is agreed, fill in a) and b). If total laytime for load. and disch., fill in c) only)(Cl. 6) |
| 17. Shippers/Place of business(Cl. 6) | a) Laytime for loading |
| 18. Agents(loading)(Cl. 6) | b) Laytime for discharging |
| 19. Agents(discharging)(Cl. 6) | c) Total laytime for loading and discharging |
| 20. Demurrage rate and manner payable(loading and discharging)(Cl. 7) | 21. Cancelling date(Cl. 9) |
| | 22. General Average to be adjusted at(Cl. 12) |
| 23. Freight tax(state if for the Owner's account)(Cl. 13 (c)) | 24. Brokerage commission and to whom payable(Cl. 15) |
| 25. Law and Arbitration(state 19 (a), 19 (b) or 19 (c) of Cl. 19 ; if 19 (c) agreed also state Place of Arbitration)(if not filled in 19 (a) shall apply)(Cl. 19) | |
| a) State maximum amount for small claims/shortened arbitration(Cl. 19) | 26. Additional clauses covering special provisions, if agreed |

It is mutually agreed that this Contract shall be performed subject to the conditions contained in this Charter Party which shall include Part I as well as Part II. In the event of a conflict of conditions, the provisions of Part I shall prevail over those of Part II to the extent of such conflict.

| Signature(Owners) | Signature(Charterers) |
|---|---|
| | |

Chapter 09

# 항공운송시스템

## 9.1 항공운송의 이해

### 9.1.1 항공운송의 의의

항공운송(air transportation)이란 항공기의 항복(航腹, plane's space)에 승객, 우편 및 화물을 탑재하고 국내외 공항(air port)에서 다른 공항까지 운송하는 최신식 운송시스템을 의미한다.

항공운송은 해상운송이나 육상운송에 비해 최근에 도입된 운송시스템이나 경제적 특성에 따라 가장 체계화된 유통시스템과 정보체계를 이용하여 물류체계가 완벽하게 운용되고 있는 운송 부문이다.

항공운송은 국제무역에 있어 중요한 운송수단의 역할을 차지하고 있으며 현대에는 많은 종류의 무역상품이 세계교역량의 증가, 소비구조의 고도화에 따른 고급상품의 수입 및 생산, 그리고 운송합리화에 의한 시간가치의 상승 등과 이러한 여러 요인의 복합적인 작용에 의해 항공으로 운송되어 그 운송량도 급속히 증가하고 있다. 따라서 종전 긴급운송을 위한 예외적 수단에서 상업적인 운송수단으로 위치를 갖추게 되었다.

현재 우리나라의 전체 화물 중 항공화물의 비중은 중량기준 1% 미만으로서 아직 전체 물동량 중 차지하는 비중이 미미하지만 계속 급증하고 있다. 또한 IT, 시계 및 고급의류 등과 같은 소형 고가제품의 경우나 계절성 고가제품의 경우는 운송상 비교우위에 있어 운송비중이 대단히 높다.

항공운송은 해상 및 육상운송과 비교했을 때 다음과 같은 운송상 이점이 있다.

01 신속한 운송(lower transit time)

항공운송은 해상운송에 비해 운송기간이 짧으며, 발착시간, 정시운항(on-time operation), 운항횟수(frequency)에 의한 정시성(定時性)을 서비스의 최우선으로 하고 있다. 긴급화물로서 시간에 민감하여 기회비용(opportunity cost)이 중요시되는 상품은 수요를 예측하기 어려우며 운송비의 고저가 수요변동에 영향을 주지 않는 신속한 운송이 필요한 상품운송에 이점이 있다.

02 경제성

단순히 운임만을 비교하면 항공운임이 해상운임에 비해 높으나 포장비, 보험료, 창고료 등 직접비와 재고품에 대한 투자자본, 관리비, 손실 등 간접비 및 적시·적량의 신속·빈번한 배송으로 인한 정시성, 신뢰성 등 보이지 않는 비용을 감안한 종합비용(total cost)면에서 볼 때 해상운송과 경쟁력이 있는 품목도 많다.

03 안전성(improvement in the conditions of carriage)

해상운송은 장기운송으로 충격에 의한 화물손상 및 원형 변질, 해수에 의한 침식 또는 부식의 가능성이 높은 반면, 항공운송은 운항시간이 짧아 안정성이 높다.

이는 상품의 운반상태가 양호하여 분실·파손·훼손의 위험이 감소되는 것을 의미한다. 이 때 마케팅 전략의 요청에 따라 계획적으로 운송되는 상품은 운송비가 최대의 관건이 되지만 그 비용은 총물류비 내에서 결정된다.

**표 9-1 항공운송의 장점**

| 물류상의 장점 | 비용상의 장점 | 서비스상의 장점 |
|---|---|---|
| · 긴급화물, 소형화물운송에 적합<br>· 수요기간이 짧은 물품운송에 적합<br>· 운송시간 단축으로 비용절감 및 화물의 손해발생 기회 감소<br>· 포장비 절감 가능<br>· 통관의 간이화 | · 포장의 경량화에 따른 운임 절감<br>· 육상운송에 비해 보험료가 저렴<br>· 운송 중인 상품에 대한 투자자본비용 절감<br>· 신속성으로 인한 보관비 절감<br>· 하역처리 빈도가 적어 도난, 파손위험 발생률 저하<br>· 비상시 손해의 최소화<br>· 보관기간이 짧아 보관장소, 재고품 창고시설의 투자자본, 임차료, 관리비 등의 절감 가능 | · 고객서비스 향상에 의한 매출증대<br>· 갑작스런 수요에 대처 가능<br>· 변질성 상품의 시장확대 가능<br>· 판매기간이 짧은 상품도 시장경쟁력 보유 가능<br>· 신속운송으로 투자자본의 효율적 회전<br>· 재고품의 진부화, 변질화 등에 의한 손실률 감소<br>· 운송 중 상품의 위치파악 용이 |

### 9.1.2 항공화물의 집화

#### (1) 직접집하

항공사에서 수출입화주에 대하여 직접 집하하는 방식으로 대송하인판매, 대수하인판매, 양자판매 등이 있다. 즉 매매계약의 조건에 따라 운임을 지급하는 상대에게 영업을 하는 방법이다.

#### (2) 간접집하

간접집하는 대화주 상대가 아닌 항공대리점 등을 통한 집하방법을 말한다.

**01 대리점(Agent)집하**

항공사와 대리점 계약을 체결하고 항공사를 대신하여 항공운송서비스의 판매 및 판촉을 진행하고 이의 대가로 항공사로부터 수수료를 받는다.

**02 혼재업자 집하**

독자적인 운송약관과 운임요율을 갖고 있는 혼재업자들이 혼재항공운송장(house air waybill)을 사용하여 개별적으로 대리점과 운송계약을 체결하여 항공화물을 집하하는 형태이다. 대리점과는 달리 항공운임의 차액을 주 수입원으로 한다.

**03 총판매대리점 집하**

총판매대리점[63]은 지정된 국가 또는 지역에서 여객 및 화물의 양쪽 또는 한쪽을 판매 · 홍보 · 예약 · 대금의 수납 등 대리점을 관리한다.

04 타사집하

MITA(multilateral interline traffic agreement)에 가입한 항공사들 사이에서 항공사가 운항하고 있지않은 노선이나 목적지에서 집하, 판매 등을 하고 이 협정에 의해 타항공사를 대리하여 판매한 금액에 대하여는 동협정에서 결의된 일정률의 집하수수료를 받게 된다.

### 9.1.3 항공화물의 적재방식

01 살화물적재방식

살화물적재(bulk loading)방식은 가장 원시적인 적재방식으로 대부분의 화물이 적재작업의 능률이 항공기 자체의 가동률에 영향을 미치기 때문에 팔레트나 컨테이너에 의하여 적재되고 있으나, 화물전용기나 한정된 공간에 적재 효율을 올리기 쉬운 제트기의 하부화물실(belly)[64]의 작업과 같이 인력에 의하여 개별화물을 직접 화물실에 적재하는 경우에 활용되고 있다.

그림 9-1 산화물적재방식

02 팔레트적재방식

팔래트적재(pallet loading)는 항공화물 취급방식의 기초가 되는 것으로

63) 불취항지역에서 판매망의 확장이나 수입증대를 위하여 항공사가 타항공사의 대리점 또는 IATA 대리점이 아닌 업자를 총판매대리점으로 지정한다.

64) 하부화물실은 여객기 및 화물기의 전후방에 2실이 있다.

팔레트 위에 화물을 올려놓고 그물(net)로 고정시킨 뒤 항공기에 적재할 때에는 리프트 로더(lift loader)와 항공기 화물실의 바닥면에 장치되어 있는 굴림대(roller bed) 위를 굴려 이동시켜 기내의 정위치에 고정시키는 방식이다.

팔레트를 이용하여 적재할 경우에는 적재형태에 있어 항공기 화물실의 윤곽(contour)을 고려하여야 하며 이에 따른 어려움을 해결하기 위하여 미리 윤곽에 꼭 맞는 금속제 또는 글라스화이버제의 커버인 이글루(igloo)를 팔레트 위에 올려놓는 방법이 많이 사용되고 있다.

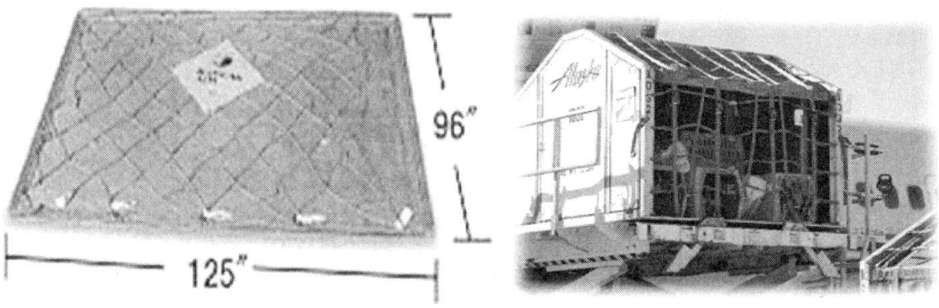


▌그림 9-2 파레트와 이글루

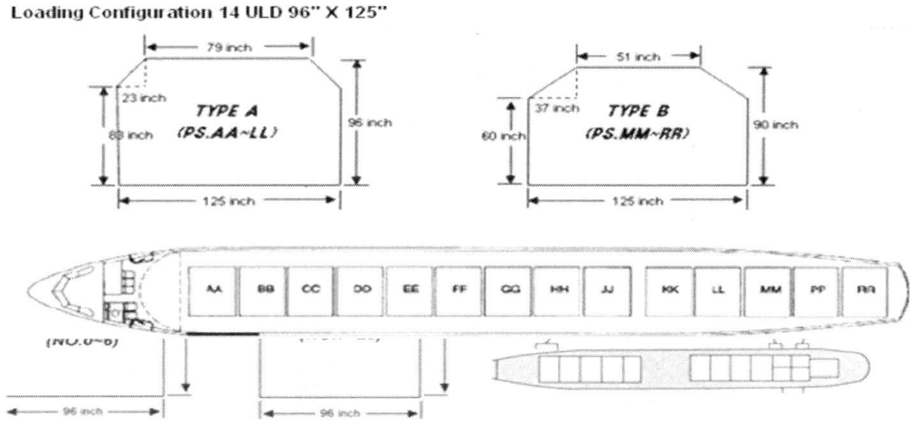


▌그림 9-3 파레트의 규격

▌그림 9-4 파레트와 이글루 및 파레트 적재방법

③ 컨테이너적재방식

항공운송의 적시성을 위하여 고안된 것이 컨테이너라는 화물실에 알맞은 용기를 사용한 적재방식이다. 컨테이너적재(container loading)는 화물실의 입구에 있는 조정상자(control box)를 조작하여 화물실 바닥에 있는 전동식 롤러(roller)를 통해 자동으로 적재하게 된다.

컨테이너적재방식은 항공화물의 적재방식 중 가장 바람직한 방식이나 앞으로 항공운송용 화물의 다른 운송기관과의 공용성 및 일관성을 유지할 수 있는 방법 및 어떠한 형태나 종류의 화물도 적재가능한 방법의 강구가 요구된다.

▌그림 9-5 컨테이너 적재방식

## 9.2 항공운송계약

### 9.2.1 항공운송 수출화물의 취급절차

01 운송계약

항공운송계약은 불요식계약으로 송하인은 항공대리점 또는 항공운송주선인에게 화물운송을 의뢰하고 운송인이 이를 승낙함으로써 항공운송계약이 체결 된다.

해상운송과 같이 구두 또는 상업송장 및 포장명세서 등의 서류의 제출에 의한다.

02 장치장 반입

공장에서 생산된 완제품은 트럭에 의한 육로수송으로 화물터미널에 도착하게 되고 화물터미널의 장치장으로 반입된다. 장치장 반입시 항공운송사는 화물검사를 실시한 후 수출화물 반입계를 발급한다.

03 수출신고 및 수출심사

보세구역내에 수출화물 반입 후, 자가통관의 허가를 받지 않은 수출업자는 관세사, 관세사법인, 통관법인 등 통관업자를 통해서 수출신고를 해야하며, 이때 필요한 서류는 상업송장, 포장명세서, 검사증 등이다.

세관 심사과에서는 제출된 수출신고서를 1차심사한 후 이상이 없을 경우 감정과로 서류를 이송한다. 이때 심사하는 사항은 정상결제 여부, 수출금지품목 여부, 신고서 기재사항의 정확성, 화물의 기호, 품종, 수량, 계약조건, 목적지 심사 등이다.

04 화물검사

감정과에서는 서류와 화물을 대조하면서 수량, 규격, 품질 등을 검사하며 심사과에서는 지정한 검사수량에 대해 전부 또는 일부를 개봉하여 검사한다.

05 항공화물운송장 및 화물의 인계

통관절차가 완료된 화물의 항공운송장은 항공화물운송 대리점에서 화물인도증명서(Cargo Delivery Receipt)와 함께 해당 항공사에 접수시킨다. 항공화물운송장에는 상업송장, 포장명세서, 원산지증명서, 검사증 등 수입지에서의 통관에 필요한 서류가 첨부된다. 항공사는 화물인도증명서에 접수확인을 기재한 후 검수원에게 전달하여 화물을 인수토록 한다. 화물 인수시 화물의 포장상태, 파손 여부, Marking과 Label의 정확성, 개수 및 수량의 일치 여부를 확인한다.

06 적재작업

항공사는 해당 항공편의 항공기 특성을 고려하여 사용 단위탑재용기(Unit Load Device : ULD) 및 적재작업 방법 등의 작업지시를 담당검수원에게 하달하고 검수원은 작업지시에 의거 적재작업을 실시한다.

07 탑재작업

적재작업이 완료된 화물은 중량배분을 위해 계량한 후 탑재 담당자에게 인계되어 항공기로 셔틀운송된다. 항공사는 항공기의 안전운항 및 화물의 안전수송을 고려한 탑재작업 지시를 탑재담당자에게 전달하고 작업결과를 통보받는다.

08 항공기 출발

화물기의 경우 적화목록이 완성되면 G/D(General Declaration) 및 기용품 목록과 함께 세관에 제출하여 출항허가를 얻은 후 탑재된 화물의 항공화물운송장 및 출항허가서, 적화목록을 운항승무원에게 인계함으로써 항공기는 수입지를 향해 출발한다.

### 9.2.2 항공운송 수입화물의 취급절차

01 전문접수

출발지로부터 항공기 출발 후 해당편 탑재화물관련 명세서 전문을 접수하면 해당 항공기 도착 이전에 화물취급장비를 준비하고 특수화물에 대한 사전조치 및 수하인에게 화물도착통지를 한다.

02 항공기 도착

항공기가 도착하면 항공사 직원이 기내에 탑승, 운항승무원 또는 객실승무원으로부터 운송장 및 출발지 출항허가, 적화목록 등을 인계받은 다음, 세관에 G/D(General Declaration), 적화목록, 기용품 목록을 제출하여 입항허가를 득한다. 또한 항공화물은 각 항공사별로 지정된 장치장에 우선 입고된다.

### 03 서류분류 및 검토

서류가 도착하면 운송장과 적화목록을 대조하여 수입금지화물, 안보위해물품 여부를 확인하고 보냉 또는 냉동을 요하는 품목은 적절한 조치를 취하도록 조업사에게 작업지시를 한다. 검토 완료된 운송장과 적화목록은 통과화물의 경우에는 최종목적지로의 수송을 위해 세관에 이적허가를 신청하고 우리나라 도착화물의 경우에는 화물이 입고되어 있는 해당 장치장 분류실에서 창고배정을 한다.

### 04 창고배정

창고배정은 화주가 특정 수입화물에 대해 창고를 임시로 지정하는 긴급분류대상인 경우 항공사에서 담당하고, 해당 화주 명의로 수입되는 모든 수입화물에 대해 특정한 창고를 지정할 수 있는 상시분류대상은 운송업체 대표로 구성된 민간운영협의회에서 담당한다.

### 05 화물분류 및 입고

창고배정이 완료되면 배정관리 D/B에 의거 해당 장치장은 화물을 분류하여 배정된 창고에 입고시킨다.

### 06 도착통지

창고배정작업이 완료되면 항공운송장은 통관지역에 따라 화물터미널에 있는 항공사 지점이나 영업소로 보내지며 수화인에게 전화 등을 통해 도착통지를 한다. 혼재화물일 경우 항공사로부터 항공화물운송장을 인도받은 운송주선업체가 도착통지를 한다.

### 07 항공화물운송장 인도

해당 화물 수화인이 항공화물운송장을 인계할 때 본인인 경우에는 주민등록증을 확인하며, 대리인인 경우에는 주민등록증 외에 위임장을 제출해야 한다. 착지불화물인 경우에는 운송요금 이외에 운송요금의 약 2%에 해당하는 운임착지불청구비용(charge collect fee)을 지불해야 한다.

### 08 보세운송

외국물품이 통관되지 않은 상태에서 화물터미널 이외의 지역으로 수송될 경우 보세운송신고를 받아야 한다. 항공화물의 보세운송은 간이보세운송과 특별보세운송으로 구분한다.

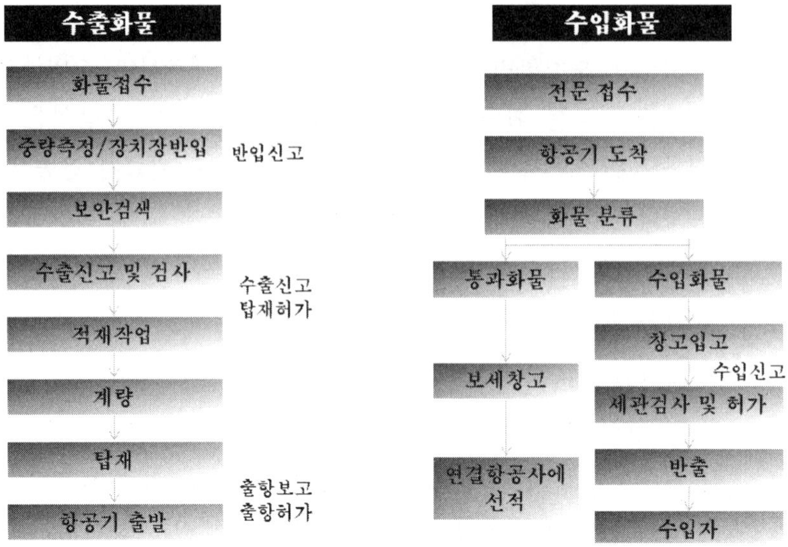


▌그림 9-6 수출입 항공화물의 처리절차

### 9.2.3 항공운송에 관한 국제조약

국제항공운송에 관하여는 1929년 10월 Warsaw에서 "항공물품운송을 위한 와르소규칙"(Warsaw Rules for Carriage of Goods by Air")이 제정되고 1955년에 개정되었으며 그 후 1975년에 몬트리올에서 "항공 및 육로운송법(Carriage by Air and Road Act, 1975)"으로 발효되었다.

이에 따라 1929년의 원조약(Original Warsaw Convention)에 대하여 1955년 협약을 개정조약(Amended Warsaw Convention)으로, 그리고 1975년 협약을 비국제운송규칙(Non·International Convention Rules)으로 통칭하기도 한다.

원조약과 개정조약은 국제운송의 개념에 관하여는 동일하며 운송계약 당사자 간의 합의에서 출발지 및 목적지가 협약에 가입된 당사국의 영역에 속하여 있는 두 지점 사이의 국제운송에 적용된다. 이때에 제3국의 영역에 있는 지점에 기착할 것을 합의하고 있는 경우에도 마찬가지이다.

원조약의 당사국간의 운송은 그 협약에서 정의하고 있는 바의 국제운송이라 할 수 있으므로 원조약에 의하여 규제되는 한편 개정조약의 당사자 간의 운송은 개정조약에 의하여 규제된다. 그러나 원조약의 당사국과 개정조약의 당사국간의 운송은 원조약에 의하여 규제된다.

한편 물품이 한 나라에서 다른 나라로 운송되었을 경우에 그 나라가 조약당사국이 아닌 때에는 원조약 또는 개정조약에서 정의한 바의 국제운송의 범주에 포함되지 않으므로 이를 비협약운송이라 하여 비국제운송규칙(Non-International Carriage Rules)이 적용된다. 이 규칙은 개정조약의 조항과 유사하며 소수조항에서 차이가 있을 뿐이다.

**표 9-2 항공에 관한 국제조약별 책임내용 비교**

<table>
<tr><th colspan="3"></th><th>와르소(바르샤바)조약</th><th>헤이그의정서</th><th>몬트리올협정</th></tr>
<tr><td colspan="3">서명일</td><td>1929.10.12</td><td>1929.9.8</td><td>1966.5.16</td></tr>
<tr><td colspan="3">발효일</td><td>1932.2.13</td><td>1963.8.1</td><td>1966.5.16</td></tr>
<tr><td colspan="3">가맹국</td><td>미·영·소 등 101개국 (한국, 태국, 터키 등은 미가입)</td><td>미·영·소 등 77개국 (미국, 중국 등은 미가입)</td><td>미국 : 573사<br>외국 : 112사</td></tr>
<tr><td colspan="3">적용원칙</td><td colspan="2">유한책임<br>과실추정주의</td><td>유한책임주의<br>절대책임주의</td></tr>
<tr><td rowspan="4">책임한도액</td><td colspan="2">여객</td><td>1인당 US$10,000</td><td>1인당 US$20,000</td><td>1인당 US$75,000 (소송비용 포함)<br>1인당 US$58,000 (소송비용 불포함)</td></tr>
<tr><td colspan="2">휴대수화물</td><td colspan="3">1인당 US$400.00</td></tr>
<tr><td colspan="2">위탁수화물</td><td colspan="3">kg/US$20.00</td></tr>
<tr><td colspan="2">화물</td><td colspan="3">kg/US$20.00</td></tr>
<tr><td rowspan="4">청구기한</td><td rowspan="2">파손 손상</td><td>위탁 수화물</td><td>수취일 후 3일</td><td>수취일 후 7일</td><td>수취일 후 3일</td></tr>
<tr><td>화물</td><td>수취일 후 7일</td><td>수취일 후 14일</td><td>수취일 후 7일</td></tr>
<tr><td rowspan="2">화물 지연</td><td>위탁 수화물</td><td colspan="3">처분가능일 자</td></tr>
<tr><td>화물</td><td>14일</td><td>21일</td><td>14일</td></tr>
<tr><td colspan="3">비 고</td><td>항공에 관한 기본법</td><td>바르샤바조약 개정의정서</td><td>미국을 출발, 도착, 경유하는 항공사</td></tr>
</table>

자료 : 전게서, 전순환, p. 403, 저자 수정

## 9.2.4 항공화물운송장(AWB : Air Waybill)

항공화물운송장(AWB : Air Waybill)은 국제간의 화물운송에 있어 항공회사가 화물을 항공으로 운송하는 경우에 항공운송인의 청구에 의해서 송하인이 작성

·발행하는 화물수취증으로서 해상운송에서의 선하증권(B/L)에 해당되며, 항공운송장 또는 항공화물수취증이라고도 부른다.

AWB의 기본적인 성격은 선하증권과 같으나 선하증권이 화물의 수취를 증명하는 동시에 유가증권적인 성격을 가지고 유통이 가능한 반면, 항공운송장은 화물의 수취를 증명하는 영수증에 불과하며 유통이 불가능하다는 점에서 차이가 있다.

운송계약은 항공화물운송장을 발행한 시점, 즉 화주 또는 그 대리인이 AWB에 서명하거나 항공사 또는 해당 항공사가 인정한 항공화물취급대리점이 AWB에 서명한 순간부터 유효하며 AWB상에 명시된 수하인(Consignee)에게 화물이 인도되는 순간 소멸된다.

운송장은 화물과 함께 보내져 화물의 출발지, 경유지, 목적지를 통하여 각 지점에서 적절한 화물취급 및 운임정산 등의 작업이 원활하게 수행되는데 필요한 사항이 기재되어 있다.

항공화물운송장은 기본적으로 IATA 항공화물운송장의 양식을 따르고 있으며 원본 3통과 사본 6통으로 구성되는 것을 원칙으로 하지만 각 항공사에 따라 사본을 5통까지 추가할 수 있다.

우리나라의 대한항공과 아시아나 항공사에서 발생하는 항공화물운송장은 원본 3통과 사본 9통으로 모두 12통으로 구성되어 있다.

### (1) 항공화물운송장의 기능

항공화물운송장은 선하증권과 달리 항공운송인의 청구에 의해 송하인(수출자)이 작성·교부하는 것이 원칙이지만 실무에서는 항공사 또는 항공사의 권한을 위임받은 대리점이나, 항공화물운송주선인(Freight Forwarder) 등이 발행한다.

988 ICN 4154 7973 HWL - 9816824

Shipper's Name and Address | Shipper's Account Number
SIZ-TECH
103-208 DIGITAL EMPIRE2
SIN-DONG YOUNGTONG-GU
SUWON KOREA

Not Negotiable
**Air Waybill**
Issued by
HAE WOO GLS CO.,LTD
8F JAE YOUNG B/D, 678-10, TUNG CHON-DONG
KANG SEO-KU, SEOUL, KOREA

Copies 1,2 and 3 of this Air Waybill are originals and have the same validity.

Consignee's Name and Address | Consignee's Account Number
WKE ELECTRO.CO.LTD
NO.1 XINXING ROAD, PENG LANG KUNSHAN
DEVELOPMENT ZONE, JIANGSU CHINA

It is agreed that the goods described herein are accepted in apparent good order and condition (except as noted)for carriage SUBJECT TO THE CONDITIONS OF CONTRACT ON THE REVERSE HEREOF. ALL GOODS MAY BE CARRIED BY ANY OTHER MEANS INCLUDING ROAD OR ANY OTHER CARRIER UNLESS SPECIFIC CONTRARY INSTRUCTIONS ARE GIVEN HEREON BY THE SHIPPER, AND SHIPPER AGREES THAT THE SHIPMENT MAY BE CARRIED VIA INTERMEDIATE STOPPING PLACES WHICH THE CARRIER DEEMS APPROPRIATE. THE SHIPPER'S ATTENTION IS DRAWN TO THE NOTICE CONCERNING CARRIERS' LIMITATION OF LIABILITY. Shipper may increase such limitation of liability by declaring a higher value for carriage and paying a supplemental charge if required.

Issuing Carrier's Agent Name and City
HAE WOO GLS CO.,LTD

Accounting Information
"FREIGHT PREPAID"
NOTIFY:SAME AS CONSIGNEE

Agent's IATA Code: 99-9 7691 0014 | Account No.

Airport of Departure(Addr. of First Carrier)and Requested Routing
ICN INCHEON KOREA

Reference Number | Optional Shipping Information

| to | By First Carrier (Routing and Destination) | to | by | to | by | Currency | CHGS Code | WT/VAL PPD | WT/VAL COLL | Other PPD | Other COLL | Declared Value for Carriage | Declared Value for Customs |
|---|---|---|---|---|---|---|---|---|---|---|---|---|---|
| PVG | OZ987 | | | | | KRW | | P | | P | | N.V.D | |

| Airport of Destination | Requested Flight/Date | | Amount of Insurance | INSURANCE-If Carrier offers insurance, and such insurance is requested in accordance with the conditions thereof indicate amount to be insured in figures in box marked Amount of Insurance |
|---|---|---|---|---|
| SHANGHAI PU DONG APT | OZ987 | JUN.21.2012 | NIL | |

Handling Information
ATTD : INV & P/LIST

SCI

| No.of Pieces RCP | Gross Weight | kg lb | Rate Class / Commodity Item No. | Chargeable Weight | Rate / Charge | Total | Nature and Quantity of Goods (incl. Dimensions or Volume) |
|---|---|---|---|---|---|---|---|
| 1 | 46.0 | K Q | | 46.0 | | | 1 PLT OF<br>SPOOL CLEANING MACHINE<br>UPGRADE PARTS<br><br>INV NO.SIZ-20120614<br><br>CIF<br>DIM:109x47x40CM/1 |

Prepaid | Weight Charge | Collect
Valuation Charge
Tax
Total Other Charges Due Agent
Total Other Charges Due Carrier

Other Charges

업무관리

Shipper certifies that the particulars on the face hereof are correct and that insofar as any part of the consignment contains dangerous goods, such part is properly described by name and is in proper condition for carriage by air according to the applicable Dangerous Goods Regulations.

HAE WOO GLS CO.,LTD
Signature of Shipper or his Agent

Total Prepaid | Total Collect

AGENT FOR THE CARRIER : ASIANA AIRLINES

Currency Conversion Rates | CC Charges in Dest. Currency

JUN.21.2012 ICN JENNY
Executed on(Date) at (Place) Signature of Issuing Carrier or its Agent

For Carrier's Use only at Destination | Charges at Destination | Total Collect Charges | HWL - 9816824

ORIGINAL 3 (FOR SHIPPER)

▌그림 9-7 항공화물운송장(air waybill)

항공화물운송장의 기능은 다음과 같다.

01 물품의 수령증

항공운송인이 송하인으로부터 화물을 수위한 것을 증명하는 서류

02 운송계약의 증거서류

송하인과 운송인간의 항공운송계약의 체결을 입증하는 증거서류

03 송장

화물과 함께 목적지에 송부되어 수하인이 도착화물, 운임, 요금을 대조하고 검증하는데 사용되는 송하인의 통지서

04 보험계약증

송하인이 항공화물운송장에 보험료와 보험금액을 기재해서 화주보험을 부보한 경우에는 보험계약증

05 청구서

선지급운임, 요금의 송하인에 대한 청구서 또는 후지급운임, 요금의 수하인에 대한 청구서

06 수출입신고서 및 통관자료

수입신고시 항공운임, 보험료 증명자료로 수입신고시에 첨부됨

07 운송인에 대한 송하인의 지시서

송하인이 화물의 운송, 취급, 인도에 대한 지시를 기재

08 사무정리용 서류

원본 및 총 12장의 서류는 발행회사, 제2운송사 이후 각 후속운송인, 항공화물대리점에서의 운임정산, 회계용 자료 등 사무정리용 서류

09 화물인도증서

도착지에서의 화물이 수하인에게 인도될 때 원본4(노란색)에 수하인의 서명 또는 날인을 받음으로써 화물인도를 증거하는 서류

### (2) 항공운송장과 선하증권의 차이점 비교

항공운송의 항공운송장은 해상운송의 선하증권과 같은 기능을 갖고 있지만, 그 법적 성질은 크게 다르다.

선하증권은 선사가 운송물의 수령 또는 선적을 확인하고 양륙지에서 이와 상환으로 운송물을 인도할 것을 약속하는 수령증이고 권리증권이며, 처분증권이다.

항공화물운송장은 선하증권과 같이 항공사가 운송물을 수령하고 교부하는 수령증이지만 권리증권이 아니며 양도성이나 유통성을 갖고 있지 않다. 즉, 유통이

금지된 수취식이고 원칙적으로 기명식이며, 비유통증권(Non Negotiable)으로 발행된다.

항공화물운송장과 선하증권의 공통점과 차이점은 간략히 [표 9-3]과 같다.

**▌표 9-3 항공화물운송장과 선하증권 비교**

| | | 항공화물운송장(Air Waybill) | 선하증권(Bill of Lading) |
|---|---|---|---|
| 공통점 | 운송계약서 여부 | 운송계약을 입증하는 증거서류 | 운송계약을 입증하는 증거서류 |
| 차이점 | 증권성 여부 | 유가증권이 아닌 단순한 화물수취증 | 유가증권 |
| | 유통성여부 | 비유통성(Non-Negotiable) | 유통성(Negotiable) |
| | 발행방식 | 기명식 | 지시식(무기명식) |
| | 선적식 여부 | 수취식 | 선적식(본선 적재 후) |
| | 상환성 여부 | 상환증권이 아님 | 상환증권 |
| | 작성인 | 송하인이 작성 | 운송인이 작성 |

## 9.3 국제특송서비스

### 9.3.1 국제특송서비스의 개념

최근 전자상거래가 활발해짐에 따라 이를 가능하게 하는 기반으로써 물류산업의 발전이 필수적으로 요청되고 있다.

국제특송이란 주로 항공기를 이용하여 운송인의 일관책임하에 화물의 집화, 포장, 수송, 배달 및 확인에 이르기까지 화주의 문전까지 Door to Door Service로 배달하는 수송시스템이다.

국제특송은 국제택배, 소화물일관운송이라고도 불리우며 취급대상은 선하증권 등과 같은 무역서류, 설계도면, 카탈로그, 소형·경량화물에 국한되며, 대부분의 화물이 일정기간 내에 신속한 인도를 목적으로 의뢰된다.

이러한 국제특송의 특징으로는 정보기술의 활용, 종합물류서비스 구축, 전자상거래의 통합을 위한 솔루션 제공 및 서비스 제공의 다양화 및 서비스 지역의 확대 등을 들 수 있다

국제특송 분야는 미국의 DHL, UPS, FedEx나 일본통운 등을 들 수 있다.

우리나라의 국제특송서비스 회사로는 우체국의 국제특송우편(EMS), ㈜한진,

현대택배, 대한통운, 동부 익스프레스, CJ GLS 등이 서비스를 제공하고 있다.

**▌표 9-4 주요 국제특송서비스 업체 현황**

| DHL | Federal Express Corporation(FedEx) | UPS(United Parcel Service) | 기타 |
|---|---|---|---|
| • 1969년 창립<br>• 상호는 창업자 3인의 머리글자(Dalsay, Hullblom, Lynn)<br>• DOX서비스, Express Document서비스, WPX서비스, PMX서비스로 분류<br>• 세계 180여개국 5만여 도시이상에 조직망과 배송망 | • 1974년 창립<br>• 1989년 Flying Tiger를 매수<br>• 종합항공화물운송사 역할<br>• 자기회사 항공기 소유로 서비스 제공<br>• 캐나다, 유럽제국, 중근동, 한국, 동남아, 오세아니아 등 세계90여개국의 배송망을 확보 | • 1907년 설립<br>• 1919년 상호가 UPS로 바뀜<br>• 1982년 국내항공에 의한 소형화물의 익일배달 서비스에 본격 참여, 자기회사소속 항공기 등을 이용하여 국제운송에 적극화 | • Emery Worldwide, Air Express International, Burlington Air Express, World Courier등 |

Chapter 10

# 육상운송시스템

## 10.1 육상운송

육상운송이란 자동차를 이용한 도로운송 및 철도화차를 이용한 철도운송으로 나눌 수 있다. 즉 사람이나 화물을 철도 또는 도로를 통해 운송하는 것이다. 내륙지역에서 수출화물 컨테이너를 항구까지 보내는 방법에는 일반적으로 3가지가 있다. 가장 많이 이용하는 방법은 도로를 이용하는 육상운송이며, 다음으로는 철도에 의한 방법, 연안해상운송이 있다.

현재 통계적으로 볼 때 우리나라 컨테이너화물의 육상운송 비율은 전체의 약 90%를 차지하며 철도운송이 약 9%, 연안해송이 1% 정도이다. 특히 컨테이너 육상운송료는 수출입시 부담해야 하는 물류요금 중 해상운임 다음으로 가장 큰 부담을 차지하고 있다.

### 10.1.1 도로운송

도로운송은 육로망의 확충과 운반차량의 발달 및 대형화 추세에 따라 종합운송체계의 핵심적인 역할을 수행하고 있을 뿐만 아니라 일괄운송이나 국제복합운송에서 문전까지의 마감운송을 담당한다.

도로운송은 자동차를 이용하여 소량이고 운송거리가 단거리인 화물에 적합하며 일관운송이나 국제복합운송에서 문전운송(Door to Door)을 실현할 수 있는 운송수단이다.

우리나라의 화물자동차 운송사업은 '자동차운수사업법'에 의해 화물자동차 운송사업과 화물자동차 운송주선사업으로 구분되며, 그 특징은 소규모이고 트럭 1

대당 수송단위로 운영되어 운송사업의 시작이 매우 용이하다. 따라서 기술적 규모경제(technical economy of large scale)인 운영상의 수리, 관리, 보수, 유지 등의 단위당 경비절감이 중요하여 소규모 운수업에 적합한 체제이다.

도로운송의 장점은 최초 투자액의 규모가 작고, 출발과 도착시간 등 운송능력에 있어서 융통성이 많으며, 단거리운송시 빠른 속도와 터미널 비용이 비교적 적게 들며, Door to Door Service가 용이하고, 이용하기에 매우 편리한 점 등을 들 수 있다.

한편, 단점으로는 살물(bulk cargo)과 같은 중량화물 운송시 이용도가 낮고, 장거리 운송시 비용이 많이 들고, 기후와 운송차량의 고장으로 인한 운송중단 발생가능성이 높으며, 에너지 효율성이 낮은 점 등을 들 수 있다.

**▎표 10-1 년도별 국내 수송부담율**

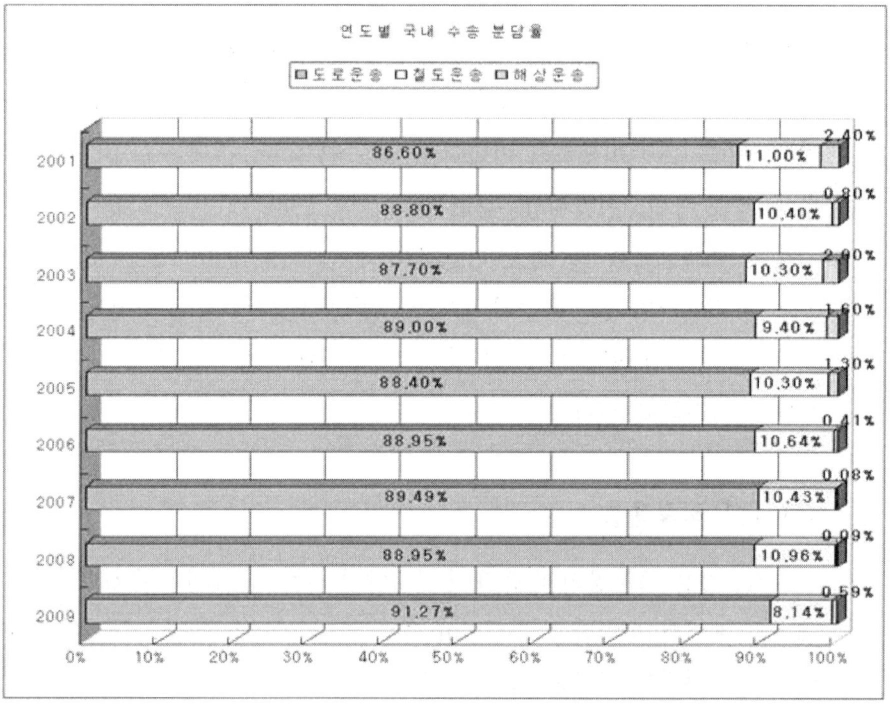


### (1) 컨테이너화물의 육상운송과정

컨텐이너 육상운송도 화물자동차 운송의 일부이나 대부분의 수출화물이 컨테이너화되어 공로를 따라 선적기로 이동되고 있기 때문에 수출기업과 가장 직접적인 관련이 있다.

컨테이너 육상운송은 1956년 미국의 시랜드(Sea-Land)사가 해상 컨테이너 운송을 처음으로 시작한 이래 빠른 속도로 발전하여 현재 국제 수출입 화물운송의 일반적인 방식이 되어 항공운송분야까지 확대되고 있다. 특히 우리 나라의 경우에는 내륙운송거리가 비교적 길며 공로운송에 대체한 철도 등 운송수단의 미비로 공로를 통한 컨테이너 내륙운송이 큰 비중을 차지하고 있다.

컨테이너를 공로운송하기 위해 필요한 장비로는 섀시(trailer chassis)가 있으며 그 종류에는 세미트레일러식[65]과 풀트레일러식[66]이 있다. 우리 나라의 수출입컨테이너 운송시스템에서는 대부분 세미트레일러 섀시를 이용하고 있다.

트레일러를 이용한 일관운송시스템은 동일한 작업량을 수행할 때 트럭의 설비투자액이 연료소비량보다 훨씬 경제적이며, 트랙터와 트레일러를 결합·분리할 수 있어 운송회전율을 향상시키며, 하역의 기계화가 가능하므로 운송체제를 일관화할 수 있다는 이점이 있다.

▌그림 10-1 세미트레일러와 풀트레일러

### 01 수출컨테이너 화물의 내륙운송절차

수출업자가 수출물품을 확보하게 되면 이를 컨테이너화하여 부산항으로 화물자동차(철도 또는 선박)로 이용하여 운송한다.

통상 FCL(Full Container Load)화물은 수출업자 문전에서 통관절차를 필한 후 운송되며, LCL(Less than Container Load) 화물은 부산항에서 혼재작업을 하여 FCL화된 후 통관절차를 필한 후 선박에 적재된다.

---

65) 세미트레일러는 연결장치를 사이에 둠으로써 차중과 적화의 상당부분을 세미트레일러 트랙터(semi-trailer tractor)에도 부담시킬 수 있는 1축 또는 그 이상의 자축을 가진 트레일러를 말한다.

66) 폴트레일러는 차중과 적하의 전 중량을 자기의 전후 차축만으로 받게 되어 있는 구조를 가진 트레일러로서 견인자동차(tractor)는 이 폴트레일러를 견인할 수 있는 적합한 구조와 장치를 갖추고 있다.

### 02 수입컨테이너 화물의 내륙운송절차

수입업자가 수입한 컨테이너 화물이 부산항에 도착하면 사전 수입신고 절차를 필한 후 통상 부두직통관절차를 통해 검사대상 컨테이너는 직접 세관검사장으로, 검사생략 컨테이너는 해당 부두통관장으로 운송되며 화주가 원할 경우에는 하역 즉시 부두에서 반출되어 화주 창고까지 내륙운송수단을 이용하여 운송된다.

부두직통관제는 수입화물의 유통지연에 따른 부대비용을 절감하고 통관하기까지의 소요기간을 단축시키기 위하여 광양, 평택, 인천항과 부산항의 자성대 및 신선대 컨테이너 부두를 통하여 수입되는 FCL 컨테이너 화물을 직접 반출하거나 희망하는 목적지까지 운송하고자 하는 수입업체를 지원하기 위하여 시행하는 제도이다.[67]

필요에 따라서는 내륙ICD나 ODCY까지 보세 운송된 후 여기서 통관절차를 필한 후, 화주의 문전까지 화물자동차를 이용하여 내륙운송하게 된다.

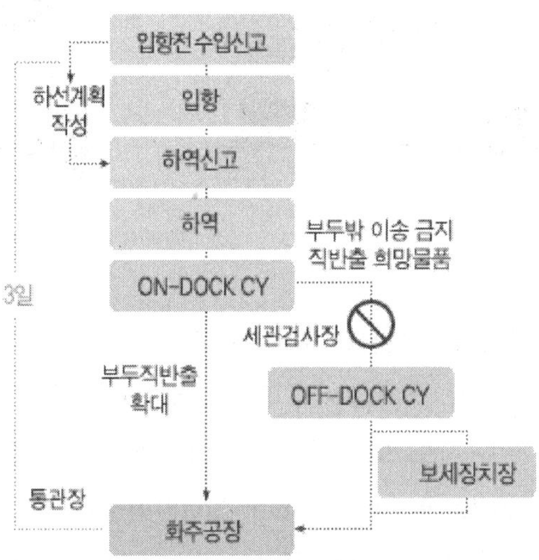


자료 : 관세청(www.customs.go.kr)

**▌그림 10-2 부두직통관절차(입항전수입신고)**

67) 2010년 부산신항으로 들어온 수입화물 중 54%인 73만 2,000THU가 부두내에서 통관절차가 마무리되는 '부두직통관'으로 처리된 것으로 나타났다(중소기업 수출지원센터 2011.3)

### 작년 부산신항 수입화물 절반 '부두직통관'

지난 해 부산신항으로 들어온 수입화물 중 절반 이상이 부두 내에서 통관절차가 마무리되는 '부두직통관'으로 처리된 것으로 집계됐다.

부두직통관이란 물동량이 배가 접안해 있는 부두 안에서 곧바로 수출·입 통관되는 것을 말한다. 일반통관처럼 ODCY(부두 밖 컨테이너 보세 장치장)나 보세창고, 내륙컨테이너기지 등을 거치지 않기 때문에 일반통관 때 보다 물류비용이 절감된다.

17일 부산경남본부세관에 따르면 지난해 부산신항으로 반입된 수입물동량은 135만개(약 6m짜리 컨테이너 기준)였다. 이 중 54%인 73만 2천개가 부두 밖 컨테이너 장치장이나 보세창고 등지로 빠져 나가지 않고 부두직통관 또는 직보세운송으로 부두 내에서 처리됐다.

수입화물의 34%인 45만 6천개는 부두직통관으로, 20%인 27만 6천개는 직보세운송으로 처리됐다. 나머지 61만 8천개는 부두 밖인 ODCY 등지로 옮겨졌다 통관됐다..
수입신고 기준으로 지난해 부산신항의 수입통관실적은 18만 163건(146억 9천 200만 달러)로 2009년 실적에 비해 건수는 182%, 금액으로는 117% 증가했다. 이 중 73%인 13만 1천 283건(124억 8천 400만 달러)이 부두직통관 또는 직보세운송으로 처리돼 창고보관료 같은 물류비용을 크게 아낀 것으로 세관은 분석했다.

세관은 "반복적으로 수입되는 원재료 같은 위험도가 낮은 물품은 특별한 우범정보가 없는 한 검사율을 낮추고 컨테이너를 열어 검사하는 비용이 많이 드는 물품은 컨테니어검색기 검사를 적극 활용, 신항 반입화물이 원활하게 통관되도록 하겠다"고 말했다.

-(부산 = 연합뉴스) 오 수희 지자-

## 10.1.2 철도운송

### (1) 철도운송의 의의

우리나라의 철도는 1899년 경인선의 운행을 시작한 이래로 화물운송의 중추적인 역할을 수행하여 왔다. 그러나 1960년대에 대대적인 사회간접자본에 대한 투자에 힘입어 간선도로의 확장 및 고속도로의 건설 그리고 운송차량의 개발 및 보급에 따라 철도운송은 중장거리운송에서 도로운송과 치열한 경합을 벌여왔다.

그러나 적기차량수배의 어려움과 운송절차의 복잡성, 문전운송의 어려움 등으로 점차 그 이용도가 도로운송에 비해 떨어져서 현재는 운송부담률이 10.5%(1961년에는 88.2%)에 불과한 실정이다.

철도는 자동차와는 달리 궤도운송만을 목적으로 대형자본이 투자되기 때문에 투자규모가 크고 전문화 및 고정화됨으로써 영업이익이 적정수준을 넘지 못한다고 할지라도 처음투자에 대한 회수이익이 증대할 가능성이 있다면, 계속적인 추가투자와 영업 활동을 수행해야 하는 특징이 있다.

이 같은 이유에서 많은 국가에서 초기에는 국영 및 공공독점기업으로 운영하였으나 그 합리성이 문제가 되어 지금은 민영화하여 운영하고 있다.

일반적으로 운송수단들은 각각의 특징을 가지고 있으므로 그 특징 중에서 장점은 살리고 단점을 보완할 수 있는 종합운송시스템화를 실현하는 것이 무엇보다도 중요한 일이다.

오늘날과 같이 소량다빈도 운송시대에 있어 대량운송에 의한 운송효율을 향상시켜 운송비를 절감할 수 있는 것은 철도운송이 지니는 최대의 장점이며, 트럭과 연계하여 마감운송을 트럭이 담당하도록 하면 일괄운송이 가능하기 때문에 서비스의 제고와 아울러 철도운송의 분담률도 향상될 수 있을 것이다.

▎그림 10-3 철도 CY 전경

### (2) 철도운송의 장·단점

철도운송은 타 운송수단과 비교하여 비교적 안전한 운송수단으로서 대량화물의 장거리 운송에 유리하며 비용이 저렴하다는 장점이 있다. 단점으로는 환적작업의 필요 및 배차의 비탄력성, 열차편성에 시간이 걸리는 점, 문전에서 문전까지의 Door to Door Service가 곤란하다는 점 등이다.

철도운송의 장단점을 비교하며 [표 10-2]와 같다.

**표 10-2 철도운송의 장·단점 비교**

| 장 점 | 단 점 |
|---|---|
| ㉠ 장거리 운송일수록 운송비용이 저렴하다.<br>㉡ 안전도가 높다.<br>㉢ 계획운행이 가능하다.<br>㉣ 전국적인 철도망을 가지고 있다.<br>㉤ 운임의 할인제도가 있다.<br>㉥ 기후에 크게 영향을 받지 않는다. | ㉠ 마감운송의 경우 환적작업이 필요하다.<br>㉡ 열차편성에 시간이 걸린다.<br>㉢ 화차의 소재관리에 어려움이 있다.<br>㉣ 배차의 탄력성이 없다.<br>㉤ 운임설정의 경직성이 있다.<br>㉥ 적재중량당 용적량이 적다.<br>㉦ 문전에서 문전까지의 운송이 곤란하다. |

### (3) 철도에 의한 컨테이너 운송방식

#### 1) 레일카방식(Rail Car Service)

Box Car, Hoooer car, Gondola Car 등의 각종 철도차량을 전기 또는 디젤기관차에 직접 연결하여 화물을 운송하는 방법이다. 양륙항에서 양하된 컨테이너로부터 화물을 모두 적출한 다음 Box Car 등으로 환적 후 운송하는 경우에 사용되며 이러한 방식을 Transloading이라 한다.

#### 2) 피기백방식(Piggy Back Service)

피기백방식은 컨테이너가 적재된 트레일러를 철도화차 위에 그대로 적재하여 운송하는 TOFC(Trailer On Flat Car)방식과 컨테이너를 트레일러로부터 분리하여 컨테이너만을 무개화차 위에 적재하여 운송하는 COFC(Container On Flat Car)방식이 있다.

01 TOFC방식

초기의 피기백 운송방식으로 컨테이너가 적재된 트레일러를 철도화차 위에 그대로 적재하여 운송하는 방식이다.

장점으로는 하역기구의 불필요, 배차의 규칙성과 정시인도가 가능하다는 점이며, 단점으로는 컨테이너와 트레일러가 하나로 되어 있기 때문에 총중량이 크고, 철도터미널에서의 다단적이 불가능하여 공간의 소요가 많다는 점이다.

▌그림 10-4 COFC방식과 TOFC방식

02 COFC방식

컨테이너만을 철도화차 위에 적재하여 운송하는 피기백방식이다. 장점으로는 대량의 컨테이너를 신속히 취급하기에 효율적이며, 터미널에서 다단적이 가능하므로 공간소요가 적다는 점으로 COFC방식보다 보편화된 방식이다. 단점으로는 컨테이너의 상하차를 위한 하역기기 등의 장비를 갖추어야 한다는 점이다. 우리나라의 경우 철도운송은 COFC방식을 채택하고 있다.

03 이단적열차(DST)

철도화차 위에 컨테이너를 2단으로 적재하여 운송량을 2배로 배가시킨 혁신적인 방법으로서 이는 COFC방식이 아니면 불가능하다.

이 방식은 1982년 Southen Pacific Transportion사와 Sea – Land사가 LA – Gulf 만 간에 운송서비스를 최초로 시작한 이래 1983년에 APL사의 LA – Chicago 구간을 운행하기 시작하였다. 1985년에는 미국의 Sea – Land사, 일본의 NYK, K – LINE, 대만의 OOCL등의 해운회사들이 LA – Atlanta, Pnw지역 – Chicago, Chicago – NY, Atlanta – Chicago, LA/LB – Chicago 구간 등에서 서비스를 제공하고 있다.

우리나라는 산간지방이 많고 터널의 높이 등으로 인하여 이단적열차는 운행을 할 수 없는 실정이다.

04 철도/도로겸용 운송시스템(Bimodal System ; Roadrailer)

철도/도로 겸용 운송시스템은 철도차륜 및 도로주행용 타이어를 겸비한 차량을 이용하여 철도에서는 화차로, 도로에서는 트레일러로 전환하여 사용할 수 있는 철도/도로겸용 시스템으로서 Roadrailer사가 개발한 운송방식이다.

현재 미국을 비롯한 호주, 뉴질랜드, 영국, 독일, 프랑스, 스페인, 덴마크, 그리스 등에서 운영 중에 있으며, 터미널비용이나 트레일러 견인료

(drayage)가 거의 발생하지 않는다는 장점을 가지고 있다. 그러나 일반트레일러에 비해 트레일러의 가격이 비싸고 철도바퀴(boggie)가 부착되어 있어 트레일러 자체의 중량이 무겁고 연료효율이 떨어진다는 단점이 있다.[68]

### 10.1.3 내륙수로운송

수도권과 부산간의 컨테이너 운송이 트럭 등에 의한 도로운송에 90 % 이상을 차지하는 등 도로운송에 치우침으로 인하여 이산화탄소 및 소음의 발생, 도로의 침하 등 손실발생과 화물연대 등의 파업으로 인한 사태를 방지하기 위하여 이의 대안으로 철도 및 연안해송이 이루어지고 있다.

그러나 철도에 의한 운송은 1일 화차량의 한정 및 화차량의 배정 등으로 인하여 그 운송량의 증대가 그다지 커지 않은 실정이다.

연안해송 또한  해상운송, 하역, 셔틀운송 등 복잡한 유통과정을 거치므로 전체 운송시간이 과다하게 소요되며, 운송원가의 상승요인이 많아 도로운송에 비해 월등한 가격경쟁력을 갖추었다고는 할 수 없다. 그러나 선적시간이 급하지 않은 수출화물이나 원자재 수급에 시간적 여유가 있는 수입화물의 운송에 연안해송을 적극 활용할 경우 도로운송에 비해 다소 저렴한 운임으로 화물운송이 가능하다는 장점이 있다. 또한 온실가스 배출이 없는 친환경 컨테이너 운송을 위한 대체 운송수단으로 이용하고자 하는 노력을 계속하고 있다.

**▌표 10-3** 최근 컨테이너 연안운송 물동량

※ 연안운송 컨물동량 (가집계, 단위 TEU)

| 구 분 | 09년 6월 | 10년 6월 | 전년동월 대비 | '09년 누계 | '10년 누계 | 증감 | 전년대비 |
|---|---|---|---|---|---|---|---|
| 수 입 | 65,271 | 78,498 | **20.26%** | 344,266 | 446,450 | 102,184 | 29.68% |
| 수 출 | 63,473 | 76,675 | **20.80%** | 322,671 | 430,472 | 107,801 | 33.41% |
| 환 적 | 1,133 | 1,839 | **62.31%** | 8,889 | 13,343 | 4,454 | 50.11% |
| **연 안** | **3,909** | **3,918** | **0.23%** | **12,092** | **22,525** | **10,433** | **86.28%** |
| **합 계** | 133,786 | 160,930 | **20.29%** | 687,918 | 912,790 | 224,872 | 32.69% |

68) 전순환, 제3개정판 국제운송물류론, 한올, 2010, p. 192.

Chapter 11

# 국제복합운송의 개요

## 11.1 국제복합운송의 개요

### 11.1.1 복합운송

#### (1) 복합운송의 의의

복합운송이란 용어는 1929년 바르샤바조약(Warsaw Convention 1929)에 처음 등장하여 통운송(through carrier)이나 비연속운송(successiv transport)이라는 용어로 사용되어 오다가 1949년 국제상업회의소의 국제복합운송증권에 관한 조약의 예비초안에서 종래의 통운송에 대립된 용어로 복합운송인란 표현이 실제로 사용되었다.[69] 복합운송(combined transportation)이란 복합운송이 자기의 보관 하에 인수한 물품을 어느 한 국가의 지점에서 다른 국가에 위치한 지정인도지점까지 복합운송계약에 의거 해상, 내륙수로(inland waterway), 항공, 철도나 도로운송 등 여러 운송방식 중에서 적어도 두 가지 이상의 서로 다른 운송방식을 사용하여 운송하는 것을 의미한다.

복합운송의 특성은 다음과 같다.

01 운송책임의 단일성(through liability)

02 복합운송서류(combined transport B/L)의 발행

69) 복합운송과 통운송의 관계는 운송수단의 상이성에 있다. 즉, 통운송은 국제 간의 운송에 있어 각 구간에 운송수단이 동일하거나 다른 종류의 운송수단을 사용하지만 복합운송의 경우 서로 다른 국가 간에 2종류 이상의 다른 운송수단을 이용해야 한다는 것이다.

03 단일운임의 설정(through rate)

04 운송방식의 다양성

05 위험부담의 분기점 : 송화인이 물품을 내륙운송인에게 인도하는 시점

## 11.2 컨테이너화와 국제복합운송

### 11.2.1 컨테이너화

컨테이너의 출현은 국제운송의 혁신적인 발전을 가져왔다. 컨테이너화는 과거의 벌크화물의 하역작업의 효율성을 획기적으로 증대시킨 시스템이다.

국제물류작업에서의 컨테이너는 화물운송 과정에서 화물의 이적없이 일관운송을 실현시킨 혁신적인 운송도구로서, 국제표준화기구(ISO: International Standard Organization) 규격에 따라 운송 하역의 단위로서 일관운송을 가능하게 하며, 용적, 형상 등이 각종 운송수단에서 사용하기에 적합하며 운송설비의 일부로서 반복사용이 가능한 내구성이 있는 용기이다.

#### (1) 컨테이너

컨테이너는 1920년대 유럽에서 처음 사용되었으며, 해상운송에 있어서는 제2차 세계대전 중 미군의 군수물자의 운송에서 본격적으로 상용화되기 시작하였다.

컨테이너의 국제운송은 1966년 미국의 Sea-Land사가 북대서양 항로에 컨테이너선을 취항시킨 것이 시초이다. 우리나라는 1970년대 Sea-Land사가의 컨테이너선이 처음으로 부산항에 입항한 이래 인왕호가 한일항로를 운항하였지만, 컨테이너 전용선으로는 Korea Wonis One호가 북미항로를 최초로 운항하였다. 컨테이너화는 운송의 3대 원칙인 경제성, 신속성, 안전성의 장점을 가지고 있다.

01 경제성

컨테이너는 켄트리크레인 등의 하역장비의 기계화에 의한 시간과 비용의 대폭적인 절감과 더불어 생산자의 공장에서 수하주의 목적지 공장까지 일관운송을 가능하게 한다. 또 컨테이너 자체가 포장도구로서 보관창고역할을 하므로 이에 따른 보관비의 절감 및 파손, 도난 기타 요인으로부터 내용물을 보호할 수 있다.

02 신속성

컨테이너는 용기를 이용한 국제간의 육·해·공 운송에 있어 화물의 이적없이 일관운송을 가능하게 함으로 하역시간의 절약에 따른 운송시간을 단축시킬 수 있다.

![03] 안전성

컨테이너는 ISO규격에 의한 자체가 견고하며 내구성이 우수한 용기로서 컨테이너 하역과정에서 화물의 적출입이 없기 때문에 재래화물(벌크화물)에 비하여 위험성이 크게 감소될 수 있다. 그러나 이러한 경제성, 신속성, 안전성 등의 장점에도 불구하고 컨테이너운송의 단점으로는 컨테이너 자체의 규격에 따른 선적문제 즉, 거대화물이나 장척화물 및 산화물 등을 선적할 수 없다는 한계가 있다. 또한 컨테이너 운송을 위한 선박 및 부두(컨테이너 전용터미널), 하역시설 등의 설비에 투자되는 금액이 거액이라는 점을 들 수 있다.

### (2) 컨테이너의 국제규격

컨테이너는 구조요건 및 재질 등 각종 규격에 대하여 ISO규격이 적용된다. 현재 국제운송에서 가장 많이 사용되고 있는 컨테이너의 크기(기준 : 길이)는 ISO 표준규격 20feet(20'x8'x8'.6'), 40feet((40'x8'x8'.6') 등이 주로 사용되고 있다. 최근에는 길이와 폭은 같으나 높이만 높은 High Cube 및 Jumbo container등의 사용이 증대되고 있다.

[그림 11-1]에서 컨테이너의 사양을 확인 할 수 있다.

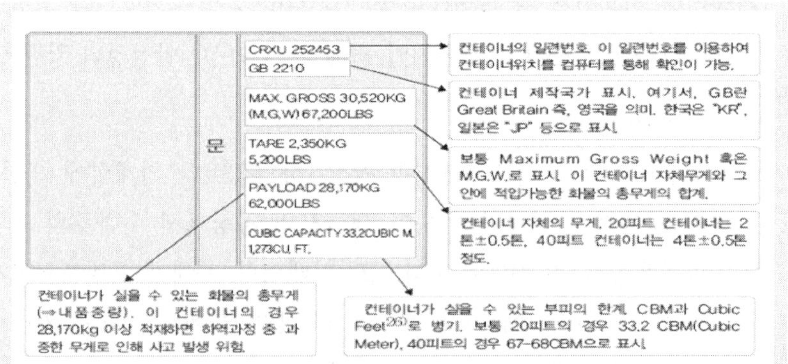


자료 : www.kita.go.kr

▎그림 11-1 컨테이너의 사양

컨테이너에 실을 수 있는 적재화물 및 컨테이너를 포함한 총중량(무게) 및 용적(부피)이 나타나 있다. 컨테이너의 문 우측 상단에는 최대총중량 등을 기록한 제원의 표찰이 부착되어 있으나 도로법 및 도로교통법 등 현재 국내에서 적용하는 과적차량 단속기준 때문에 최대 총중량 만큼을 싣지 못한다[70]. 그러므로 컨테이너에 화물을 적입 시에는 컨테이너의 자체중량(自體重量)과 화물의 총중량을 고려하여 계산하여야 한다. 일반적으로 40'컨테이너의 운임은 20'컨테이너 운임의 2배이다. 전체 화물의 중량이 25~30톤 가량 되는 화물의 선적을 위해서는 40'컨테이너 한 대가 아닌 20'컨테이너 2대 작업을 하는 것이 중량으로 인한 선적 및 양하뿐만 아니라 국내 운송 시에도 문제가 되지 않는다. 또한 컨테이너의 높이와 넓이를 생각하여 팔레트의 규격 및 적재 등도 고려되어야 한다.

### 11.2.2 컨테이너 종류

컨테이너는 소유형태, 재질, 용도 및 크기 등에 따라 분류가 다르며, 특히 용도에 따라 일반용, 액체용, 자동차용, 냉동용, 보온용 등 여러 종류가 있다.

#### (1) 구분 종류

01 규격에 의한 분류[71]

20feet(TEU), 40feet(FEU), 45feet(Jumbo) 등

규격에 의한 분류의 기준은 길이로서 40feet 컨테이너(길이 12m)는 20feet 컨테이너(길이 6m)의 2배이며, 점보컨테이너는 40feet컨테이너의 규격에 높이가 더 높은 컨테이너이다.

02 소유형태에 의한 분류

선사소유, 리스회사소유, 화주소유

03 재질에 따른 분류

Aluminium Container, Steel Container, Fiber Plastic Container(FRP)

---

70) 우리나라의 보세운송시 국내 도로를 운송할 수 있는 화물의 최대중량은 25.톤이다.

71) 일반적으로 규격에 의한 분류의 기준이 되는 것은 길이이다. 20feet(6m), 40feet(12m)로 40feet는 20feet 길이의 두 배이다. 45feet 컨테이너는 길이는 12m로 동일하나 높이가 40feet 일반 컨테이너 보다 높아서 용적이 많은 화물의 국제운송에 이용하며 해상운임은 40'와 동일하다.

등이 있으며 이중에서 국제운송 사용하는 컨테이너에는 견고하여 오래동안 사용할 수 있는 철재컨테이너의 사용이 보편적이다.

### 04 용도에 따른 분류

Dry Cargo Container, Refrigerated Container, Tank Container Open Top Container, Flat Rack Container, Live Stock Container등이 있다.

㉠ 드라이 컨테이너(Dry Container)

온도조절이 필요하지 않은 화물에 이용되는 컨테이너로 일반잡화 수송에 적합

㉡ 냉동 컨테이너(Reefer Container)

냉동화물 및 과실, 야채 등 보냉을 필요로 하는 화물을 수송하기 위한 컨테이너로 온도조절은 보통 +26도에서 -28도 사이에서 조정이 가능

㉢ 벌크 컨테이너(Solid Bulk Container)

맥아(Malt), 소맥분 등의 분체 또는 분상태의 화물 수송에 적합토록 천장에 구멍이 있고 내부는 FRP로 가공되어 있어 청소가 용이하며 외부 온도 변화에 대한 영향이 드라이 컨테이너 보다는 적은 컨테이너

㉣ 오픈 탑 컨테이너(Open Top Container)

기계류, 강제품, 판유리 등의 중량화물 적입에 적합한 컨테이너로서 천장은 뗐다 부쳤다 할 수 있는 수밀성이 높은 캔버스(canvas) 덮개로 되어 있고 크레인으로 컨테이너의 상부에서 화물을 하역하는 특징이 있음

㉤ 플랫랙 컨테이너(Flat Rack Container)

드라이 컨테이너의 천장과 측벽을 제거한 모양으로 양측벽도 뗐다 붙였다 할 수 있어 바닥과 사주만의 형태가 된다. 따라서 기계류, 강재, 원목 등의 중량화물을 전후좌우 또는 상방에서 지게차로 하역할 수 있음

㉥ 탱크 컨테이너(Tank Container)

장유, 유류, 화학약품 등 유체화물을 수송하기 위해 Tank를 준비한 컨테이너로서 일반용, 위험화물용, 고압가스용 등이 있고 고압, 저압, 보온설비나 가열설비를 갖춘 것도 있음

40' Dry Container

냉동컨테이너

solid벌크컨테이너

Flat Rack컨테이너

open-top컨테이너

tank컨테이너

▌그림 11-2 컨테이너의 종류

## 11.3 국제복합운송인과 책임체계

### 11.3.1 복합운송인의 개념

복합운송인(combined transport operator : CTO)은 이종 및 동종 수송수단을 조합하여 수송하는 운송인으로서 Multimodal Transport Operator (MTO), International Transport Operator(ITO)라고도 한다.

UN국제복합운송조약에 의하면 복합운송인이란 스스로 또는 대리인을 통해서 운송계약을 체결하고 송화인이나 운송인의 대리인이 아닌 운송계약의 주체로서 계약이행에 대해 책임을 지는 자로 정의하고 있다.

따라서 복합운송인은 자기의 명의와 계산으로 화주를 상대로 복합운송계약을 체결한 계약당사자일 뿐만 아니라 운송전반을 계획하며 운송기간 중 여러 운송구간을 적절히 연결하고 총괄하여 운송이 원활하게 이루어지도록 조정하고 감독할 지위에 있는 자이다.

복합운송인은 선사, 항공회사, 트럭회사, 창고업자, 철도회사, 포워더 등 유통기능을 담당하는 자 가운데 화주에 대하여 단일책임을 지며, 복합운송증권을 발행할 수 있는 자이면 누구나 상관이 없다.

1980년 UN국제복합운송조약의 정의에 의하면, "국제복합운송(international multimodal transport)"이란 복합운송인이 화물을 자기 책임하에 인수하여 어떤 국가의 일정한 지점으로부터 다른 국가의 인도예정지점(a place designated for delivery)까지 복합운송계약에 의거하여 적어도 두 종류 이상의 운송수단을 이용하여 행하는 운송"을 뜻한다.

따라서 국제간의 이동, 복합운송계약의 체결, 복합운송인에 의한 전 구간운송의 책임인수, 운송수단 이종 복수성을 포함하여야만 복합운송이라 할 수 있으며, 복합운송은 운송구간을 단순히 두 번 이상 반복하는 통운송(through carriage)과 구별된다.

### 11.3.2 복합운송인의 기능과 요건

복합운송인은 운송인 기능을 수행하기 때문에 실제운송인 뿐만 아니라 계약형 운송인도 비록 운송수단을 보유하고 있지는 않지만 실제운송인과 똑같이 운송책임을 부담한다. 운송책임 부보에 대한 증거문서가 복합운송증권(CTD)이라 할 수 있다. 개정 물류기본법에 따라 국제물류서비스를 제공하는 기업은 자기명의의 복합운송증권을 발행해야 한다.

#### (1) 운송책임의 단일성

복합운송은 복합운송인이 전 구간에 걸쳐 화주에게 단일책임을 져야 한다. 복합운송은 하나의 계약으로 다수의 구간운송 행위가 결합되어 있으나 복합운송인은 자기의 명의와 계산으로 송화인을 상대로 복합운송계약을 체결한 계약당사자일 뿐만 아니라 전체운송을 계획하고 여러 운송구간을 적절히 연결하고 운송이 원활하게 이루어지도록 총괄하여 조정하며 감독할 지위에 있기 때문에 복합운송인에게 책임을 집중시킴으로써 복합운송 본래의 기능이 발휘될 수 있는 것이다.

### (2) 복합운송증권의 발행

복합운송이 되기 위해서는 복합운송인이 화주에 대하여 전 운송구간을 담당하는 유가증권으로서의 복합운송증권이 발행되어야 한다. 이러한 증권의 발행은 법적으로 운송책임을 단일화시킨 것이며, 운송책임의 단일성과 표리의 관계이다.

### (3) 일관운임의 설정

복합운송인의 서비스 대가로서 운임을 각 운송구간마다 분할하지 않고 전 구간 단일화된 운임을 설정하여야 한다. 이는 전 운송구간에 대한 책임이 복합운송인에게 집중되어 있으므로 이에 대한 반대급부도 하나로 통합하는 것이다.

## 11.3.3 복합운송인의 유형

복합운송인의 유형은 운송수단의 보유 여부에 따라 실제운송인(carrier operator)형과 계약운송인형(Contracting Carrier)형, 무선박운송인(NVOCC : Non Vessel Operating Common Carrier)형 등으로 분류할 수 있다. 즉, 복합운송인은 그 운송수단의 보유 유무에 관계없이 국제간에 복합운송서비스를 제공하는 모든 운송인을 일컫는다.

### (1) 캐리어형 복합운송인

캐리어형 운송인은 자신이 직접 보유하고 있는 선박, 항공기, 트럭 등을 이용하여 복합운송을 수행하는 실제 운송인을 통틀어서 말한다. 이 중 선박회사는 가장 전형적인 캐리어형 복합운송인이다.

선박운항업체 가운데 해상운송만 하고 복합운송을 하지 않는 업체도 있으나, 최근의 추세는 거의 모든 선사들이 복합운송의 주체로서 활발하게 복합운송서비스를 발전시켜 나가고 있다.

### (2) 계약운송인형(포워더형 복합운송인)

계약운송인형은 선박, 항공기, 트럭 등의 운송수단을 직접 소유하지 않은채 고객을 위하여 운송인들과 운송계약에 의해 실제 운송인처럼 운송의 주체자로서 화물의 인수에서부터 인도까지 각 운송단계를 유기적으로 조직함으로써 복합운송인의 기능과 책임을 다하는 운송인을 말한다.

계약운송인형 복합운송인에는 서비스의 범위에 따라 해상운송주선인, 항공운송주선인, 복합운송주선인, 통관업자 등이 해당되는데 이들 중 해상운송주선인(international forwarder)이나 항공운송주선인(air freight forwarder)은 가장 전형적인 계약운송인(프레이트 포워더형 ; freight forwarder)형 복합운송인이다.[72]

계약운송인형 복합운송인은 화주에 대하여는 운송인의 입장으로 실제운송인(선사, 항공사 등)에 대하여는 화주의 입장이 되어 책임과 의무를 수행한다.

### (3) NVOCC형 복합운송인[73]

1984년 미국 신해운법(Shipping Act)은 프레이트 포워더형 복합운송인을 무선박운송인(Non Vessel Operation Common Carrier : NVOCC)라는 형태의 합법적인 운송인 개념으로 실체화시켰다.

미국 신해운법에 명시된 NVOCC는 "해상운송에 있어서 자기 스스로 선박을 직접 운항하지 않으면서 해상운송인(ocean common carrier)에 대해서는 화주의 입장이 되는 것"으로 정의하고 있다.

Common Carrier란 보수를 받고 미국과 타국가 간의 해상화물 업무를 ① 선적항 또는 화물 인수지점에서부터 양하항 또는 화물인도지점까지의 운송에 관한 책임을 지며, ② 운송행위의 전부 또는 일부를 위해서 미국과 타국가 간을 운항하는 선박을 이용한다는 내용으로 수행할 것을 일반(general public)에게 공시하는 자를 말한다. 이러한 보통운송인(common carrier)에는 NVOCC외에 VOCC가 있으며, NVOCC는 VOCC 대해 화주의 입장이 된다는 점에서 서로 구분된다.[74]

---

72) 우리나라에는 개정물류기본법에 의하여 이들에 대한 명칭이 국제물류주선업으로 변경이 되었다. 해상운송주선인, 항공운송주선인, 복합운송주선인, 국제물류주선인, 국제운송주선인, 프레이트 포워더(freight forwarder, forwarding) 모두 동일한 의미로 사용되고 있다.

73) 우리나라에는 일반적으로 개정물류기본법 상 국제물류주선인으로 정의되고 있으며, 별도의 NVOCC규정은 국내 법률상 없다. 즉, 국제물류주선인이 무선박, 무자산형운송인으로서 동일한 개념으로 사용하고 있다.

74) 추선애, 우리나라 복합운송주서업의 경영합리화방안에 관한 연구, 부경대경영대학원 석사논문, 2004, pp. 25~26.

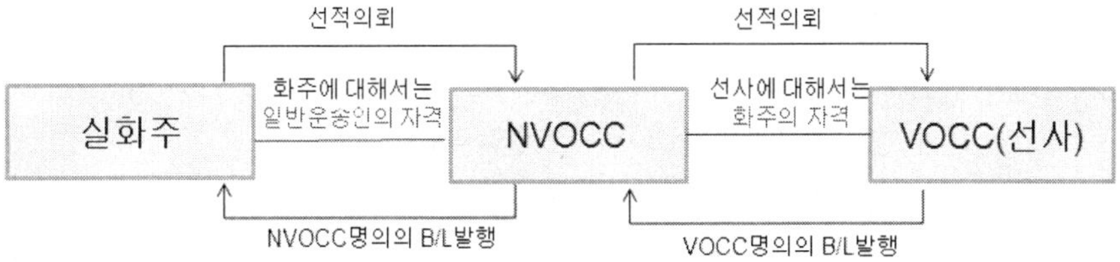


▌그림 11-3 NVOCC와 실화주 및 실제운송인과의 관계

### (4) 국제운송주선인(Freight Forwarder)

Freight Forwarding는 운송주선인을 총칭하는 개념으로서, 운송을 위탁한 고객을 대리하여 스스로 운송계약의 주체자가 되어 자기 명의로 운송증권을 발행하여 전 구간의 운송책임을 부담하는 자, 즉 송하인으로부터 화물을 인수하여 수하인에게 인도할 때까지 통관, 입출고, 집하, 선적, 환적, 운송, 보험, 보관, 배달 등 국제간의 운송에 필요한 제반 서비스를 제공하는 자를 말한다.

우리나라 상법 제 114조에서는 "자기의 명의로 물건운송의 주선을 영업으로 하는 자"라고 규정하고 있으며, 개정물류정책기본법 제2조 11항에서 "국제물류주선업"이란 타인의 수요에 따라 자기의 명의와 계산으로 타인의 물류시설·장비 등을 이용하여 수출·화물의 물류를 주선하는 사업이라고 규정하고 있다.

앞서 복합운송인에서도 살펴본 바와 같이 국제운송주선인은 그 명칭을 각기 달리하고 있다. 이들은 국제간의 운송에 참여하는 주체로서 자기명의와 자기책임아래 화물을 인수하여 인도지까지 운송하는 운송인의 지위를 가진다.

그 명칭은 Freight Forwarder, Forwarding, Forwarding Agent, Shipping & Forwarding Agent, International Forwarding Agent 등이 있으며 이는 International Freight forwarder 또는 NVOCC, 우리나라의 해상운송주선인, 항공운송주선인, 복합운송주선인, 국제물류주선인을 칭한다.

#### 1) 국제운송주선인(Freight Forwarder)의 업무

국제운송주선인은 운송 전 구간에 걸쳐 일관운송책임을 지고 계약운송인으로서 업무를 수행하며, 소량화물(LCL)화물의 집화, 컨테이너혼재작업, Co-load의 서비스 제공 및 고객에게는 무역부서의 업무 및 고객과 운송인을 대리하여 단순히 대리인으로서 업무를 수행하는 기능을 가지고 있다. 주요기능으로서는

01 전문적 조언자,
02 항구로의 반출,
03 운송계약의 체결 및 선복의 예약,
04 관계서류의 작성 및 적재업무,
05 통관 및 분배관리,
06 운임 및 기타 비용의 입체,
07 포장 및 보관관리,
08 보험의 수배,
09 화물의 집하,
10 시장조사,
11 Hanging container service 등이 있다.[75)]

포워더의 주요업무로는

01 혼재서비스,
02 Co-loading 업무,
03 Project 및 Bulk Cargo 서비스,
04 특수화물(해외이주, 미군화물, 전시화물)운송서비스,
05 hanging garment service,
06 운송관련 각종서비스 대행,
07 환적화물(T/S : Trans shipment),
08 House Forwarding Service,
09 보세창고도 거래(BWT : bonded warehouse transaction)서비스 등이 있다.

### 11.3.4 복합운송인의 책임

#### (1) 복합운송인에 대한 책임원칙

UN국제복합운송조약 제16조에 의하면 "복합운송인은 자기 또는 그 이행보조자가 손해의 원인이 된 사고 및 그 결과를 회피하기 위하여 합리적으로 요구되는 모든 조치를 취하였다는 것을 증명하지 못하면 운송물에 관한 손해에 대하여 책임을 져야 한다"고 규정하고 있다.

---

75) 한국복합운송협회, 「연수교재 V-복합운송실무」, 2002, p. 25.

이는 복합운송인의 책임이 과실책임주의에 의하지만 물건의 멸실·손상·지연에 의한 손해의 발생에는 운송인의 과실이 추정됨을 규정한 것으로서, 복합운송인이 자신의 무과실을 입증하지 못하는 한 손해배상책임을 면할 수 없다는 이른바 과실추정주의를 취하고 있다.

### (2) 복합운송인의 책임체계

복합운송인은 화주에 대하여 단일책임을 부담하지만, 각 운송구간에 대하여 어떠한 책임을 지느냐에 따라 다음의 3가지 이론이 있다.

#### 1) 단일책임원칙(uniform liability system)

운송물의 멸실, 훼손, 지연손해가 복합운송의 어느 구간에서 발생하였느냐를 가리지 않고, 즉 복합운송인이 전 운송구간에 대해서 화주에게 책임을 지지만 그 책임의 내용은 손해발생구간의 판명여부에 따라 달라지는 것이다.

복합운송인은 하나의 동일한 기준에 따라서 책임을 분담하여야 한다는 이론으로 화주에게는 유리하지만 복합운송인에는 불리하다.

TCM조약과 1992년의 UNCTAD/ICC통일규칙이 채택하고 있다.

#### 2) 이종책임원칙(network liablilty system)

손해구간이 확인된 경우에는 그 구간의 기존 국내법이나 국제조약을 적용[76]하고, 미확인된 경우에는 그 손해가 운송구간이 가장 긴 해상구간에서 발생한 것으로 추정하여 Hague Rule을 적용한다.

1975년의 ICC복합운송증권통일규칙 및 FIATA CT B/L의 이면약관에서 채택하고 있다.

#### 3) 절충형책임원칙(modified uniform liability system)

원칙적으로 손해발생 구간의 확인 여부와 관계없이 동일한 책임규정을 적용하나 예외적으로 손해발생구간이 확인되고 그 구간에 적용될 법규의 책임한도액이 UN조약의 책임한도액보다 높은 경우에는 그 구간법을 적용한다는 이론이다. 1980년 UN국제복합운송조약, 1992년 UNCTAD/ICC

---

76) 손해 발생 구간이 해상운송구간에서 발생하면 Hague 규칙을, 항공운송구간에서 발생하면 Warsaw 조약, 유럽의 도로운송구간에는 CMR조약, 철도운송구간에는 CIM조약으로 처리되고 있다.

복합운송증권규칙 및 1978년 Hamburg Rules에서 채택하고 있다.

## 11.4 복합운송서류

### 11.4.1 복합운송증권의 의의

복합운송증권(Combined Transport Document : CTD)이란 복합운송에 의하여 물품이 인수된 사실과 계약상의 조항에 따라 물품을 인도할 것을 약속한 복합운송계약을 증명하는 증권이다. 복합운송증권은 선박, 철도, 항공기, 자동차 등 종류가 다른 2가지 이상의 운송수단의 조합으로 이루어지는 운송에 대해 복합운송인이 발행하는 증권으로, 발행자인 운송인이 운송품의 수령을 증명하고, 운송계약의 증거가 되는 권리증권(document of title), 즉 유가증권으로서의 성격을 갖는다.[77)]

복합운송증권(CTD)은 운송물품의 인수(taking in charge)에 의해 발행되는 서류로서, 현재 복합운송증권은 선하증권형식으로 발행하고 있다. 제5차 개정 신용장통일규칙에서는 신용장에 별도의 명시가 없는 한 은행은 복합운송서류를 수리하여야 한다고 규정하고 있어 복합운송증권을 중요한 운송서류에 포함하고 있다. 특히 복합운송증권(CTD) 중에서 국제운송주선인협회연맹 복합운송선하증권(FIATA Combined Transport Bill of Lading : FIATA FBL)은 복합운송선하증권양식을 이용하고 있다. 이는 유통성을 지닌 유가증권으로 은행이 수리한다.

그러나 FIATA 운송주선인 화물운송증권(FIATA Forwarding Agents Certificate of Transport : FIATA FCT)과 FIATA 운송주선인화물수령증(FIATA Forwarding Certificate of Receipt : FIATA FCR)은 비유통성서류로 신용장에 별도의 허용이 있어야만 수리가 가능하다.

한편, 제5차 개정 신용장통일규칙 제30조에서는 "신용장에 별도로 수권되지 아니하는 한 은행은 운송인, 복합운송인 또는 그 대리인의 자격으로 운송주선인이 발행한 운송서류를 수리한다"고 규정하고 있다. 따라서 운송주선인이 발행한 운송서류가 수리되기 위해서는 이들이 운송인이나 그 대리인임을 증명해야 한다.

77) 전게서, 임석민, p. 502.

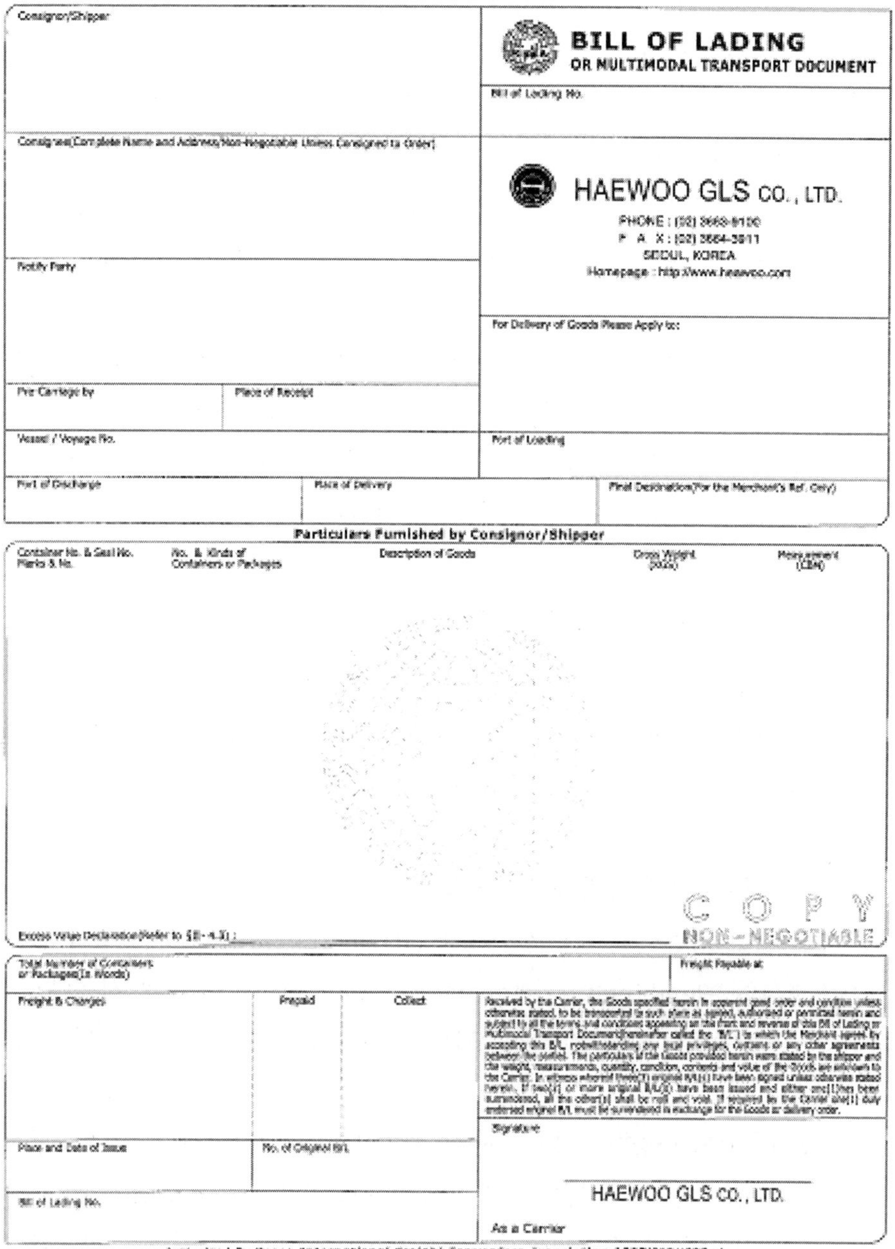

Consignor/Shipper

BILL OF LADING
OR MULTIMODAL TRANSPORT DOCUMENT

Bill of Lading No.

Consignee(Complete Name and Address/Non-Negotiable Unless Consigned to Order)

HAEWOO GLS CO., LTD.
PHONE : (02) 3663-8100
F A X : (02) 3664-3011
SEOUL, KOREA
Homepage : http://www.haewoo.com

Notify Party

For Delivery of Goods Please Apply to:

Pre Carriage by | Place of Receipt

Vessel / Voyage No. | Port of Loading

Port of Discharge | Place of Delivery | Final Destination(For the Merchant's Ref. Only)

Particulars Furnished by Consignor/Shipper

Container No. & Seal No. Marks & No. | No. & Kinds of Containers or Packages | Description of Goods | Gross Weight (KGS) | Measurement (CBM)

Excess Value Declaration(Refer to §Ⅲ-4.Ⅲ) :

COPY
NON-NEGOTIABLE

Total Number of Containers or Packages(In Words) | Freight Payable at

Freight & Charges | Prepaid | Collect

Place and Date of Issue | No. of Original B/L

Bill of Lading No.

Signature

HAEWOO GLS CO., LTD.

As a Carrier

Authorized By Korea International Freight Forwarders Association 1997(210×297㎜)

▌그림 11-4 복합운송증권(multimodal B/L) blank form

## 11.4.2 복합운송증권의 특징

복합운송인이 발행하는 복합운송증권(CTD)은 다음과 같은 특징을 가지고 있다. 첫째, 도로 · 철도 · 내수로 · 해상 또는 항공운송이 결합된 복합운송이 상이한 운송인에 의하여 이루어지더라도 복합운송증권은 처음부터 끝까지 전 운송구간을 커버하는 서류이다.

둘째, 복합운송증권은 본선적재 전에 복합운송인이 수탁 또는 수취한 상태에서 발행되는 서류이다.

셋째, 복합운송증권은 실질적인 운송인(actual carrier)에 의해서만 발행되는 선하증권과는 달리 운송인 뿐만 아니라 운송주선인(freight forwarder)에 의해서도 발행된다.

넷째, 복합운송증권은 화주에게 통운송(through transport)의 전체적인 책임을 지고, 어느 구간에서 발생하였든 화물의 멸실·손상(loss and damage)에 대해 책임을 지는 복합운송인이 발행한다. 그러나 통선하증권(Through Bill of Lading)의 발행자는 통상 해상운송인이다.

### 11.4.3 복합운송증권의 형태

복합운송에 사용되는 운송서류로서의 복합운송증권에는 기존의 선하증권을 약간 변형한 선하증권형식의 복합운송증권과 복합운송에 관한 국제규칙에 따른 복합운송증권이 있다.

#### (1) 선하증권 형식의 복합운송증권

복합운송증권의 대부분은 "Bill of Lading(B/L)"이라는 말이 붙은 선하증권 형식의 "Combined Transport Bill of Lading"이 주로 사용되고 있다.

선하증권형식의 복합운송증권은 "Combined Transport B/L", "Multimodal Transport B/L", "International Transport Bill of Lading", "Through B/L" 등의 다양한 명칭을 사용하고 있으며, 이러한 증권은 그 명칭에 복합운송을 의미하는 문언이 기재되어 있는 것이 특징이라 할 수 있다.

여기서 특히 Through B/L은 선적지로부터 도착지까지 하나의 운송계약에 여러 운송인이 서로 연결하여 운송하는 형태의 통운송계약에 의하여 발행되는 증권으로서, 최초의 운송인이 모든 운송구간에 대하여 책임을 부담하므로 그 책임이 분명하다.

### (2) 유통증권법적 유통성 여부

첫째, 유통복합운송증권은 유가증권으로 지시식증권, 무기명증권, 기명식 증권이 있다.

둘째, 우리나라에서는 선하증권과 화물상환증만이 유가증권이기 때문에 유통증권이지만, ICC통일규칙, UN조약 및 UNCTAD/ICC규칙에서는 비유통성증권만으로도 발행할 수 있다고 규정하고 있다.[78]

## 11.5 국제복합운송의 경로

### 11.5.1 복합운송의 주요경로

국제복합운송의 일반적인 형태로는 해륙복합운송과 해공복합운송이 있는데, 해륙복합운송에는 대륙과 해상을 잇는 교량역할을 하는 Land Bridge방식이 이용되고 있다. 이 Land Bridge Service는 운송경비의 절감과 운송시간의 단축을 위한 것으로 대륙횡단의 육상운송을 이용하여 바다와 바다를 연결하는 운송서비스라고 할 수 있다.

Land Bridge의 대표적 운송경로로는

01 시베리아 랜드 브리지 Siberian Land Bridge(SLB)
극동~(해상)~보스토치니~(내륙철도)~유럽대륙

02 아메리카 랜드 브리지 American Land Bridge(ALB)
극동~(해상)~북미서안~(내륙철도)~북미동안~(해상)~유럽대륙

03 미니 랜드 브리지 Mini-Land Bridge(MLB)
극동~(해상)~북미서안~(내륙철도)~멕시코만 또는 북미동안

해공복합운송은 해상운송이 가지는 저운임과 항공운송이 갖는 신속성을 효과적으로 결합한 운송방식이다. 가장 일반적으로 행해지고 있는 해공복합운송경로는 일본과 북미서해안간의 태평양해상에서는 해상운송을 이용하고, 미국내륙 및 미국과 유럽간에는 항공운송을 이용하여 미국 중동부 및 유럽 각지로 수송하고 있다.

해공복합운송의 대표적인 운송경로는 다음과 같다.

---

78) UN조약에서는 유통증권, 비유통증권, 기계 및 전자장치에 이해 발행되는 증권 등 3 가지를 종류를 열거하고 있다. 전게서 · 이충배 · 김종칠 · 김성원 공저, p. 282.

01 북미경유의 해공복합운송

02 동남아, 중동경유의 해공복합운송

03 러시아 경유의 해공복합운송

### (1) 랜드 브릿지의 의의

Land Bridge란 해륙 복합일관수송이 실현됨에 따라 해상-육상-해상으로 이어지는 운송구간 중 중간구간인 육로운송구간을 말한다. Land Bridge의 개발은 대륙을 횡단하는 철도 또는 도로를 가교(bridge)로 하여 Sea-Land-Sea방식을 통한 복합운송의 한 형태이다.

Land Bridge의 목적은 운송비용의 절감과 전체 소요시간의 감소를 위한 것으로서 이러한 비용절감의 가능성은 해상운송업자들로 하여금 내륙운송에 있어서 규모의 경제(economy of scale)를 추구하기 위해 주요 내륙운송망에 탁월한 접근성을 가진 소수의 항만에 화물량을 집중시키도록 했다.

Land Bridge로 인해 모든 여정이 단일운송수단의 통제와 책임하에 놓이게 됐으며 또 다른 특징으로는 전체 운송과정을 선사 또는 무선박운송업자(Non Vessel Operation Common Carrier : NVOCC)가 발행하는 단일 선하증권에 의해 커버할 수 있게 되었다.

### (2) 랜드 브릿지(Land Bridge)의 주요경로

#### 1) Siberian Land Bridge(SLB)

SLB(Siberian Land Bridge)는 시베리아 대륙횡단철도를 이용하여 극동지역의 한국, 일본 등에서 유럽이나 중동까지 화물을 운송하는 방식으로 시베리아를 육상 가교(land bridge)로 하여 한국, 일본, 극동, 동남아, 호주 등과 유럽대륙, 스칸디나비아반도를 복합운송형태로 연결하는 복합운송형태를 말한다.

SLB의 운영주체인 TSR(Trans Siberian Railway)서비스는 구 소련내 주요 지역과 해외에 지점을 설치 수출입화물을 처리하고 있다.

SLB운송은 1971년부터 본격 개시된 이래, 한국, 대만, 홍콩, 필리핀, 호주, 뉴질랜드까지로 집하지역이 확대되고, 목적지도 서구, 동구, 북구 뿐만 아니라 지중해, 중동, 북아프리카, 아프카니스탄, 몽고까지로 확대되어 유럽항로에 의한 해상운송에 대항하는 운송루트로 발전하였다.

우리나라 수출컨테이너화물은 1973년부터 SLB Service를 이용하여 운송되고 있으며 우진쉬핑이 한국의 집하대리점으로 독점권을 가지고 있었으나 최근 우리나라의 포워더들은 SVT나 유라시아트랜스 등과 직접계약을 통해 실질적으로 TSR운영에 참여하기 시작하였다.

각 구간별 운송수단의 편성방법에 따라 Trans-Sea, Trans-Rail, Transcons 등으로 구분할 수 있다.

01 Trans-Rail

한국, 일본 등의 극동지역의 항만에서 선적된 화물을 러시아의 보스토치니항까지는 선박에 의해 해상운송된 후 시베리아 철도화차에 환적되어 러시아 서부의 국경역까지 육상으로 운송되고, 러시아의 국경역에서 다시 유럽의 최종목적지까지 유럽철도로 운송되는 방식을 말한다.

02 Trans-Sea

한국, 일본 등의 극동지역의 항만에서 선적된 화물을 러시아의 보스토치니항까지는 선박에 의해 해상운송된 후 시베리아 철도화차에 환적되어 러시아 서부의 항만까지 육상으로 운송되고, 러시아의 서부항에서 다시 선박에 의해 유럽의 최종목적지까지 해상운송하는 방식을 말한다.

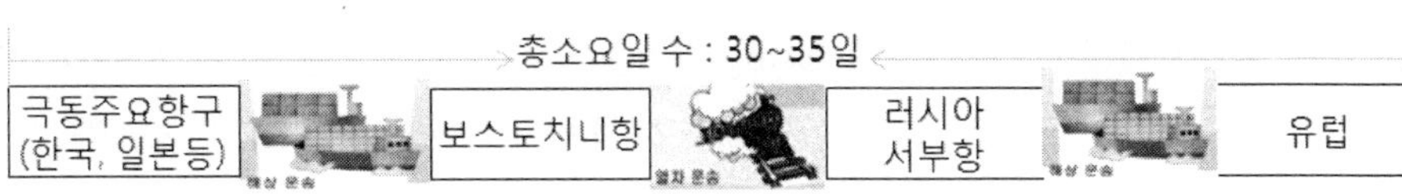


03 Tracons

한국, 일본 등의 극동지역의 항만에서 선적된 화물을 러시아의 보스토치니항까지는 선박에 의해 해상운송된 후 시베리아 철도화차에 환적되어 모스크바를 경유하여 폴란드에 국경에 있는 Brest까지 육상으로 운송되고, Brest에서 독일, 프랑스 등의 유럽국가로 트럭 또는 트레일러로 운송되는 방식을 말한다.

### 2) China Land Bridge(CLB)

CLB는 중국대륙철도와 실크로드를 이용하여 극동지역의 한국, 일본 등에서 유럽까지 화물을 운송하는 방식이다. 이는 한국, 일본 등의 극동지역의 항만에서 선적된 화물을 중국동안까지는 컨테이너선에 의해 해상운송한 후 중국대륙철도와 실크로드를 이용하여 유럽대륙까지 육상운송되는 컨테이너를 이용한 일관운송방식이다.

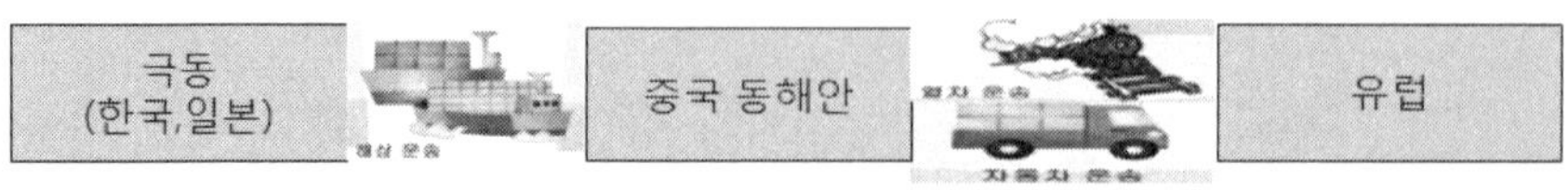


### 3) 북미대륙의 복합운송

01 북미대륙의 복합운송(ALB : American Land Bridge)

ALB(American Land Bridge)란 1972년에 Seatrain사가 개발한 것으로 극동/유럽행 루트라기보다는 유럽/북미행 화물의 루트로서 개발된 것으로서 극동·일본에서 유럽행 화물을 운반하기 시작한 것이다. 그 후 1978년에 Sea-Land, 1980년에는 APL, 1982년에 Lykes Lines가 참가하고, Sea-Land와 APL은 미국내에서의 이단적재컨테이너 전용열차(Double Stack Train : DST)에 의한 Intermodal System을 완비하여 서비스를 하고 있다.

02 MLB(Mini Land Bridge)

1972년, 미국선사 Seatrain이 찰스톤을 경유해 유럽에서 캘리포니아로의 MLB(Mini Land Bridge)수송을 개시했다. 이 수송의 귀항항로를 이용해서 극동에서 미국동안으로 화물을 운반한 것이 MLB수송의 발단이고 이것에 의해 미국과 극동간의 복합운수송의 막이 열렸다.

이 수송시스템을 실현하기 위해서는 낮은 철도운임을 확보하는 것이 필요불가결한 요소로서 Seatrain은 2개의 철도회사와 낮은 운임계약을 맺고 MLB수송을 시작하였다.

03 IPI(Interior Point Intermodal)

Mini Land Bridge가 Port to Port운송인데 비하여 IPI(Interior Point Intermodal), 즉 Micro Bridge는 미국내륙지점으로부터(또는 까지) 최소한 2개의 운송수단을 이용한 일관된 복합운송 서비스를 말한다. MLB가 미 동안으로의 해상운송 서비스의 대체수단으로서 미 동안, 카리브지역의 항구로 목적지가 한정되어 있는 것에 비하여 IPI는 내륙포인트까지를 목적지로 하는 복합일관운송이다. IPI는 선사 자신이 내륙까지의 B/L을 발급하고 철도에서 트럭으로의 연결, 최종목적지로의 인도까지 모두 선사가 수배한다. 최근에서는 화주 문전(door)까지 운송을 수배하는 Store Delivery Service도 성행하고 있다.

### 04 Canadian Land Bridge(CLB)

1979년 일본의 포워더에 의해서 개발된 운송루트로 미국대륙 경유 ALB가 선사주도인데 반해 CLB(Canadian Land Bridge)은 포워더 주도형의 서비스이다. SLB, ALB와 같이 구주운임동맹의 관할권 외에 있고 태평양, 대서양항로의 해상운임에 대해서도 동맹운임(tariff)의 적용 외에 있기 때문에 한때는 상당수의 구주운임동맹의 계약하주도 이용했지만 세계적인 선복과잉과 맹외선사의 급격한 진출로 해상운임이 하락한데 반해 CLB는 수차례의 환적으로 운송 코스트가 높아지게 됨에 따라 최근에는 이용률이 낮아지고 있다.

### 05 Reverse Interior Point Intermodal(RIPI)

RIPI는 1980년에 IPI서비스에 대응하여 한국, 일본 등의 극동지역의 항만에서 선적된 화물을 파나마운하를 통과하여 북미동안 또는 멕시코만의 항만까지 해상운송하고, 미국 주요 내륙지점의 철도터미널 또는 선사의 CY/CFS까지 철도운송으로 역으로 거슬러 올라가 화물의 인도를 행하는 복합운송방식이다.

극동/미내륙지간 화물운송에서 IPI와 달리 극동에서 파나마운하를 경유하며 미국의 대서양연안항 또는 걸프만항까지 해상을 통해 운송한 후 그곳에서 내륙의 도착지까지는 철도나 화물자동차로 운송하는 방식이다.

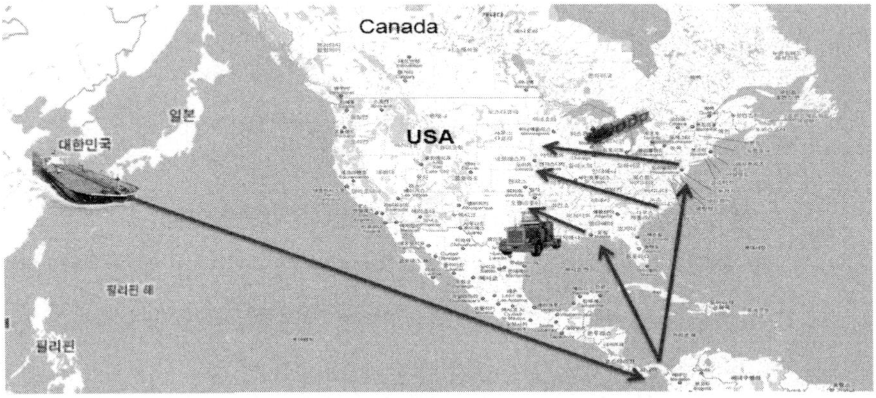


▌그림 11-5 Reverse Interior Point Intermodal(RIPI)

### 06 OCP(Overland Common Point)

OCP는 한국, 일본 등의 극동지역의 항만에서 선적된 화물을 북미서안의 항만까지 해상운송한 후 양륙된 화물을 철도 및 트럭에 환적하여 목적지인 미국 내륙 주요도시(시카고 등 약 40개 도시)까지 일관수송하는 루트를 가리킨다.

록키산맥 동쪽의 원격지 내륙지점을 OCP라고 부르고, 태평양 연안지역을 local point라 부르고 있다.

화물의 인동장소는 위 주요도시의 철도터미널 즉, IPI이기 때문에, 트럭 등으로 접속이 쉬워 내륙지역의 하주로서는 매우 편리한 서비스이다.

북미서안 또는 멕시코만의 항만을 경유하는 화물의 운임과 경쟁할 수 있도록 OCP운임은 미국의 국내운임보다 싸게 책정하고 있다.

OCP지역은 미국대륙에서 공통운임을 과징하는 록키산맥 동쪽의 원격지 내륙지역(네브라스카, 콜로라도, 뉴멕시코 등)으로서, 지리적으로는 미국서안을 경유하거나 미국동안 또는 멕시코만을 경유하여 운송되는 화물과의 경쟁을 위하여 특별할인운임을 적용하며, 북미서안의 항만을 경유하여 OCP지역으로 운송되는 화물을 OCP Cargo라고 한다.

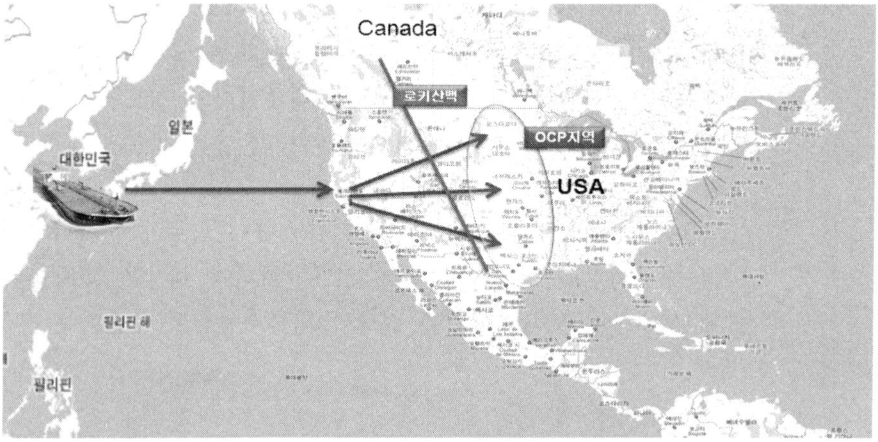


▌그림 11-6 OCP(Overland Common Point)

### (3) 해、공(sea and air)시스템에 의한 복합운송형태

해·공 복합운송은 항공운송의 신속성과 해상운송의 저렴성의 장점을 결합시킨 형태로 운송거리가 길수록 해상운송에 비하여 전체 운송일수가 단축되며, 항공운송에 비하여 운송비가 보다 절감된다. 따라서 해·공 복합운송에서는 운송일수와 운송비와의 상충관계가 고려되어야 한다.

해·공 복합운송을 이용할 수 있게 된 것은 해상운송의 컨테이너화의 진전과 항공기의 대형화 추세에 의한 것으로 볼 수 있으나, 현실적으로는 해상운송으로 화물을 운송할 예정이었으나 납기 등의 지연사유가 발생하고 이를 전 구간 항공운송으로 실행하기에는 약간의 여유가 있을 때 이용하는 경우가 많다.

01 북미경유의 해공복합운송

미국서안을 중계지점으로 한국에서 유럽, 중남미 등까지 항공운송하는 복합운송경로를 말한다. 한국, 일본 등의 극동지역의 항만에서 컨테이너선으로 북미서안의 항만까지 해상운송하고, 항만에서 양륙된 화물을 항공회사가 국제공항까지 트럭으로 운송한 후 공항에서 항공기에 탑재한 후 유럽이나 중남미 각 지역의 공항까지 항공운송하는 방식이다.

02 동남아·중동경유의 해공복합운송

홍콩, 싱가포르, 두바이 등을 중계지점으로 한국에서 유럽, 중동, 아프리카 등까지 항공운송하는 복합운송을 말한다. 이는 한국, 일본 등의 극동지역의 항만에서 컨테이너선으로 홍콩, 싱가포르, 두바이 등의 동남아시아 국가의 항만까지 해상운송하고, 항만에서 양륙된 화물을 항공회사가 국제공항까지 트럭으로 운송한 후 공항에서 항공기에 탑재한 후 유럽이나 동남아 각 지역의 공항까지 항공운송하는 방식이다.

03 러시아 경우 해공복합운송

한국, 일본 등의 극동지역의 항만에서 컨테이너선으로 보스토치니의 항만까지 해상운송하고, 보스토치니에서 양륙된 컨테이너는 트럭에 의해 육상 운송되어 블라디보스톡 공항에서 항공기에 탑재한 후 모스크바로 공수되어 모스크바에서 유럽 각 지역의 공항가지 항공운송하는 방식이다.

### (4) 아주지역 복합운송형태

01 한·일 복합운송형태

부산에서 부관훼리 또는 컨테이너선으로 일본의 각 항구로 운송한 후, 트럭이나 철도 등에 연결하여 내륙지역으로 운송한다.

02 한·중 복합운송형태

선박으로 천진이나 상해 등 중국의 여러 항으로 운송한 후, 이 곳에서 다시 철도나 트럭에 연결하여 내륙지역으로 운송한다.

Chapter 12

# 국제운송수단의 선택요인

## 12.1 국제운송수단 선택

우리는 앞서 국제간의 화물의 이동에 이용될 수 있는 운송수단들에 대하여 대략적으로 살펴보았다.

무역에 있어서 국가 간의 운송은 물류비용에 있어서 많은 부분을 차지하고 있다. 글로벌화의 무한경쟁시대에 화주는 물류비용을 줄이고 고객을 만족 시킬 수 있는 서비스를 창출하기 위해 노력한다. 이런 화주의 노력에 부응하기 위하여 국제운송인들은 화주의 화물 특성과 일정에 따라 최저의 비용으로 최고의 만족을 줄 수 있는 운송수단 및 운송방법 등을 선택하여야 한다.

이를 위해서는 우선 각각의 운송수단별 특성을 파악할 필요가 있다.

### 12.1.1 운송수단의 특성에 따른 경쟁력 비교

국제간의 운송수단으로서는 선박, 비행기, 자동차, 기차 등을 들 수 있다. 이들 중 선박에 의한 국제운송의 비율이 전 세계적으로 99%이상을 차지하고 있다. 또한 우리나라의 경우 정치적인 여건으로 인하여 대륙으로의 연결이 필수인 자동차, 기차 등 육상운송수단을 이용한 국제운송은 원만히 이루어지지 않고 있는 실정이다.

우리나라에서는 해상운송(99.7%)과 항공운송(0.3%)로 국제운송의 대부분을 해상운송과 항공운송에 의지하고 있다. 국제 간의 교역에 있어서는 상대국의 운송수단에 대하여도 고려하여야 하는 바 각 운송수단의 특성들을 우선 비교해 볼 필요가 있다.

다음은 각 운송수단의 특성을 비교한 것이다.

**표 12-1 운송수단의 비교**

| 운송수단 / 비교요소 | 육상운송 | | 해상운송 | 항공운송 |
|---|---|---|---|---|
| | 도로 | 철도 | 선박 | 항공기 |
| 운송량 | 중·소량화물의 단·중거리운송에 적합 | 대량·중량화물의 중·원거리운송에 적합 | 대량·중량화물의 원거리 운송에 적합 | 중·소량·고가화물의 원거리 운송에 적합 |
| 운임 | 단거리운송적합, 가장 탄력적 | 중거리운송 적합 | 원거리 운송시 유리 | 가장 비싸며, 경직적 |
| 기후 | 영향을 조금받음 | 전천후 운송수단 | 영향을 많이 받음 | 기후 영향을 많이 받음 |
| 안전성 | 사고에 대한 안전도가 비교적 높음 | 중량제한의 거의 받지 않음 | 비교적 높지 못함 | 비교적 높지 못함 |
| 일관운송 | 비교적 용이, 해·항과의 연계 필요 | 트럭의 연계가 필요 | 육상운송의 연계로 협동일관운송 중심수단 | 육상운송의 연계로 협동일관운송이 해상운송 다음으로 큰 비중차지 |
| 중량 | 다소 받음 | 거의 받지 않음 | 거의 받지 않음 | 많이 받음 |
| 신속성 | 보통 | 운송시간이 다소 김 | 운송시간이 매우 김 | 운송시간이 매우 짧음 |
| 물류비 | 포장·보관료가 비교적 저렴, 하역비 거의 없음 | 포장·보관료가 비교적 저렴 | 하역·포장·보관비가 가장 비쌈 | 포장비는 저렴하나 하역비는 비교적 비쌈 |
| 배차 및 배선 | 적기배차의 편리 | 적기배차 다소 불편 | 적기배선 다소 불편 | 적기 항공편이 마련되지 않는 경우가 많음 |
| 화물의 수취 | 편리 | 수취불편 | 대단히 불편 | 대단히 불편 |

자료 : 옥선종·추창엽·김웅진 공저, 국제복합운송론, 두남, 1997, p.9, 저자수정

### (1) 해상운송의 특성과 운송비

해상운송은 대량의 화물이나 운송일수에 여유가 있는 화물 또는 상품가치 대비 운임부담력이 없는 화물의 운송에 많이 이용된다.

해상운임은 해상운송인이 운송계약에 따라 물품운송에 대한 보수로서 운송에 소요되는 경비, 즉 운송원가를 최저로 하고 운송화물의 운임부담력을 최고로 하여 결정되며, 그 사이에서 물동량에 대한 선복의 수급에 따라 변동하는 것이 원칙이다.[79)]

해상운송을 이용할 경우 발생하는 비용은 국내물류비 + 해상운임 및 보험료 + 착지 물류비로 분류할 수 있다.

---

79) 전게서, 이충배·김종칠·김성원 공저, p. 238

01 국내물류비

수출검사비, 내륙운송비, 수출통관료, CY/CFS작업비, 포장비 등

02 해상운임

순수한 배 삯과 유가할증료와 통화할증료 등이 포함된 해상운임과 터미널 비용, B/L 발행비, 항만사용료 및 적화보험료 등

03 착지(수입국)에서의 물류비

수입통관료, 내륙운송비, 보세창고료, 검역비, 검사비 등

### (2) 항공운송의 특성과 운송비

항공운송의 가장 큰 특징은 신속성에 있다. 신속성을 토대로 대부분 고가의 화물, 시간을 요하는 화물로서 중량단위당 가치가 매우 높다.

항공운임은 IATA의 규정에 따라 결정된 운임을 각국이 인가하는 방식으로 설정한다. 항공운송을 이용할 때 발생하는 비용의 구성은 해상운송과 같이 국내물류비, 해상운임 및 보험료, 착지 물류비로 분류할 수 있다.

01 국내물류비

화물집화료, 수출통관료, 화물취급작업료, 공항창고료, 포장비 등

02 항공운임

항공운임(유가할증료 및 통화할증료 포함), 적화보험료 등

03 착지(수입국)에서의 물류비

수입통관료, 내륙운송비, 보세창고료, 검역비, 검사비 등

### (3) 해상운송과 항공운송의 경쟁력 비교

앞서 살펴본 해상운송과 항공운송의 비용적 측면을 보면 그 발생하는 비용의 종류는 거의 대동소이하다고 볼 수 있다.

비용의 크기는 수출자가 수출하고자 하는 상품의 부피와 중량 및 화물의 출발지와 도착지에 따라 달라질 수 있다.

국제운송수단의 경쟁력 분석을 위한 운송비용은 출발지 비용, 운임, 도착지 비용으로 나눌 수 있다. 이러한 비용은 Incoterms 조건에 따라 그 부담이 달라질수가 있으므로 매매계약 작성 시에 이를 명확히 하여야 한다.

### 12.1.2 운송수단 선택시 고려요인

국제운송은 육상(도로운송과 철도운송), 해상, 항공 등의 세 가지 종류의 운송로에 의해 각각 개별적 또는 복합적으로 이루어지고 있으며, 이러한 운송을 담당하는 주체를 운송기관이라고 한다. 운송기관은 자동차, 철도, 선박, 항공기 등의 대표적인 운송수단을 가지고 있으며 이러한 제 운송수단을 하나 또는 둘 이상(복합운송)의 수단을 적절히 결합·선택되어 운송업무가 수행되고 있다.

운송의 목적은 필요한 물품을 최소한의 비용으로 신속·안전하게 정해진 시간 내에 당사자에게 인도함으로써 서비스의 질적향상 및 운송의 효율성을 높이는데 있는 것이므로, 화주는 수요자의 특별한 요구나 화물의 특성에 따라 각 운송수단 중 최적의 운송수단을 선택하게 된다.

이러한 최적의 운송수단을 선택하기 위해서는 상기 [표 12-1] 운송수단별 특성에 추가하여 운송하고자 하는 물품의 종류, 운송량, 운송거리, 운송시간, 운송비용의 5가지를 고려하여야 한다.

이러한 조건들은 독립적으로 존재하는 것이 아니라, 각 조건이 상호 밀접하게 관련되어 있다. 이러한 5가지 선택조건 중에서 운송품의 종류, 운송량, 운송거리에 관하여는 물품 그 자체의 성질이나 입지에 의하여 미리 결정되어 있으며 이는, 가변적인 조건은 아니다. 실제로 이러한 조건이 대폭적으로 변화하여 운송기관이 변경될 가능성은 적다. 이에 비하여 운송시간 및 운송비용은 다른 운송기관의 운송인이 경합하고 있는 경우에 특히 중요한 선택조건이 된다.80)

운송시간과 운송비용이 변경됨으로써 일반기업이 선택하는 운송기관이 크게 변하는 것이 충분히 고려된다. 즉 운송서비스의 수여자인 일반기업은 운송시간의 단축과 운송비용의 삭감을 강하게 요구하기 때문에 이러한 2가지 조건은 운송기관의 경쟁요인으로 작용하고 있다.

이와 같이 화주가 최적운송수단을 선택하는 경우에는 운송수단의 특성이나 장단점과 물품의 종류, 중량·용적, 운송경로, 운송거리, 운송일수, 운송비용 등을 비교·검토하여야 한다.

수출기업이 해외시장에서 경쟁력을 확보하기 위해서는 비용요인, 시간요인, 화물특성요인을 고려하여 운송수단을 선택하는 것이 가장 효율적인 방법이라 할 수 있다.81)

---

80) 전게서, 전순환, p. 34

다음은 수출자가 운송선택시 고려해야 할 요인별 조건들이다.

01 비용요인

총물류비, 화물의 가치, 운임할인률, 수출계약 조건 등

02 시간요인

운송시간, 운송거리, 운송빈도, 정시인수 및 인도 등

03 화물특성 요인

화물의 형태 및 상태 화물의 긴급성, 포장의 형태와 특성, 시장상황 등

국제운송인들은 화주에게 최적의 운송수단을 제공하기 위하여 새로운 기회와 도전을 계속하여야 할 것이다.

참고로 이러한 운송인들의 새로운 도전으로 운항거리와 일수의 단축을 통한 저렴한 운임의 제공을 위한 북극항로의 개척활동에 참여하고 있다.

**표 12-2 북극항로 경제성 비교**

| 구분 | 극동-유럽항로 | 북극해항로 | 비고 |
|---|---|---|---|
| 운항구간 | 부산-싱가포르-로테르담 | 부산-북극해-로테르담 | |
| 운항거리 | 20,100KM | 12,700KM | 7,400KM |
| 운항시간 | 24일 | 14일 | 10일 |
| 운항선박 | 일반선박 | Ice Class | |
| 선박건조가 | 기준시가 | +30% | |
| 선원비 | 일반항로 선비적용 | 일반항로와 동일 | |
| 보험료 | 표준보험료 | 표준보험료+30% | |
| 연료소모 | 표준 연료소모율 | 표준 연료소모율+20% | |
| 운임 | 일반운임적용 | 동일 | |

자료 : 물류강국 실현을 위한 항만물류정책, 국토해양부, 2011, 10. 14

81) 방기태 · 장흥훈, 수출기업의 운송수단 선택요인에 관한 실증연구-제조업과 유통업의 조절효과를 중심으로-, 해운물류연구 제27권 제2호(통권 69호), 2011, 6, p. 259.

## 북극항로를 선점하라

이제 북극해 항로를 이용하게 되면, 아시아-유럽 간 물류비를 크게 절감하는 효과를 얻을 수 있을 텐데요. 예를 들어, 부산-로테르담 간 북극항로를 이용하면, 기존 인도양 항로를 이용할 때보다 운항거리를 37%(20,100→12,700km), 운항일수를 10일이나 단축(30→20일)할 수 있다고 해요! 북극지역 에너지개발로 해상물동량은 지속적으로 증가할 것으로 예상되고요.

▶ 북극항로와 인도항로 비교

특히 운항 비용을 절감할 수 있다는 장점 등 잠재력이 큰 북극시장을 선점하기 위해, 최근 한국을 비롯해 캐나다, 미국, 덴마크, 중국, 일본 등 세계 주요국들이 치열한 경쟁을 벌이고 있는데요. 이미 중국석유공사(CNPC)는 러시아 해운사와 장기계약을 체결해서, 수차례 러시아에 자원을 수송하고 있고요. 또 일본 산코해운회사(Sanko Line)도 올해 철광석을 러시아 북서부 무르만스크에서 북극해를 통해 중국 천진으로 운송하기도 했어요.

북극지역 자원개발과 운송시장에 관심 있는 우리나라 해운회사들도 이번 국제세미나를 계기로, 북극해 주변국과 협력을 강화하고 북극항로 관련 정보를 공유할 수 있는 좋은 기회를 갖게 되었어요. 내년도에는 국내 해운회사들이 공동으로 북극해를 시범 운항하는 등, 북극해 시장진출 기반을 마련하기 위한 준비를 더욱 적극적으로 추진할 예정이랍니다!

– 국토지킴이 – 지구온난화로 급부상하는 북극항로 한국해운 진출하다.
2011.11.25/국토해양부 자료에서 일부

# part 5

## 물류정보시스템

Chapter 13

# 물류정보시스템

기업활동을 영위하는데 가장 기초가 되는 것 중의 하나가 정보이고, 물류 부문에서도 정보의 역할은 대단히 중요하다. 정보의 기본적인 소재는 자료(data)이고, 수집된 자료를 분석하거나 필요한 처리를 통하여 사용자가 원하는 형태로 표현하여 제공하면 의사결정에 유효한 정보(information)가 된다.

축적된 물류정보는 물류활동의 원활화를 위해 필수 불가결한 요소로서 생산에서 소비에 이르기까지 수행되는 운송, 보관, 하역, 포장 등의 제 기능을 유기적으로 결합할 뿐 만 아니라, 총체적인 관점에서 물류관리의 효율성을 제고하는 역할을 수행한다.

## 13.1 물류정보

### 13.1.1 물류정보의 개요

#### (1) 물류정보의 개념

물류정보란 물류관리의 주요 단계별 활동인 운송, 보관, 하역 포장 등 물류의 제 기능들을 수행하면서 구해진 자료 및 정보를 축적·조합하여 전체적인 물류관리를 효율적으로 수행할 수 있도록 목저에 부합되게 정리·분석된 자료를 의미한다. 이러한 정보를 가공, 생산하여 정보의 정확도와 이용가치를 높이는 것이 물류정보가 지향해야 할 부분이다.

#### (2) 물류정보의 중요성

물류정보는 운송, 보관, 하역, 포장 등 제 물류기능을 유기적으로 결합하여 전체적인 물류관리를 효율적으로 수행할 수 있도록 지원할 뿐만 아니라, 신속한 물류활동을 가능하게 함으로써 대외경쟁력의 제고와 물류비 절감에 기여한다. 각 기능별 정보가 종합된 물류정보는 부분활동의 최적화를 추구하기 보다 전체적인 물류활동의 최적화를 이룰 수 있도록 지원한다.

한편 물류활동의 수행실적을 토대로 분야별 비부가 요인을 제거할 수 있으며, 축적된 정보는 향후 물류계획 및 물류전략을 수립하는데 매우 중요하게 이용된다. 또한 물류정보는 급변하는 시장환경과 고객의 요구를 파악하는 것을 가능하게 함으로써 변화하는 물류환경에 능동적으로 대처할 수 있는 기회를 부여한다. 정보시스템을 통한 물류활동의 관리는 신속, 정확한 물류의 흐름을 창출하여 고객서비스를 향상시킨다.

### (3) 물류정보의 특징

물류정보는 범위가 넓고 그 수집원이 다양하기 때문에 상화연관성을 갖출 수 있도록 조합하는 것이 매우 중요하다.

일반적인 물류정보의 특징은 다음과 같다.

01 정보의 절대량이 많고 다양하다.
02 폭주시와 평상시 사이에 정보량의 차이가 크다.
03 정보의 발생원, 처리부문, 전달대상이 넓게 분산되어 있다.
04 화물의 흐름과 정보의 흐름에 동시성이 요구된다.
05 기업 내 영업, 생산 등 다른 부문과의 연관성이 크다.

**표 13-1 물류정보시스템의 구성(적용업무기준)**

| 영역 | 시스템 | 하위시스템 | 내용 |
|---|---|---|---|
| 조달물류 | 조달 | 구매관리 | JIT |
| 생산물류 | 플랜트 | 생산관리<br>기기제어<br>창고관리<br>의사결정 | 소요량 계획, 생산계획, 기술데이터 관리, 수치제어, 공정관리, 자동창고 제어, 물류센터관리 시뮬레이션 |
| 판매물류 | 유통 | 재고관리<br>창고관리<br>수송관리<br>의사결정 | 재고관리<br>자동창고제어<br>배송관리<br>시뮬레이션, 비용관리 |

### 13.1.2 물류정보의 종류

물류관리는 물류활동의 역할에 따라 주문정보, 재고정보, 생산정보, 출하정보, 물류관리정보 등으로 분류할 수 있다.

#### (1) 화주정보

화주업체의 사명, 전화 및 팩스번호, 주요 취급화물, 중량, 용적, 도착지, 운송거리 등이 포함된다.

#### (2) 화물운송정보

화물운송정보에는 화물집하정보, 개별창고화물, 화물터미널정보, 특정화물확인정보, 도로교통정보, 고속도로관리정보 등의 종합교통정보와 항공화물운송정보가 있다.

01 화물자동차 - 운송차량, 운수회사, 운송공급력, 운송수요
02 철도정보 - 운영정보, 운행시간 통제정보, 철도컨테이너정보
03 선박정보 - 선박운항 및 입출항, 항로정보, 선박화물정보
04 항공정보 - 항공기 운항정보, 항공화물정보, 보세창고정보
05 컨테이너관련정보 - 컨테이너 이동정보, 컨테이너 관리정보

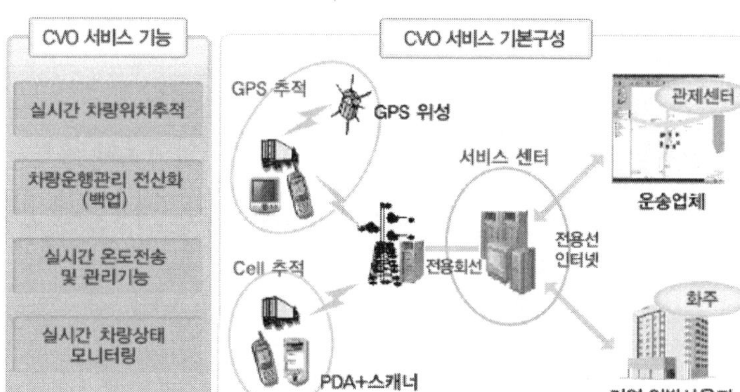


#### (3) 항공정보

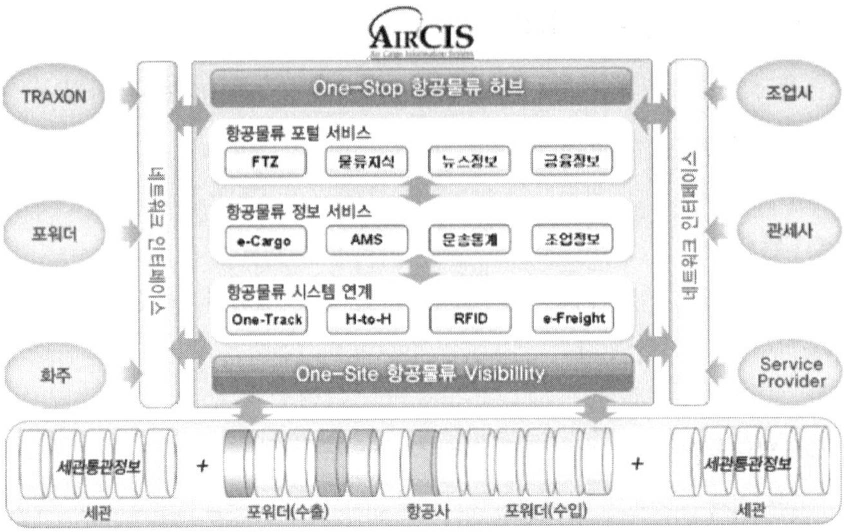


### (4) 항만정보

항만정보에는 항만관리정보, CY-CFS 관리정보, 컨테이너추적 정보, 항만작업정보, 화물유통통제정보, 작업지시정보, 선박도착정보, S/O 정보, B/L 정보, 보세창고, 장치장 정보 등이 있다.

### (5) 하역정보

화물하역정보에는 하역업체정보, 하역진척정보, 하역실적정보, 자동차상·하차정보, 철도상·하차정보, 선적정보 등이 있다.

### (6) 보험정보

보험정보에는 화물보험정보, 컨테이너보험정보, 자동차운송보험정보, 철도운송보험정보 등이 있다.

### (7) 화물통관정보

화물통관정보에는 수출·입신고정보, 수출·입 면장획득정보, 관세환급정보, 항공화물통관정보 등이 있다.

### (8) 수출화물검사정보

수출화물검사정보에는 검량정보, 검수정보, 선적검량정보 등이 있다.

## 13.2 물류정보시스템

오늘날 물류정보의 기술적 기능이 가능하게 된 것은 바로 통신 및 컴퓨터 기술의 급속한 발전이라고 말할 수 있다. 이를 이용함으로써 각 기능별 주체인 화주, 운송업자, 주선업자, 창고업자, 하역업자간에 흐르는 정보를 효율적으로 수집·처리·공급하고 관리함으로써 물류서비스의 목표인 효율성·경제성·신속성·안정성 등을 제고할 수 있다. 각 기능별 하위 물류정보를 효과적으로 연계하는 복합시스템이 물류정보시스템이다.

### 13.2.1 물류정보시스템의 이해

#### (1) 특성

물류정보를 수집하고 처리하여 사용자들에게 제공하는 물류정보시스템은 타 정보 시스템과 비교할 때 관련 당사자가 많고 다중적으로 정보가 발생하는 특징을 가지고 있다. 그 특징을 정리해보면 다음과 같다.

01 데이터 중심적이다. 각 분야의 정보들을 대부분이 가공되지 않은 기본적인 정보이다.

02 정보의 흐름이 다중적으로 발생한다. 화주, 통관업자, 항만 등 다양한 물류관련업체들로부터 정보가 제공되며 양방향으로 교차이동하고 있기 때문에 정보유통이 많다.

03 정보자료들이 이용자 중심으로 개방되어 있으며 이용자 의사결정을 지원한다. 물류정보 시스템은 경영관리에 이용될 뿐 아니라 생산, 판매, 재고관리 등 현장 담당자의 업무 처리 능력을 향상시키는 데 필요한 정보를 용이하게 사용할 수 있도록 제공한다.

04 운영단위의 업무처리 순서가 미리 설정된 순차처리 방식을 채택하고 있다. 예를 들면 고객 주문 접수 시에는 당해 고객의 신용정보나 주문 상품의 판매가능 재고를 확인하여야 하고, 주문 확인 후에는 해당 상품 재고를 주문 고객에게 할당해 두어야 한다.

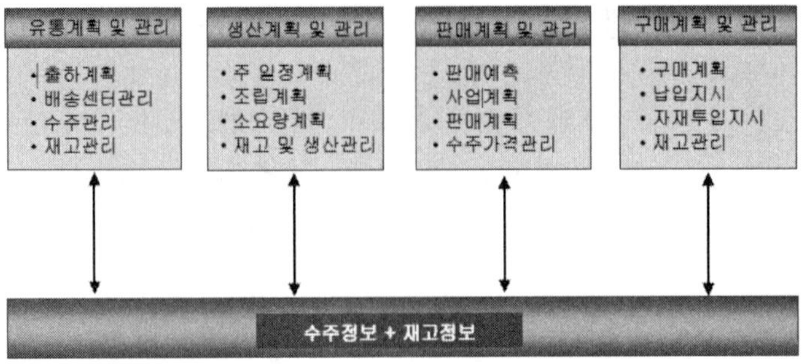


▎그림 13-1 물류정보시스템의 개념과 구성

### (2) 기능

물류정보시스템은 물류활동을 기획하고 통제하며 조정하는 복합적 기능과 이것을 소비자정보와 연결시키는 마케팅지원 기능을 가지고 있다.

01 기획 · 통제 기능

물류정보시스템은 창고에 보관된 제품의 주문정보와 조달에 필요한 리드타임정보 및 수요예측정보를 제공하여 기업의 생산량을 예측하고 재고량을 결정하는데 활용된다. 또한 사전에 설정된 설비 및 시설활용 목표 및 서비스 수준 목표와 실제 달성된 활용도와 서비스 수준을 비교함으로써 물류활동을 평가하고 통제할 수 있는 기능을 가지고 있다.

02 조정기능

물류정보시스템을 통해 정보의 공유가 가능해짐으로써 생산계획과 조달계획을 조정할 수 있다. 그러나 이것이 가능하려면 공급연쇄기업간, 관련기업간 정보시스템이 통합적으로 운용되어야 한다.

통합 정보 시스템을 구축하기 위해서는 첫째, 정보시스템 내의 어떤 하위시스템 (예, 조달물류정보시스템)의 자료가 타 하위시스템(예, 판매정보시스템)에도 사용할 수 있도록 설계되어야 한다. 둘째로 모든 분산된 자료를 공통된 지역에 보관함으로써 공통의 데이터베이스를 구축할 수 있어야 한다. 셋째로 밀접한 관련된 활동을 통합하여 수행하는 것이 필요하다. 넷째로 각 하위시스템이 각종지원 설비인 컴퓨터 설비, 데이터베이스, 정보네트워크, 분석도구등과 호환하여 사용가능하여야 한다.

03 고객서비스 및 커뮤니케이션 기능

고객의 주문은 항상 정기적 · 계획적으로 이루어지는 것이 아니며 부정기적으로 예기치 못하게 발생되는 경우가 많다. 고객의 인터넷 주문시 최초로 접촉하게 되는 것은 정보시스템으로써 정보 시스템의 반응성, 신속성, 편리성이 필수적이다. 기업으로서는 항상 고객에 대한 커뮤니케이션 경로가 적절하게 유지되고 있는지 점검함으로써 쉽게 주문이 이루어지도록 유도하여야 한다.

### 13.2.2 전자정보 교환시스템

#### (1) EDI(Electronic Data Interchange : 전자자료교환)

**1) EDI의 개념**

기업, 정부, 물류업체간에 교환되는 행정서식을 일정한 형태를 가진 전자메시지로 변환 처리하여 상호간에 합의한 통신표준에 따라 컴퓨터와 컴퓨터간에 교환되는 전자문서의 교환시스템으로 종이 서류없는 무역(paperless trade)의 실현을 가능하게 한다. 이것은 1970년대 초에 미국의 해운업계에서 실용화된 것을 무역 및 물류분야에 접목하여 현재 상용화를 진행하고 있다.

**2) EDI의 구성요소**

01 표준(Standard)

UN/EDIFACT(United Nation/Electronic Data Interchange for Administration, Commerce & Transportation)가 1987년 3월 제정되어 EDI를 규율하는 국제규범으로 이용되고 있다.

02 사용자 시스템(User System)

사용자간 거래에 필요한 응용 소프트웨어 및 문서내용을 전자방식으로 변환시키는 소프트웨어가 필요하다.

03 통신 네트워크(VAN)

기업간 거래당사자간 자료 교환 및 커뮤니케이션을 중계하는 네트워크 사업자의 통신 소프트웨어가 필요하다.

**3) EDI의 효과**

01 주문에 따른 문서상 착오를 줄인다.

02 문서처리시간을 단축한다.

03 데이터의 이중 입력이나 문서작성 등의 번거로움을 줄여 물류업무의 효율을 높인다.

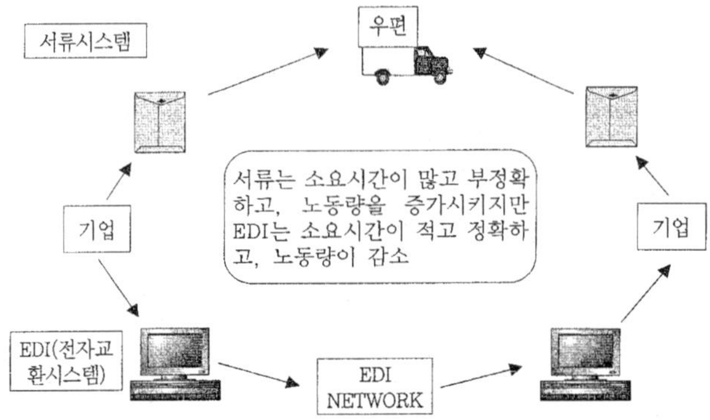


▌그림 13-2 EDI Network

▌표 13-2 EDI와 재래식 문서처리의 비교

| 구분 | EDI문서처리 | 재래식 문서처리 |
|---|---|---|
| 전달장비 | 컴퓨터, 통신회선 | 사람(교통수단),우체국 |
| 업무처리수단 | 전자 서류 | 문서 |
| 전달방법 | 컴퓨터간의 통신 | 인편, 우편 |
| 업무처리의 안전성 | 자동전달방법 | 서명, 날인, 전자서명 |
| 전달매개체 | 거래당사자와 무역자동 사업자간의 전달 관계만 존재 | 무역거래당사자간의 다수의 전달 관계 존재 |

04 EDI 효과분석 사례

국내 EDI를 도입한 삼성전기의 경우 5개 본부의 직원 15명이 처리하던 무역업무를 3명으로 처리하게 되었으며, 두산상사의 경우는 16시간 소요되던 작업이 2시간으로 줄어들었다. 갑을의 경우 하루 1~2회 방문하여 업무를 처리하던 것을 5분 안에 처리할 수 있게 되었다.

### 13.2.3 VAN(Value-Added Network : 부가가치 통신망)

#### (1) 개념

제 3자(통신회사)를 매개로 하여 기업간 자료를 교환하는 부가가치통신망으로 컴퓨터와 통신을 결합하여 통신회선의 부가가치를 향상시킨 것이다. 다른 업종간의 데이터 교환에 있어서 기종의 상위 통신제어 순서의 차이 등을 조절하여 데이터의 교환을 가능하게 하며, 물류업무와 정보업무가 결합한 정보시스템을 제공한다.

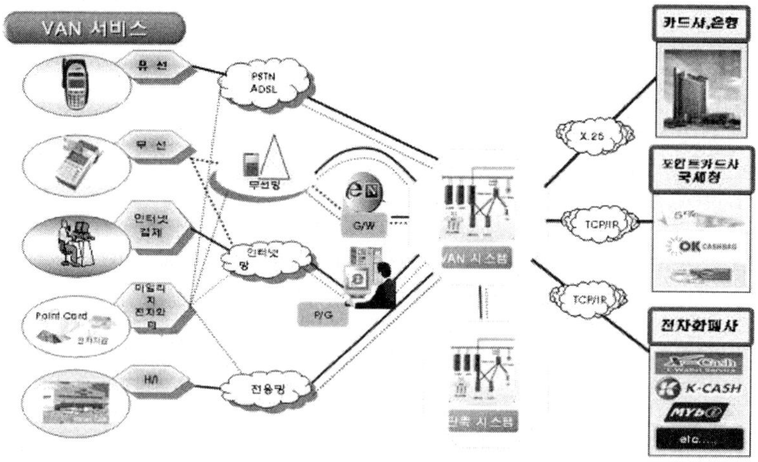


┃그림 13-3 VAN 개념도

### (2) 도입과정

1970년대 미국의 AT&T사가 전화회선을 임대하여 불특정 다수를 대상으로 공중통신서비스를 제공한 것이 시초가 되어 현재에는 통신, 통신처리 및 정보처기 기능 등 다양한 서비스를 제공하게 되었다.

### (3) VAN의 기능

- 교환기능
- 통신처리기능
- 정보처리기능
- 전송기능

## 13.2.4 중계통신 시스템(TRS : Trunk Radio System)

### (1) 개념

중계국에서 할당된 여러 개의 채널을 공동으로 사용하는 무전기 시스템으로 이동차량이나 선박 등 운송수단에 탑재하여 이동정보를 real-time으로 송수신할 수 있는 통신서비스를 말하는 것이다. TRS를 사용하면 격지에 있는 당사자간

음성통화가 가능하며 공중망접속통화를 이용하여 화물의 도착시간 및 소재지 파악하기 용이하며, TRS Data 통신을 이용하여 신용카드조회, 화물추적, 서류처리 등이 가능하다.

▌표 13-3 VAN과 EDI의 비교

| | VAN | EDI |
|---|---|---|
| 정의 | 회선을 직접 보유하거나 임차 등을 이용하여 다양한 부가가치를 부여하는 정보를 제공하는 서비스의 집합 | 서로 다른 기업간에 상거래를 위한 데이터를 합의한 규격에 의해 컴퓨터로 교환하는 것 |
| 기능 | 전송기능, 교환기능, 통신처리, 정보처리 | 합의된 규격에 의해 전자적 데이터를 교환 |
| 물류 | 각 물류경로의 강화, 정보전달의 효율화와 고속화, 화물추적 등 대고객 서비스의 향상 | 물류기관 간의 컴퓨터에 의한 주문, 배송, 보고 등 |
| 관계 | EDI를 수행하는 가장 효율적인 수단<br>EDI를 담는 용기 | VAN이 활용될 수 있는 무한시장<br>VAN이 이용하는 내용물, 기업의 목적 |

**(2) 도입효과**

01 배차계획의 수립 및 수정이 용이하다

02 운항차량의 실태 분석이 가능하기 때문에 표준운행표의 작성이 용이하다.

03 고객서비스 향상 및 JIT의 실현이 가능해진다.

## 13.2.5 통합물류시스템(CALS : Commerce At Light Speed)

**(1) 개념**

CALS는 제품을 획득하기 위한 설계, 조달, 생산, 판매에 이르기까지 전 과정의 내용과 정보를 표준화·디지털화하여 컴퓨터 네트워크를 통해 상호교환이 이루어지도록 한 통합물류시스템이라 할 수 있다.

이것은1982년 미군의 병참지원을 위해 개발된 것으로 무기체제의 설계·제작 및 군수유통체계의 지원을 위해 신속한 자료처리 환경을 구축한 것이 시초가 되었다. 제품의 설계에서 폐기에 이르기까지 전 과정을 디지털기술로 통합하여 구현하는 것으로 기업 물류활동을 지원할 수 있도록 상용화한 것이다. 또한 CALS는 컴퓨터에 의한 통합생산이나 경영설계 등의 경영전략을 시현하는 도구로 이용된다.

### (2) 발전과정

CALS 초기에는 컴퓨터에 의한 서류교환 및 자료전달 등의 물류활동(computer-aided-logistics)이 중심이 되었으나, 점차 발전하여 컴퓨터의 지원을 통한 조달 및 물류활동지원(computer-aided acquisition & logistics support)이 중심이 되었다. 그 후 제품의 연속획득 및 수명주기 지원(continuous acquisition & life-cycle support) 체제로 그 개념이 확대되었다가, 전자상거래가 활성화됨에 따라 모든 물류활동의 광속과 같은 전자거래(commerce at light speed)의 개념으로 발전되었다.

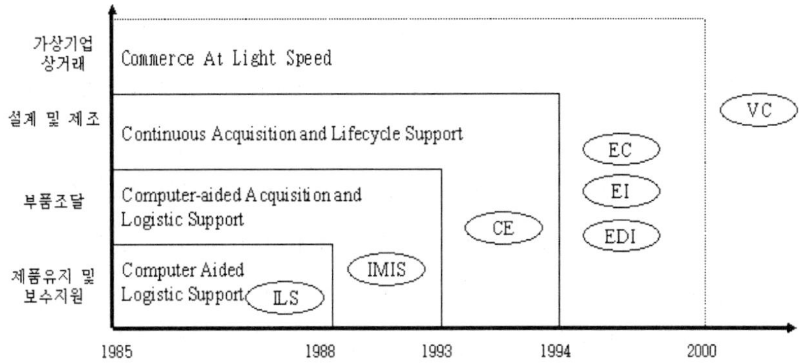


그림 13-4 CALS 개념

## 13.3 국내의 물류정보시스템 현황

물류정보시스템이란 기업이나 국가의 물류활동에 관한 제반정보를 활용하여 물류기능의 원활화와 효율화를 도모함으로써 기업의 원가절감과 경쟁력을 제고하기 위한 정보시스템의 응용분야이다. 우리나라의 경우 수출입 화물 처리와 관련된 수출·입 허가, 통관, 외환, 운송, 물류 및 보험 등의 업무와 수송, 보관, 하역 및 선박 입출항 업무 등에 대한 통합정보망이 요구되었다. 이의 일환으로 무역 및 물류정보망을 구축하였다. 이를 통해 거래당사자간에 종전처럼 사람이 서류를 직접 들고 관련기관 및 업체를 다니거나 우편, FAX 등을 통하여 업무를 처리하는 대신에 EDI 방식으로 컴퓨터를 이용하여 빠르고 간편하게 업무를 처리함으로써 업무의 효율성과 생산성 향상시킬 수 있도록 하였다. 이것은 수출·입에 관련된 각종 행정 절차 및 물류활동과 관련된 정보를 표준화된 전자문서의 형태로 바꾸어 컴퓨터를 통해 주고받음으로써 궁극적으로 종이서류없는 무역(paperless trade)을 실현하는 것을 목적으로 하고 있다.

우리나라 정보화 수준의 단면을 보면, 전 세계 30개 경제협력개발기구(OECD) 국가 중에서 2000년 말 기준하여 인터넷 보급률은 1위이지만, 정보기술(Information Technology : IT)에 대한 투자수준은 크게 취약한 것으로 나타나고 있다.

물류정보시스템의 구축은 정부부문과 기업 중심의 민간부문의 시스템으로 구분 할 수 있다. 정부부문의 시스템은 통관, 항만, 철도, 출입국관리, 검역, 물류업무 등과 관련된 공공성이 강한 시스템이며, 기업부문은 조달, 생산, 판매를 위한 하역, 보관, 운송, 항만업무 등을 체계화하기 위한 것이다. 우리나라의 정부부문의 물류시스템은 무역협회 중심의 무역정보망인 한국무역정보통신(KTNET)과 물류정보망인 한국물류정보통신(KL-NET)이 있으며 항만운영을 위한 항만운영을 위한 항만운영정보시스템(Port0MIS)등이 있다. 초창기에는 KTNET과 KL-NET이 별도로 접속운영 되었으나, 정보통신부에서 '무역 및 물류정보망 운영 효율화 방안'을 마련하여 두 회사간에 1998. 5. 12 "상호접속에 관한 세부약정서"를 체결하여 그 이후부터 이용자는 단일 요금으로 어느 전산망이든 이용가능하고, 두 회사간에서는 EDI 송수신을 위한 회선비용은 각각 50%씩 부담하고 있다.

### 13.3.1 물류정보통신망

우리나라의 물류정보통신망 서비스업자인 한국물류정보통신(주)(KL-Net : Korea Logistics Network)는 항만·터미널·통관·택배 등의 물류자동화서비스를 제공함으로써 종이서류 없는 수출입업무체제의 실현을 위해 1994년 설립되었다. 창립 이래 10여 년 동안 물류정보화의 선두주자로서 전자상거래서비스(e-Business)를 비롯해 정보화사업(SI), 아웃소싱(ASP), 물류솔루션 등 해운·물류분야의 IT 토탈서비스의 제공을 통해 국내 물류 선진화를 촉진하였다.

KL-Net은 수출입관련 부문의 물류인프라를 구축하기 위해 해양수산부(당시 해운항만청)를 비롯한 수출입 관련 정부, 공공기관, 및 민간업체 등이 중심이 되어 전자문서교환(EDI) 방식에 의한 물류 EDI망을 구축하였다. 현재 국제 물류 정보화를 위해 정부가 주관하고 물류관련기관(한국컨테이너부두공단 : 2000년 현재 약 35%의 지분보유) 및 해상운송, 육상운송, 검수·검량업체, 대리점, 물류관련단체 등 40여개 물류관련 기업이 사업에 공동참여하고 있다.

현재 KL-Net은 정부기관, 물류업체들의 전자상거래에 필요한 물류서비스를 중심으로 정보화사업에 대한 시스템 컨설팅, 소프트웨어 개발 및 판매 등의 사업을 수행하고 있다. 그리고 물류기관과 기업들이 추진하는 100여 개의 다양한 물류정보화 프로젝트에 참여하고 있다. 국내 최고의 물류전문 SI기업인 KL-Net은 국가물류정보화를 선도함으로써 국가경쟁력 제고에도 일익을 담당하고 있다. 특히 해양수산부의 항만운영정보시스템(Port-MIS)과 연결하여 선박입출항과 업무 등 항만업무를 EDI로 제공함으로써 항만업무의 효율화를 기하고 있다.

물류분야에서 축적된 풍부한 노하우와 특화된 기술력을 바탕으로 최고의 물류솔루션을 제공하고 있는 KL-Net은 2003년 중국 현지법인을 설립하여 해외진출의 발판을 마련하였으며, 중국을 비롯한 태국 등 동남아, 유럽까지 사업을 확대하고 있다.

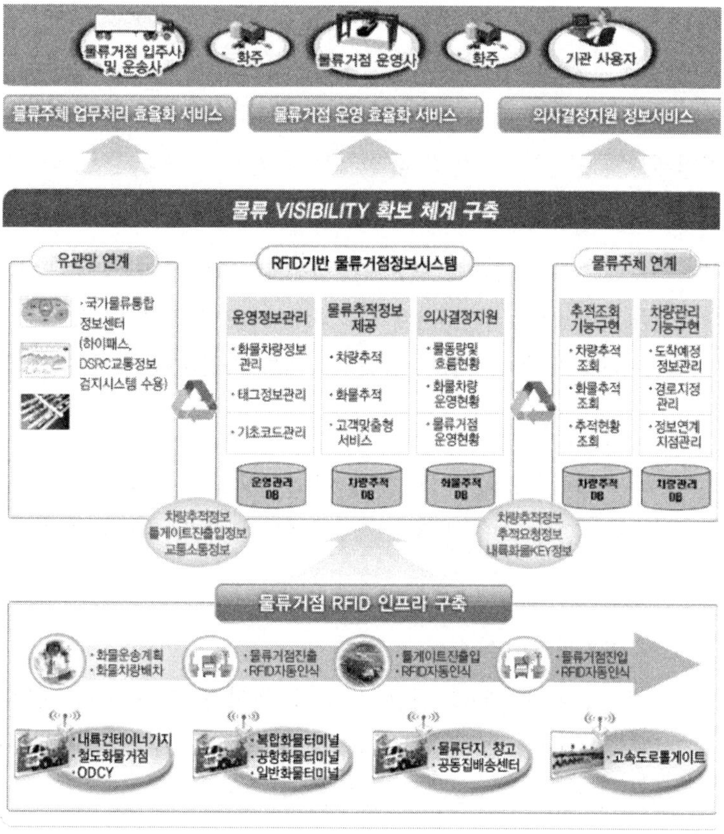


자료 : KTNET

## 13.3.2 무역정보통신망

### (1) 한국무역정보통신

1991년 설립된 (주)한국무역정보통신(KTNET)은 지난 10여년 간 무역자동화를 통한 무역경쟁력 향상의 견인차 역할을 하였다. 창사이래 EDI(전자문서교환) 방식에 의한 무역자동화서비스를 제공하여 무역업계의 무역업무 처리시간과 비용을 획기적으로 절감시켰다. 그리고 업계의 생산성 향상과 이를 통한 국가경쟁력 강화에 기여해 왔다.

KTNET은 1991년 산업자원부의 무역업무 자동화 전담사업자로 지정되었고, 1992년 관세청의 통관자동화 시스템운영을 위한 기본 협정체결을 토대로 본격 통신망개발에 착수하여 1997년 우리나라의 무역 정보통신 인프라를 완성시켰다.

KTNET은 무역자동화 사업을 성공적으로 수행하기 위해 국내 최초로 UN/EDIFACT(EDI for Administration, Commerce & Transportation) 국제 표준을 도입하여 실무에 적용하였고 현재 무역업체, 은행, 보험, 협회(조합), 관세사, 세관, 포워더, 선사 및 항공사 등 모든 무역정보를 연결하는 네트워크를 구성하여 수출입 업무 처리절차를 EDI 및 인터넷으로 서비스하고 있다.

KTNET은 전자무역 인프라구축 및 솔루션 개발, 표준화작업, 글로벌 전자무역연계사업 등 국내 기업간의 전자무역 인프라 구축에서부터 국가간 전자무역 인프라 구축 등의 서비스를 제공하고 있다. 현재 축적된 기술력과 네트워크를 활용하여 e-비즈니스 사업에 집중하고 있으며, 해외사업자와 전략적 제휴를 통해 전자상거래를 위한 글로벌 기업으로 도약을 추진하고 있다.

KTNET이 제공하는 업무서비스는 매우 다양하나 그것을 정리하면 다음과 같다.

01 무역자동화서비스

수출입 절차 전반에 걸쳐 무역업체와 무역유관기관들을 유기적으로 연결하여 무역관련 각종 전자문서와 무역정보를 24시간 중계 및 전송하는 서비스

02 무역통관서비스

수출입통관자동화 망을 통하여 축적된 각종 무역, 통관, 물류자료를 고객의 목적과 수요에 맞게 실시간으로 제공하며, 상품분류단위인 H.S.10단위 이상의 품목통계를 제공하는 서비스

### 03 무역포탈서비스

인터넷을 이용하여 모든 무역업무를 처리할 수 있는 포털사이트로 업종별, 산업별로 구축된 B2B 마켓플레이스에서 기존의 무역자동화 tjqltmQNs만 아니라 거래알선에서 계약체결, 구매, 발주, 물류, 통관, 대금결제까지의 모든 무역업무 프로세스를 일괄처리 할 수 있도록 제공하는 서비스

### 04 공인인증 서비스

인터넷 전자상거래를 안전하게 수행할 수 있는 인증 및 기타부가서비스를 제공하는 무역분야의 유일한 공증인증기관으로 TradeSign 서비스를 제공하고 있다. TradeSign은 국가가 지정하고 범아시아 전자상거래 연맹인 PPA(Pan-Asia eCommerce Alliance)에서 상호인정을 받은 공인인증기관이다.

### 05 기타 부가서비스

PC에서 작성한 문서를 프린터로 출력할 필요없이 실시간으로 PC의 FAX 기능을 이용하여 송신할 수 있도록 편리성을 높이고 비용의 획기적인 절감이 가능한 서비스

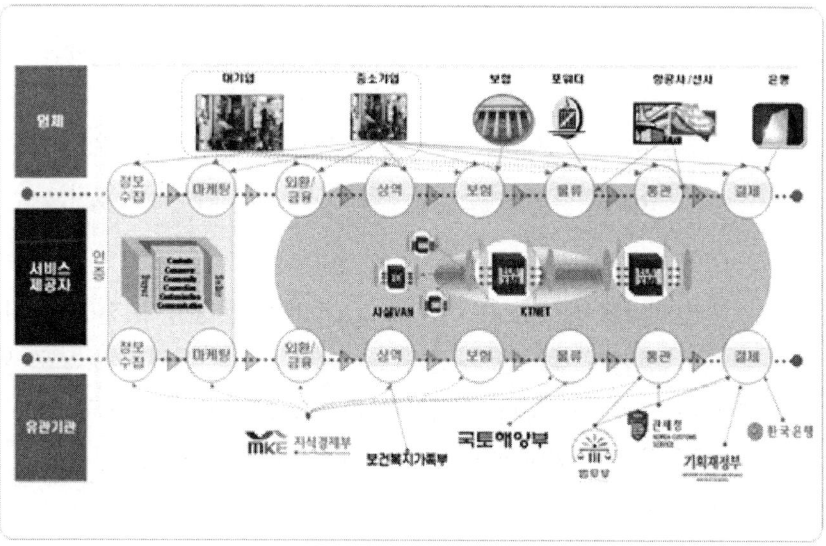


자료 : KTNET

▌그림 13-5 KTNET의 서비스구성도

### (2) 종합무역정보전산망(KOTIS : Korea Trade Information Service)

우리나라 종합무역 정보전산망인 KOTIS (Korea Trade Information Service)는 한국무역협회와 정부가 공동으로 국가 통합 무역정보망 구축계획에 따라 개발한 서비스 망으로써, 무역업 창업에서 대금결제까지 무역 절차별 전과전의 각종 무역정보를 제공하는 종합 무역정보 서비스이다. 국내외 수출입 동향 속보와 특화된 무역통계의 제공은 물론 국내외 업체분석, 무역실무 정보 등의 종합적인 무역관련 정보를 DB로 구축하여 검색이 편리한 무역전문 데이터베이스 등을 제공하고 있다. KOTIS의 주요서비스 기능을 보면 다음과 같다

01 해외거래선 발굴

무역협회와 제휴를 맺고 있는 전세계 무역 유관기업으로부터 입수되는 바이어(Buyer), 셀러(Seller)정보를 제공하며 회원이 입력한 오퍼정보 또한 전세계 무역 유관기관으로 자동 배포된다.

02 전세계 무역정보 무역업 창업, 국가정보, 품목별 수출입요령, 국내외 무역통계, 물류정보, 대금결제정보 등 무역절차별 모든 무역정보를 데이터베이스로 제공하고, 무역업무에 대한 신뢰할 수 있는 동반자 역할을 수행한다.

03 무역인 상호간의 정보교류의 장

KOTIS는 무료 E-Mail(웹메일) 계정을 제공하여, 회원 누구나 손쉽게 메일 송수신이 가능할 수 있도록 지원하고 있다. 그리고 무역인 사이에 자유로운 정보교류의 장으로서 무역인 커뮤니티를 운영하여 업종별/국가별/관심사별 다양한 정보를 교환할 수 있도록 하고 있다.

04 맞춤정보

KOTIS에서는 KITA E-mail Club을 운영하여 회원이 원하는 정보를 미리 선택해 놓으면 자신의 e-mail을 통해 매일 자동으로 받아볼 수 있도록 지원하고 있다. 또한, 여러 KOTIS에서 제공하고 잇는 다양한 메뉴 중에 회원이 원하는 메뉴만을 선택하여 구성할 수 있는 My KOTIS 기능을 지원한다

05 인터넷 항해

각국에서 인터넷을 통해 제공되고 있는 무역관련 웹사이트를 무역 절차별로 찾아보기 쉽도록 일목요연하게 정리하여 제공하고 있다.

### 13.3.3 항만운영정보시스템

항만운영정보시스템(Port-MIS : Port Management Information System)은 항만운영과 관련된 정보관리 및 민원사무처리 등을 위하여 [전산망 보급 확장과 이용촉진에 관한 법률]에 의거 구축된 전산망이다. Port-MIS에서 생성되는 선박 입·출항 및 화물관련정보와 해양수산부의 선박 및 사업자정보 등을 통합하여 실시간으로 국내외 사용자들에게 인터넷을 통하여 제공하는 종합 서비스이다. [항만법]에서 항만의 관리청 또는 항만운영전산망 이용자가 Port-MIS를 이용하여 신고, 승인, 허가, 교부 및 통지 등의 민원사무를 처리한 경우에는 [항만법]의 규정에 따라 처리한 것으로 보는 규정을 두고 있다.

Port-MIS는 항만운영현황, 항만운영통계, 항로표지시설, 해운/항만사업자정보, 주요 항만운영, 여객선 정보 등을 제공하고 있다. 시스템 구성은 해양수산부를 중심으로 각 지역의 해양수산청인, 부산청, 인천청, 동해청 및 여수청으로 구분하여 우리나라 전지역의 지방해양수산청을 연계하여 해운항만서비스를 제공하고 있다.

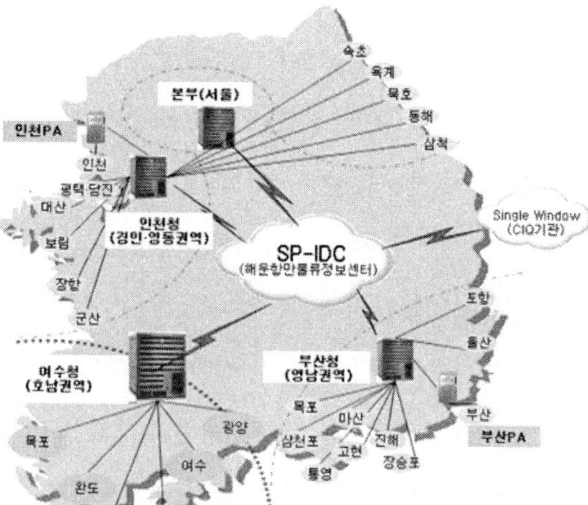


자료 : 항만운영정보('05)

▌그림 13-6 Port-Mis 항만물류 종합정보체계

# 국내 문헌


- 김종칠, 개정판 무역실무, 대진, 2011
- 김희길, 제 2판 국제무역관계법, 삼영사, 2009
- 라공우·임재욱·김호진, 무역서류 작성실무, 탑북스, 2011.
- 박광서·허해관, 지방 무역업체를 위한 Incoterms 2010 개정내용 설명회, 한국무역협회, 2011.1
- 박귀환·김웅진 공저, 최근 보관하역론, 도서출판 두남, 2011
- 박대위, 무역실무, 법문사, 1998
- 박찬석, 국제 물류보안 동향과 인증제도 비교, Logisticsnews, 2010, 9
- 방기태·장흥훈, 수출기업의 운송수단 선택요인에 관한 실증연구–제조업과 유통업의 조절효과를 중심으로–, 해운물류연구 제27권 제2호 (통권69호), 2011, 6
- 서상범, 포럼 글로벌물류비전, 국가물류기본계획{2011~2020(안)}, 한국교통연구원, 2010, 20
- 송채헌·박종은, 국제물류운송론 , 탑북스, 2011
- 신동선, 내륙화물시스템에 관한 연구, 교통개발연구원, 2003
- 오원석·양정호, 국제운송물류, 탑북스, 2011
- 옥선종·추창엽·김웅진 공저, 국제복합운송론, 두남, 1997
- 윤광운, 무역실무입문, 삼영사, 2006
- 이광희·이희정, 용선계약실무, 박영사, 2009
- 이충배·김종칠·김성원 공저, 국제물류론, 박영사, 2009
- 임석민, 제 5판 국제운송론, 삼영사, 2011
- 임석민, 3자물류와 4자물류에 대한 조망, 물류학회지, 제 16권 제 1호, 2006.
- 전순환, 제3개정판 국제운송물류론, 한올, 201.
- 정재완, 2012 관세법, 무역경영사, 2012.
- 정현우, 개정판 국제상무론, 도서출판 두남, 2003.
- 조슬기·정은지, [힘빠진 해운동맹] 이제는 '얼라이언스 시대, EBN 산업뉴스, 2010, 10

· 추선애, 우리나라 복합운송주선업의 경영합리화방안에 관한 연구, 부경대 경영대학원 석사논문, 2004
· 추창엽, 개정판 무역학 개론, 형설출판사, 2006
· 하명신·최홍엽·박경희·손정기 공저, 항만물류의 이해, 탑북스, 2011
· 하영석, 개정2판 국제물류, 도서출판 두남, 2010
· 홍지상, 수출결제방식 변화와 대응방안, 한국무역협회, 2011.1
한국복합운송협회, 「연수교재 V-복합운송실무」, 2002
· 코리아쉬핑가제트,
· EBN 산업뉴스
· 물류정책기본법[시행 2010.11.18][법률 제10303호,2010. 5.17, 타법개정]
· 개정 상법,
· 항만운송사업법
· 식물위생조치를 위한 국제기준 ISPM No. 15 개정, 국제 교역에서의 목재 포장재 규제(2009), 농림수산검사검역본부, 2009.
· 물류강국 실현을 위한 항만물류정책, 국토해양부, 2011.
· http://www.aeo.or.kr사단법인 한국AEO진흥협회
· http://www.customs.go.kr관세청
· http://www.ibk.co.kr기업은행 수출입절차
· http://www.index.go.kr 주)e-나라지표
· http://mltm.go.kr/portal.do국토해양부
· http://www.moleg.go.kr/main.html국가법령정보센터
· http://www.nlic.go.kr/nlic/front.action국가물류통합정보센터
· http://www.qia.go.kr농림수산검사검역본부
· http://korealand.tistory.com국토해양부, 국토지킴이

# 외국 문헌

Douglas Long, Foreword by peter M, Tirschwell, International Logistics Global Supply Chain Management

Leo D'arcy, M.A, Schmitthoff's Export Trade, LONDON Sweet, & Maxwell, 2000

Pierre David, Baldwin–Wallace College, International Logistics Incoterms®2010

Uniform Customs and Practice for Documentary Credits, 2007 Revision ICC Publication No. 600.

# 찾아 보기

## | 저자 소개 |


### 정이상

인제대학교 경영학과 졸업(경영학사)
부산대학교 대학원 경영학과 졸업(경영학 석사)
부산대학교 대학원 경영학과 졸업(경영학 박사)

**현)** 동명대학교 경영학과 교수
저서. 창업경영론 외 다수
논문. 조직특성과 기업의 물류경쟁력 제고와의 관계에 관한 연구 외 다수.
관심분야. 기업물류와 SNS 활용

### 추선애

동아대학교 국제관광통상학부 무역학과 졸업(경영 학사)
부경대학교 경영대학원 국제물류학과 졸업(경영학 석사)
부경대학교 대학원 국제통상물류학과 졸업(경영학 박사)
부경대학교 국제통상물류학과 강사
동아대학교 국제지역대학원 국제학과 강사
동서대학교 마케팅학과 강사
신라대학교 무역학과 대학원 및 무역학과 강사
해우GLS(주) 해운사업부 근무

**현)** 동명대학교 국제통상학과 초빙교수
유통관리사 1급, 물류관리사, 국제무역사, 사이버무역사, 무역영어 1급



본 과제(결과물)는 교육과학기술부·지식경제부의 출연금으로 수행한 산학협력중심대학육성사업의 연구결과입니다.

This work is financially supported by the Ministry of Education, Science and Technology(MEST), the Ministry of Knowledge Economy(MKE) through the fostering project of HUNIC

정가 14,000원

## 국제물류론

2012년 8월 20일 초판 인쇄
2012년 9월 1일 초판 발행
저 자 : 정이상 · 추선애
발행자 : 우명찬 · 송 준
발행처 : 홍릉과학출판사
주 소 : 서울시 강북구 인수동 455-60
142-885
등 록 : 1976년 10월 21일 제5-66호
전 화 : (02) 999-2274~5, 903-7037
팩 스 : (02) 905-6729
e-mail: hongpub@hongpub.co.kr
http://www.hongpub.co.kr
ISBN: 978-89-97570-42-3

저자와의 협의하에 인지생략